Winfried Schachten · **Quis iudicabit?**

Schriften zum Öffentlichen Recht

Band 560

Quis iudicabit?

Das konfessionell gebundene Staatsamt eines katholischen Universitätstheologen und die beamtenrechtliche Fürsorgepflicht des Staates im Bereich der Grundrechte

Von

Winfried Schachten

Duncker & Humblot · Berlin

CIP-Titelaufnahme der Deutschen Bibliothek

Schachten, Winfried:
Quis iudicabit?: das konfessionell gebundene Staatsamt eines katholischen Universitätstheologen und die beamtenrechtliche Fürsorgepflicht des Staates im Bereich der Grundrechte / von Winfried Schachten. – Berlin: Duncker u. Humblot, 1989
(Schriften zum Öffentlichen Recht; Bd. 560)
ISBN 3-428-06616-2
NE: GT

Satz: Klaus Dieter Voigt, Berlin 61
Druck: Berliner Buchdruckerei Union GmbH, Berlin 61
Printed in Germany

ISSN 0582-0200
ISBN 3-428-06616-2

Meiner Mutter
und den
Professoren
Dr. Helmut Riedlinger (Freiburg)
und
Dr. Friedrich Müller (Heidelberg)
gewidmet

Vorwort

Zur Erarbeitung des Themas der hier vorliegenden Arbeit hat mir A. Hollerbach die Anregung gegeben. Vor Jahren forderte er mich quasi als „Betroffenen" immer wieder dazu auf, das hier gestellte Thema umfassend aufzuarbeiten. Nach mehrmaliger Aufforderung machte ich mich mit Eifer an die Arbeit und konnte A. Hollerbach nach verhältnismäßig kurzer Zeit das Thema im Manuskript erarbeitet vorlegen.

Dieses lag dann fast drei Jahre bei ihm. Auf eine vorsichtige Anfrage hin, was denn mit der Arbeit nun wäre, antwortete mir A. Hollerbach: „Die Fairneß gebietet es, Sie darauf aufmerksam zu machen, daß Sie nach der Promotionsordnung einen Anspruch auf Zulassung zur Promotion haben ... In entscheidenden Punkten vertreten Sie in bezug auf den Status der Theologischen Fakultäten eine Auffassung, die meinen Positionen, wie sie zuletzt in meinem Referat bei den Essener Gesprächen dargelegt worden sind, deutlich entgegensteht. Ich kann aber auch Ihre maximalistische Sicht der Grundrechte, die letztlich auch die Kirchen voll daran bindet, nicht für richtig halten, jedenfalls de constitutione lata. Auch bezüglich des Zusammenspiels von Vertrags- und Verfassungsrecht unterscheide ich mich von Ihnen in starkem Maße ... Im Klartext: Als Erstreferent stehe ich nicht zur Verfügung. Andererseits würde ich die Mitwirkung an einem Promotionsverfahren als Zweitreferent selbstverständlich nicht ablehnen, falls etwa Herr Kollege Böckenförde bereit wäre, das Erstreferat zu übernehmen." *

Nach einer Rücksprache mit E.-W. Böckenförde versicherte mir dieser, daß er den Thesen meiner Arbeit unter rechtsdogmatischen Gesichtspunkten zustimme. Er sei auch grundsätzlich bereit, das Erstgutachten zu schreiben.

Aufgrund seiner Arbeitsbelastung als Richter am Bundesverfassungsgericht und seiner Aufgaben an der Universität Freiburg falle dies ihm aber z. Z. etwas schwer. E.-W. Böckenförde bat mich deshalb, mich zunächst an F. Müller in Heidelberg zu wenden.

Von F. Müller bekam ich denn auch sofort die Antwort, daß er sich für das Thema interessiere und – nach Vorlage des Manuskriptes – daß er den Thesen der Arbeit zustimme und sie als juristische Dissertation akzeptiere.

---

* Die von A. Hollerbach bei den Essener Gesprächen dargelegten Positionen stellen eine Wende im Vergleich zu seiner Habilitationsschrift „Verträge zwischen Staat und Kirche" dar. Jedenfalls liegt die vorliegende Arbeit auf der Linie der Positionen, die A. Hollerbach – rechtsdogmatisch sicher richtig – damals vertreten hat.

Der Promotionsausschuß der juristischen Fakultät der Universität Heidelberg hat dann aufgrund der Vorlage der Arbeit meinem Antrag auf Zulassung zur Promotion einstimmig stattgegeben.

Der juristischen Fakultät der Universität Heidelberg, besonders Herrn Prof. Dr. F. Müller, und auch Herrn Prof. Dr. W. Huber von der theologischen Fakultät, der sich freundlicherweise bereit erklärt hat, das Zweitgutachten zu schreiben, möchte ich für die freundliche Förderung der vorliegenden Arbeit ganz herzlich danken.

Winfried Schachten

Inhaltsverzeichnis

Zweiter Teil

Der Bereich der Grundrechte 50

Dritter Teil

Der Bereich der beamtenrechtlichen Fürsorgepflicht 90

Abkürzungsverzeichnis

AAS	=	Acta Apostolicae Sedis
AöR	=	Archiv für öffentliches Recht
ArchkathKR	=	Archiv für katholisches Kirchenrecht
AS	=	Amtl. Sammlung der Bundesgesetze (Schweiz)
bayer.	=	bayerisch
BayVBl.	=	Bayerische Verwaltungsblätter
BBG	=	Bundesbeamtengesetz
BGBl.	=	Bundesgesetzblatt
BGH	=	Bundesgerichtshof
BRRG	=	Beamtenrechtsrahmengesetz
Buchholz	=	Sammel- und Nachschlagewerk der Rechtsprechung des Bundesverwaltungsgerichts
BVerfG	=	Bundesverfassungsgericht
BVerfGE	=	Sammlung der Entscheidungen des Bundesverfassungsgerichts
BVerwGE	=	Sammlung der Entscheidungen des Bundesverwaltungsgerichts
BW	=	Baden-Württemberg
BWVerwPR	=	Baden-württembergische Verwaltungspraxis
Can.	=	Canon
CIC	=	Codex Iuris Canonici
Cod.	=	Codex Justinianus. Corpus Juris Civilis
D.	=	Distincto
Dig.	=	Digesta, Corpus Iuris Civilis (Justinianus)
Diss.	=	Dissertation
DöD	=	Der öffentliche Dienst
DöV	=	Die öffentliche Verwaltung
DRZ	=	Deutsche Rechts-Zeitschrift
DTA	=	Deutsche Thomas v. Aquin-Ausgabe
DVBl.	=	Deutsches Verwaltungsblatt
EuGRZ	=	Europäische Grundrechte-Zeitschrift
EuStZ	=	Europäische Steuerzeitung
FamRZ	=	Zeitschrift für das neue Familienrecht
FS	=	1. Festschrift 2. Franziskanische Studien
GG	=	Grundgesetz
GR	=	Grundrechte

GrNKirchR	= Grundriß des nachkonziliaren Kirchenrechts
GVBl.	= Gesetz- und Verordnungsblatt
HChE	= Entwurf des Verfassungskonvents auf Herrenchiemsee
HdBDStR	= Handbuch des deutschen Staatsrechts
HdbStKR	= Handbuch des Staatskirchenrechts
HdbSW/HDSW	= Handwörterbuch der Sozialwissenschaften
HRG	= Hochschulrahmengesetz
Hrsg.	= Herausgeber
hrsg.	= herausgegeben
HZ	= Historische Zeitschrift
Inst.	= Institutiones Corpus Juris Civilis (Justinianus)
iVm	= in Verbindung mit
JöR	= Jahrbuch für öffentliches Recht
JR	= Justizrat
JuS	= Juristische Schulung
JZ	= Juristische Zeitung/Juristen-Zeitung
LThK	= Lexikon für Theologie und Kirche
LV	= Landesverfassung
MDR	= Monatsschrift für Deutsches Recht
MKR	= Europäische Menschenrechtskonvention
NF	= Neue Folge
NJW	= Neue Juristische Wochenschrift
NVwZ	= Neue Zeitschrift für Verwaltungsrecht
ÖAKR	= Österreichisches Archiv für Kirchenrecht
RdA	= Recht der Arbeit
RGSt	= Entscheidungen des Reichsgerichtes in Strafsachen
RGZ	= Entscheidungen des Reichsgerichtes in Zivilsachen
RK	= Reichskonkordat
SJZ	= Süddeutsche Juristenzeitung
Sp.	= Spalte
StGH	= Staatsgerichtshof
StLexGG	= Staatslexikon der Görresgesellschaft
ThQSchr	= Theologische Quartalschrift
TrThZ	= Trierer Theologische Zeitschrift
TTZ	= Trierer Theologische Zeitschrift
UG	= Universitätsgesetz
VerwArch	= Verwaltungsarchiv
VGH	= Verwaltungsgerichtshof
VVDStRL	= Veröffentlichungen der Vereinigung der deutschen Staatsrechtslehrer
WRV	= Weimarer Reichsverfassung

ZaöRVR	=	Zeitschrift für ausländisches öffentliches Recht und Völkerrecht
ZBR	=	Zeitschrift für Beamtenrecht
ZevKR	=	Zeitschrift für evangelisches Kirchenrecht
ZgesStW/ZgS	=	Zeitschrift für die gesamte Staatswissenschaft
ZRGKanAbt.	=	Zeitschrift der Savigny-Stifung für Rechtsgeschichte, Kanonistische Abteilung
ZSR	=	Zeitschrift für Sozialreform
ZThK	=	Zeitschrift für Theologie und Kirche

Vorbemerkung zur Ausgangsfrage: Quis iudicabit?

In jedem Streit unter Vertragsparteien gibt es zwei Möglichkeiten der Streiterledigung: durch Urteil oder durch Vergleich. Zur Streiterledigung gehören Urteil und Vergleich zusammen wie Recht und Billigkeit, wie Recht und Frieden.[1]

Die Frage „Quis iudicabit?" verlangt als Antwort nicht unbedingt ein Urteil, aber dennoch eine richterliche Instanz. Richten und Schlichten sind beide ursprünglich richterliche Funktionen. Sie haben gleichen Rang.[2] Ob zur Streiterledigung der Vergleich oder das Urteil gewählt wird, ist weitgehend eine Frage des Zeitgeistes und der jeweiligen aktuellen Situation. Dabei haben Urteil und Vergleich je ihre Vor- und Nachteile.

Wägt man Vor- und Nachteile von Urteil und Vergleich ab, so muß man zwischen dem gegebenen Rest und den streitigen Parteien unterscheiden. Das Urteil mag in bezug auf die gegebene Rechtslage, der Vergleich jedoch für die streitigen Parteien von Vorteil sein. Denn das Urteil ist ein hoheitlicher Machtspruch über die rechtsunterworfenen Parteien. Die obsiegende Partei lobt das Urteil. Die unterliegende verdammt es. Denn das Urteil hält nur *eine* Entscheidung für richtig und will dadurch den Rechtsfrieden wieder herstellen. Ohne diese Voraussetzung ist die Rechtsprechung unmöglich.

Jedoch erweist sie sich in der Praxis oftmals als irrig. Rechtsnormen und Verträge haben Lücken, ihre Auslegung rechtfertigt oft mehrere unterschiedliche Lösungen. So kommt es nicht von ungefähr, daß Prozesse neue Prozesse verursachen. Dadurch wird die Hoffnung auf die Wiederherstellung eines Rechtsfriedens gedämpft. Diese Schwachstellen des Urteils und die entsprechenden Vorteile für die Parteien sind die Chancen des Vergleichs. Das Urteil unterwirft, der Vergleich ist eine freiwillige Vereinbarung. Das Urteil wird dadurch schnell zur Prestigefrage mißbraucht, da es Sieger und Besiegte schafft. Der Prozeßsieg macht überheblich, die Niederlage demütigt. Als fair ausgehandelte „gütliche Einigung" kennt der Vergleich selten Sieger, meist „Nur-Verlierer". Die unheilvolle Prestigefrage wird zurückgedrängt, Vernunft, Realitätssinn und Respekt vor dem Recht des anderen treten in den Vordergrund.

---

[1] Vgl. dzau A. Arndt, in: NJW 67, 1585.

[2] Vgl. dazu R. Stürner, in: JR 32 (1979) 133.

Das Urteil ist streng an Recht und Gesetz gebunden, der Vergleich kann in den weiten Grenzen der Vertragsfreiheit eine flexible, ganz auf die Interessen dieser Parteien abgestimmte Regelung treffen.

So spricht das Urteil Recht, gibt meistens alles oder nichts. Der durch es geschaffene Rechtsfrieden ist ein äußerer. Im Vergleich hingegen streiten die Parteien nicht nur, sie reden und verhandeln auch miteinander. Das Vergleichsergebnis ist ihr Werk. So kann ein ausgewogener Vergleich den beiden Parteien zum Erfolgserlebnis werden. Damit kann der Streit im günstigen Falle zu einer gütlichen Lösung führen, in der Folge den inneren Frieden bringen und den Boden für ein versöhnliches Miteinander der Parteien bereiten.

Ein aktueller Streitfall im Bereich des Staatskirchenrechts hat in jüngerer Zeit durch eine „gütliche Einigung" seine Lösung gefunden. Dieser waren Rechtsgutachten bzw. Stellungnahmen vorausgegangen, die den verbleibenden Einigungsspielraum abstecken sollten. Der zuständige Minister holte ein Gutachten beim Nestor des Staatskirchenrechts, Prof. Dr. U. Scheuner, ein.[3] Die Universität Tübingen bat sieben Wissenschaftler um Stellungnahmen zum Gutachten Scheuners.[4] Wohl alle zusammen machten die „gütliche Einigung" möglich.

In seinem Gutachten greift U. Scheuner die entscheidenden Fragen der staatskirchenrechtlichen Diskussion auf und trägt dazu eigene Positionen vor. Das Charakteristikum ist dabei sein auf Konkordanz angelegtes Denken. Dadurch kann aber das Gutachten nicht Ende und Ergebnis der staatskirchenrechtlichen Diskussion sein. Diese fortzuführen gibt das Gutachten vielmehr Anregung, wenn es nicht gar dazu herausfordert. Es zeigt sich nämlich der Punkt, wo die Schwachstellen der auf Konkordanz bzw. Vergleich angelegten Streitschlichtung deutlich werden. Denn über die Vertragsparteien hinaus wirkt jede Streitschlichtung auch auf die Rechtsordnung ein. Und hier ist die Gefahr, daß die „gütliche Einigung" durch Vergleich, Konkordanz oder Concordatum allzu leicht zum „fons rixarum" wird. Denn für die Bewährung der Rechtsordnung und der Rechtsfortbildung leistet der Vergleich wenig. Im günstigsten Fall befriedigt er die Interessen der Vertragsparteien; dies aber sehr leicht über das objektive Recht hinweg. Aber das Recht muß und will sich immer neu bewähren. So ist für die Fortbildung und Anpassung des geltenden Rechts an die sich verändernden Lebensverhältnisse und des sich fortentwickelnden Rechtsbewußtseins das Urteil unentbehrlich. Man kann nämlich den Rechtsfragen nicht dauernd durch Verständigung aus dem Wege gehen. Sie verlangen immer

[3] Dieses Gutachten ist veröffentlicht unter dem Titel „Rechtsfolgen der konkordatsrechtlichen Beanstandung eines katholischen Theologen", Berlin 1980.

[4] Diese Anfrage erging an die Professoren Böckenförde, Freiburg; Heckel, Tübingen; Link, Göttingen; Obermayer, Erlangen; Quaritsch, Speyer; Scholder, Tübingen; Willoweit, Tübingen.

wieder auch eine eindeutige Entscheidung. So verwirklicht sich durch das Urteil das geltende Recht. Und dieses bleibt durch das Urteil im Bewußtsein der Parteien.

Das Problem bei Verträgen zwischen Staat und Kirche ist jedoch, daß diese sich als autonome Parteien mit je eigener Rechtsordnung gegenüberstehen. Einem gemeinsamen positiven Gesetz sind sie nicht unterworfen.

Aber vielleicht doch einer überpositiven Rechtsordnung, nämlich den naturrechtlich begründeten Grund- und Menschenrechten.[5] Diese Rechte hat der Staat unter dem Grundgesetz als überpositives und damit vorstaatliches Recht anerkannt. Ebenfalls hat dies die katholische Theologie, wenn auch nicht das kanonische Recht, immer getan.[6] Der Versuch der vorliegenden Arbeit zielt darauf, in den Grund- und Menschenrechten die urteilende Instanz zu finden, angesichts derer sich die für beide Parteien geltende Rechtsordnung immer wieder neu bewährt und dadurch zu einem Rechtsfrieden führt, der aus der Rücksicht auf das allen Beteiligten vorgegebene Recht, vor allem aus der Rücksicht auf die unverfügbare Würde des Menschen erwächst. Das ist der Rechtsboden, den anzuerkennen von „Liberalen" wie von „Klerikalen" zu erwarten ist.

Das Bewußtsein, auf demselben Rechtsboden zu stehen und diesen zu respektieren, zerstört Ängste, nämlich die „laizistische Berührungsangst",[7] wie aber auch die „katholisch-theologische Berührungsangst".[8] Es vermag so die Voraussetzung für ein versöhnliches, auf Dauer angelegtes Miteinander aufgrund eines gemeinsamen rechtlichen Konsenses und der daraus entspringenden gegenseitigen Achtung zu schaffen.

---

[5] Wie sie von den modernen Staaten in verschiedenen Charten, Konventionen und Verfassungsbestimmungen positiv anerkannt sind.

[6] Vgl. etwa Thomas von Aquin, S.th.I/2 qq 94; 95 a 2 c: „Unde omnis lex humanitus posita in tantum habet de ratione legis, inquantum a lege naturae derivatur. Si vero in aliquo a lege naturali discordet, iam non erit lex, sed legis corruptio." – q 95 a 4 ad 1: „Ius gentium est quidem aliquo modo naturale homini secundum quod est rationalis, inquantum derivatur a lege naturali per modum conclusionis quae non est multum remota a principiis. Unde de facili in huiusmodi homines consenserunt."

[7] Dieses Stichwort brachte J. Isensee in die staatskirchenrechtliche Debatte ein; vgl. ders., in: JuS 20 (1980) 95.

[8] So H. Quaritsch, Hans Küng, Tübingen und das Reichskonkordat, in: BWVerPr 4 (1981) 86.

Einleitung

Bereits 1938 hat Werner Weber darauf hingewiesen, „daß die fünfjährige Geschichte des Reichskonkordates lehrt, daß Konkordate eine einigermaßen dauerhafte Regelung des Verhältnisses zwischen Staat und Kirche nur dann herbeiführen können, wenn sie, wie es bei dem Preußischen Konkordat von 1929 nicht ohne Erfolg geschehen ist, in ihren Ansprüchen Maß halten und sich davor hüten, in das Verfassungsrecht des staatlichen Vertragspartners einzudringen“.[1]

Dieses Problem zeigt sich besonders deutlich bei den Regelungen der Mitwirkung, die der kirchliche Vertragspartner hinsichtlich der Universitätslehrer der Theologie im öffentlichen Staatsamt für sich beansprucht, bzw. die der staatliche Vertragspartner einräumt. Von diesen Regelungen her ist das konfessionell gebundene Staatsamt zu verstehen.[2] Der Inhaber dieses Amtes ist durch seine staatliche Aufgabe, seinen staatlichen Kultur- und universitären Wissenschaftsauftrag allein dem Staate verpflichtet, vom Inhalt seiner Forschung und Lehre her aber auch der Kirche zugewandt. Als Mitglied der theologischen Fakultät, die integrierter Bestandteil des staatlichen Hochschulsystems ist,[3] hat der Inhaber des konfessionell gebundenen Staatsamtes an den durch das Grundgesetz garantierten Grundrechten, besonders auch an den „Grundrechten“ des staatlichen Hochschulwesens, nämlich an der Forschungs- und Lehrfreiheit, teil.

Während nun W. Weber die staatlichen Fakultäten früher in einer erstaunlichen Kontinuität sieht,[4] die diese über 100 Jahre auch in der Zeit des Nationalsozialismus trotz aller inneren Spannungen bewahrt haben, sieht er nun – sicher nicht zu Unrecht – eine große Gefahr, die das staatskirchenrechtliche Gefüge des überlieferten Hochschulwesens zu erschüttern vermag.

Diese Erschütterung sieht W. Weber begründet in dem schwachen Staat der Nachkriegszeit, der eine ihm zustehende Position noch nicht habe beziehen können.[5] Dementsprechend sieht W. Weber eine allzu große Konzes-

---

[1] Vgl. W. Weber, Das Reichskonkordat in der deutschen Rechtsentwicklung, S. 26.

[2] Vgl. Urteil des preußischen OVG vom 12.7.1927, das ausführlich auf diese Frage eingeht, Preuß. OVG Bd. 82, 246ff.; BVerwGE 19, 252ff.; VGH Bad.-Württ. ESVGH 18, 31; Bayer. VerfGH DöV 1966, 715ff.; Bayer. VGH NF 7 (1954) 41; v. Mangoldt / Klein, Das Bonner Grundgesetz, 2. Aufl., S. 808f.; W. Weber, Das Nihil obstat, S. 44f.; E.-L. Solte, Theologie an der Universität, bes. S. 128.

[3] Darauf wird unten noch ausführlich zurückzukommen sein.

[4] Vgl. W. Weber, Der gegenwärtige Status der theologischen Fakultäten, S. 103f.

sionsbereitschaft des Staates gegenüber den Kirchen, die zu einem Übermaß von kirchlichen Mitwirkungs- und Einflußrechten geführt und dadurch zur Entkleidung des staatlichen Charakters und gleichzeitig zur Entfremdung der korporativen Autonomie geführt habe. „Der beschrittene Weg führt, früher oder später, zur Preisgabe der staatlichen Theologiefakultäten überhaupt."[6] „Noch scheint man es als eine neue Etappe des Fortschritts zu empfinden, daß der schwache Staat der Nachkriegszeit sich bereitgefunden hat, die uneingeschränkte Hochschulfähigkeit anzuerkennen und außerdem seine theologischen Fakultäten und Hochschulen aus der Einheit der Universitätskörperschaft auf den Weg zu schließlich nur noch staatlich finanzierten kirchlichen Instituten abzuzweigen ... Man hat in verschiedener Hinsicht Grund, auch der neuen Wendung im deutschen theologischen Hochschulwesen gegenüber skeptisch zu sein."[7]

Diese Skepsis W. Webers scheint sich nicht zuletzt auch durch die verschiedenen Auseinandersetzungen innerhalb der theologischen Fakultäten während der letzten 10-20 Jahre zu bestätigen.

Jedenfalls steht nicht mehr das Bild des „autoritären Staates" vor Augen, demgegenüber es die Interessen der Kirche zu verteidigen gilt.[8] Das Bild hat sich verändert. Als unverbesserlich autoritär erscheint nun eher die Kirche,[9] dergegenüber es „dem Staat nicht verwehrt werden (könnte), an Struktur und Qualität kirchlicher Gerichtsbarkeit Anforderungen zu stellen, welche die Gleichwertigkeit mit dem Standard staatlichen Rechtsschutzes gewähr-

---

[5] Vgl. W. Weber, Die Gegenwartslage des Staatskirchenrechts, S. 163 ff.; vgl. dazu auch H. Quaritsch, Kirchen und Staat. Verfassungs- und staatstheoretische Probleme der staatskirchenrechtlichen Lehre der Gegenwart, in: Der Staat 1 (1962) bes. 175 ff., 289 ff.; A. Köttgen, in: DVBl. 67 (1952) 486; U. Scheuner, in: VVDStRL 11 (1957), 227 (Diskussion).

[6] Vgl. W. Weber, Gegenwartslage: W. Weber wird offensichtlich durch das FDP-Papier – beschlossen auf dem 25. ordentlichen Bundesparteitag der FDP vom 30. 9. bis 2. 10. 1974 in Hamburg; abgedr. bei Verheugen (Hrsg.), Das Programm der Liberalen, S. 200 ff.; zur Vorgeschichte, insbesondere dem Beschluß der Bundesdelegiertenkonferenz der Jungdemokraten zur Trennung von Staat und Kirche vom Januar 1973; vgl. P. Rath (Hrsg.), Trennung von Staat und Kirche, und die Thesen von H. Engelhardt, Um des Friedens in der Universität willen, in: liberal 22 (1980) 760 ff. – in seiner Weitsicht bestätigt.

[7] Vgl. W. Weber, Der gegenwärtige Status der theologischen Fakultäten, S. 113.

[8] So noch die Sicht und das Interesse der Dissertation von J. Simon, Die kirchliche Gebundenheit des staatlichen Amtes der katholischen Theologieprofessoren in Bayern.

[9] Vgl. etwa W. Böckenförde, Der neue Codex Iuris Canonici, in: NJW 1983, 2532 ff., bes. 2538 ff.: „Der Geist des CIC von 1983 ist der Geist des CIC von 1917, wie ihn U. Stutz ermittelt hat ... Im 1. Vatikanum wurde ... eine lehramtlich unfehlbare Legitimation für die Stellung des Papstes nach Art eines absoluten Monarchen geschaffen ... In der Sphäre des Rechts aber ist die oberste Hirtengewalt des Papstes unbegrenzt, also absolut. Ihm steht es zu, das göttliche Recht verbindlich auszulegen." Vgl. dazu c. 1556 des Codex von 1917: „Prima Sedes a nemine iudicatur." Ebenso c. 1404 des CIC von 1983. – Vgl. dazu U. Stutz, Der Geist des Codex Iuris Canonici, bes. S. IX, 50 ff., 83, 160.

leisten."[10] „Der ekklesiologisch hellsichtige Staat wird sehr wohl darauf Bedacht nehmen und die Kirchen gegenüber Rückfällen in dyarchisches und einseitig ‚positionales' Privilegiendenken ohne Rücksicht auf das Ganze der Verfassung gerade an diesen religionsfreiheitlichen Ansatz erinnern und sie daran festhalten."[11]

Sicher hat das Grundgesetz „die Selbstgerechtigkeit des Staates preisgegeben.[12] Die Staatlichkeit des Grundgesetzes wird zu Recht als sowohl nach außen wie auch nach innen offene Staatlichkeit gekennzeichnet."[13] Dennoch verlangt sie ein eigenes Staatsbewußtsein und -ethos. Dabei ist der „Angelpunkt dieses ‚Systems' eines freiheitlichen, selbstkritischen und doch zugleich selbstbewußten Verfassungsstaates die ‚auctoritas', die ‚Hoheit' der Verfassung. Im Rahmen der Verfassung entfaltet sich das Leben der politischen Gemeinschaft, nach Maßgabe der Verfassung nehmen konstituierte Organe treuhänderisch für das Volk unter der Idee des Gerechten durch Erfüllung bestimmter sachlicher Aufgaben Gemeinwohlverantwortung wahr,[14] bis hin zu höchster, letztentscheidender Gemeinwohlverantwortung zur Gewährleistung von Friede und Ordnung ... Die Verfassungshoheit ist nicht grds. ‚allumfassend' i. S. v. virtuell omnipotent und omnikompetent, wohl aber ist sie grds. allbezüglich, insofern die integrative Zusammenordnung aller Wirkkräfte und Sachbereiche in einem raumzeitlichen Gemeinwesen zur Gemeinwohlverantwortung gehört. Soweit die Verfassung Bestimmungen darüber trifft, stehen deshalb grds. auch die religiösen Gemeinschaften als Lebensverbände im Gemeinwesen unter der Autorität der Verfassung, deren Aufgabe es ist, die rechtlichen Voraussetzungen für eine gute öffentliche Gesamtordnung zu schaffen."[15] Mit Rücksicht auf den Verfassungstext und auf das traditionelle Verfassungsverständnis und ihre Interpretation wird man die z. T. in Literatur und auch Rechtsprechung vertretene strenge Koordinationslehre nicht mehr verteidigen können.[16] Diese sieht in Staat und Kirche gleichgeordnete souveräne Partner als Träger

[10] Vgl. A. Hollerbach, Die Kirchen unter dem Grundgesetz, S. 73.

[11] Vgl. ebd., S. 70.

[12] Vgl. W. v. Simson, Die Souveränität im rechtlichen Verständnis der Gegenwart, bes. S. 220 und passim.

[13] Vgl. K. Hesse, Grundzüge des Verfassungsrechts der Bundesrepublik Deutschland, S. 3 - 20.

[14] Vgl. dazu P. Häberle, Zur gegenwärtigen Diskussion um das Problem der Souveränität, in: AöR 92 (1967)7 259 - 287.

[15] Vgl. A. Hollerbach, Die Kirchen unter dem Grundgesetz, S. 59f.

[16] So noch K. Hesse, in: ZevKR 3 (1953) 190, aber auch in „Rechtsschutz"; U. Scheuner, Die Nachprüfung kirchlicher Rechtshandlungen durch staatliche Gerichte, in: ZevKR 3 (1953/54) 352 - 360; W. Weber, in: VVDStRL 11 (1954) 171; 176; P. Mikat, Grundsatzfragen, im Artikel „Kirche und Staat", in: Staatslexikon (6. Auflage, Bd. IV), Spalte 1006; ders., Kirchen und Religionsgemeinschaften, S. 145f.: „So hat sich also die Koordinationslehre durchgesetzt, die die Kirche und den Staat als gleichrangige Gemeinschaften erster Ordnung, als ‚societates perfectae' begreift." – Ebenso H. Peters, in: VVDStRL 11 (1954) 182. – Besonders deutlich in diese Richtung weisen BGHZ 34, 372f. = NJW 1961, 1116; BGHZ 46, 96 (101) = NJW 1966, 2162.

ursprünglicher Hoheitsgewalt in einem System gegenseitiger Zuordnung. Danach sollte keiner der beiden Gewalten das Recht einseitiger Grenzziehung zukommen. Als Alternative ist danach nur „Einigung oder Kulturkampf" gegeben.[17] Diese zunächst herrschende Lehre fand jedoch schnell Widerspruch. So fand die strenge Koordinationstheorie schon auf der Staatsrechtslehrertagung im Jahre 1967 in Frankfurt bei der Behandlung des Themas „Die Kirchen unter dem Grundgesetz" keine Anhänger mehr.[18]

Ein wesentlicher Antrieb zur Abfassung der vorliegenden Arbeit entsprang der Überzeugung, daß wesentliche Fragen der staatskirchenrechtlichen Dogmatik nur wenig erhellt und „wohl nicht ohne Absicht in einem Halbdunkel" gelassen wurden.[19] Die Schwierigkeiten bestehen darin, den Rahmen des „Hoheitlichen", des „Staatlichen", des „Verfassungsrechtlichen", den „Rahmen der Grundrechte", der „Personalhoheit", des „Verhältnisses des Vertragskirchenrechts zum Verfassungsrecht", des „Verhältnisses von Staatskirchenrecht zu Art. 79 Abs. 3 GG"[20] etc. präzise festzulegen und die Bedeutung und Tragweite der Erkenntnis zu gewinnen, welche Rechtsgrundlage das konfessionell gebundene Staatsamt hat, inwieweit es den Grundrechtsschutz des Grundgesetzes genießt und inwieweit dem Träger dieses Staatsamtes die durch Verfassung und die Beamtengesetze garantierte Fürsorgepflicht des Staates gerade im Blick auf ein dem GG entsprechendes extensives Grundrechtsverständnis zukommt.

Dabei stellt sich die Frage, ob in der staatskirchenrechtlichen Reflexion diesbezüglich schon dauerhafte Begriffe und Beschreibungen des Verhältnisses von Staat und Kirche gebildet werden können oder ob noch eine Diskussionslage und ein Reflexionsstadium gegeben ist, in welchem ein fester Grund noch nicht erreicht werden kann und seinen Abschluß noch nicht gefunden hat.

Jedenfalls scheint nach den Erfahrungen und Vorgängen der letzten Jahre um und an theologischen Fakultäten – besonders in Bayern – die abschließende Wertung von J. Simon in seiner Untersuchung über „Die kirchliche Gebundenheit des staatlichen Amtes der katholischen Theologieprofessoren in Bayern" reichlich unreflektiert, daß die „Bindungen, die der Staat im Bayerischen Konkordat eingegangen ist, denen auch die einzelnen Lehrstuhlinhaber oder -anwärter unterworfen sind, also keineswegs übertrieben (sind). Sie sind auch vom Staat weder als drückend oder hindernd empfunden worden. Im Gegenteil, die Besetzung der Lehrstühle erfolgt jeweils im besten Einvernehmen beider Partner."[21]

---

[17] K. Hesse, Rechtsschutz, S. 76.

[18] Vgl. dazu die Vorträge von A. Hollerbach und M. Heckel sowie die sich daran anschließende Diskussion, veröffentlicht in VVDStRL 26 (1968) 5ff., 57ff., 107ff. – Vgl. auch den Bericht über diese Tagung von H. Weber in: NJW 1968, 584.

[19] Vgl. W. Weber, Der gegenwärtige Status der theol. Fakultäten, S. 101.

[20] Vgl. A. Hollerbach, Verträge, S. 124ff., 167.

Man muß heute jedoch hinzufügen: aber nicht im besten Einvernehmen mit den Betroffenen, nämlich der theologischen Fakultäten und der Professoren.[22] Diese erwarten von einem Juristen keine Aussagen über die „Weite und Enge“ der theologischen Wissenschaft und die „reine Lehre“, was die Kompetenz des Juristen wahrhaft überschreitet,[23] und auch keine Aussagen darüber, daß die Tätigkeit eines Lehrers der Theologie nicht von „unzuverlässigen, weltanschaulich umstrittenen Personen ausgeübt werden“ kann.[24] Sie erwarten vom Juristen vielmehr, daß die Verfassung ernstgenommen und in ihrem Geist argumentiert wird, eine Antwort darauf, wie der verfassungsrechtlich garantierte Grundrechtsschutz und die dem Staat obliegende extensive Grundrechtsverteidigung[25] im Rahmen der beamtenrechtlichen Fürsorgepflicht des Staates möglichst verfassungstreu und den Grundrechten angemessen verwirklicht wird. Jedenfalls scheint es bedenklich, wenn ein Jurist sich scheut, die rechtlichen Möglichkeiten auszuschöpfen, um kein „falsches Signal für die Freiheit und Lebendigkeit theologischer Wissenschaft“ zu geben.[26]

Jedenfalls kann man sich unter der vom Grundgesetz garantierten Rechtstaatlichkeit nicht mit dem Verweis auf das eigene und freiwillig eingegangene Risiko[27] und auf billige Sentenzen wie: „Volenti non fit iniuria“ oder dergleichen einen bequemen Ausweg schaffen. Auf jeden Fall sind solche Auswege für den Respekt vor der verbindenden Kraft sowohl der Verfassung als auch der Kirchenverträge äußerst gefährlich, weil sie Fragen im Halbdunkel belassen, deren nicht geleistete Beantwortung im Rahmen des Verfassungs- und Staatskirchenrechts Änderungs- und Durchbrechungsakte und mangelnden Rechtsschutz (Art. 19 Abs. 1 GG) ermöglichen.

Diese Probleme werden ganz besonders bei der Frage der Nachprüfbarkeit von Rechtshandlungen der Kirche deutlich, wo dieser die Einflußnahme auf staatliche Einrichtungen gewährt ist; dies besonders dann, wenn diese

---

[21] Vgl. ebd., S. 77.

[22] Z.B. an der Universität Augsburg, wo der Dekan, der Prodekan und der Fakultätsrat aus Protest gegen die zwischen Kirche und Kultusminister einvernehmlichen Berufungen aufgrund von Sondervoten ihren Rücktritt erklärten. Vgl. dazu die Berichte in der Augsburger Allgemeinen Zeitung vom 24.10.1979 und vom 3.11.1979. – Es könnte auf eine ganze Reihe weiterer ähnlicher Fälle hingewiesen werden.

[23] Dies zu definieren wagte Thomas von Aquin nicht, im positiven Sinne nicht einmal die Konzilien.

[24] Vgl. J. Simon, Die kirchliche Gebundenheit, S. 77.

[25] Vgl. W. Schaumann, Der Auftrag des Gesetzgebers zur Verwirklichung der Freiheitsrechte, in: JZ 25 (1970) 48ff.

[26] So die Ausführung von Meesen in der Diskussion im Anschluß an den Vortrag von A. Hollerbach, Die Theologischen Fakultäten und ihr Lehrpersonal im Beziehungsgefüge von Staat und Kirche.

[27] Vgl. dazu die Bemerkung von D. Pirson im Anschluß an A. Hollerbach, Die theologischen Fakultäten, S. 159, der davor warnt; allerdings läßt sich entgegen Pirson fragen, ob tatsächlich nur der Staat das Risiko trägt und nicht vielmehr ebenso der Amtsträger. Vgl. dazu auch A. v. Campenhausen, Staatskirchenrecht, S. 121ff.

durch staatlichen Hoheitsakt vollstreckt werden. Dann stellt sich nämlich sofort die rechtsdogmatische Frage nach dem Verhältnis von Verfassung und Kirchenvertragsrecht, von Art. 79 Abs. 2 GG und Art. 79 Abs. 3 GG.

Bei der Erörterung dieser Punkte, bei der die staatskirchenrechtlichen Grundpositionen besonders sichtbar werden, stellt sich zunehmend die Frage: Quis iudicabit?

Hier ist die Frage nach der Möglichkeit einer Streitschlichtung bei Meinungsverschiedenheiten zwischen staatlichem und kirchlichem Vertragspartner gestellt. Wo sind die rechtliche Basis und der iudex, die beide anerkennen können und deshalb – aufgrund der Freundschaftsklauseln in den Staatskirchenverträgen –[28] auch anerkennen müssen?

In bezug auf das positive „für alle geltende Gesetz" wird die Antwort auf diese Frage lauten müssen: „Niemand".[29] Das Staatskirchenrecht erwartet hier Loyalität und die Verständigung der Partner. Denn ohne eine freiwillige Unterwerfung gibt es keine Staat und Kirche übergeordnete Instanz ... Es gibt nur die Alternative der „Einigung oder des Kulturkampfes".[30]

Aber kann diese Antwort auch dort gelten, wo der Bereich der überpositiven bzw. vorstaatlichen Grundrechte berührt wird? Sind nicht die Menschen- und Grundrechte die Basis, wo sich die „Forderungen beider Gewalten"[31] entsprechen und wo die Grundlage für eine dauerhafte „freundschaftliche Zusammenarbeit"[32] und das „System der positiven Trennung von Staat und Kirche"[33] zu suchen ist, die sowohl von einem „laizistischen Liberalen" als auch von einem „Klerikalen" erwartet werden muß. Stimmt diese Basis, nämlich der Gedanke von naturrechtlich begründeten und dem positiven Gesetz vorausgehenden Grundrechten, nicht auch mit einer jahrhundertelangen theologischen Lehre überein, daß sowohl die Kirchen- als auch die Staatsordnung auf diesen vorausgehenden Rechten beruht, daß gerade der Staatsbürger durch die Anerkennung dieser Rechte ein gerechtes Recht erwarten darf? Sollten sich nicht nur die Staatslehre und der Staat als Vertragspartner, sondern auch der kirchliche Vertragspartner das, was in der kirchlichen Lehre seinen Ausdruck gefunden hat, „zu Nutz und Frommen sein lassen"?[34] Denn beiden wird dadurch ein Spiegel der Freiheit vor-

---

[28] Vgl. RK Art. 33 Abs. 2; PrK Art. 13; BayK Art. 15 § 1; BadK Art. XII. Dazu gehören auch die „Politischen Klauseln" wie in RK Art. 14 Abs. 2; PrK Art. 6 Abs. 1, S. 3; BayK Art. 14 § 1; BadK Art. III Abs. 2. – Vgl. dazu auch W. Weber, Die politische Klausel in den Konkordaten, Staat und Bischofsamt; J. H. Kaiser, Die politische Klausel der Konkordate.

[29] Vgl. K. Hesse, Rechtsschutz, S. 76.

[30] Vgl. ebd., S. 76.

[31] Vgl. P. Mikat, Grundsatzfragen, Spalte 1010.

[32] Vgl. U. Scheuner, ZevKR 7 (1959/60) 245 ff.

[33] Vgl. H. Ridder, Kirche und Staat in Deutschland, Spalte 1028.

[34] Vgl. A. Hollerbach, Die Kirchen unter dem GG, S. 70.

gehalten, die dem Wesen und der Würde des Menschen entsprechend ist, gerade auch nach dem theologischen Menschenbild.[35]

Darin kann der kirchliche Vertragspartner keine unzulässige Einschränkung oder Beeinträchtigung seines Wirkens sehen. Denn für die Kirche kann die Forderung, daß das Staatskirchenrecht auf der Grundlage der von den zivilisierten Ländern allgemein anerkannten Grundrechten geregelt wird, „nur eine Mindestforderung sein, während es darüber hinaus ihrer eigentlichen Aufgabe entspricht, ihre Ordnung und ihren Dienst im Geist brüderlicher Liebe zu vollziehen. Sie würde ihre Glaubwürdigkeit in Frage stellen, wenn sie mit zweierlei Maß zu messen suchte und die Forderung der Rechtsstaatlichkeit, für die sie im staatlichen Bereich eintritt, für sich selbst ablehnen wollte. Sie würde den von ihr in Anspruch genommenen Charakter der Öffentlichkeit negieren, wenn sie eine rechtliche Nachprüfung ihres Handelns durch einen unbeteiligten Dritten, nämlich den staatlichen Richter,[36] zu umgehen suchte. Indem die Kirche die staatliche Gesellschaft anredet, muß sie ‚vor dieser auch den Nachweis ihrer Leistungen vollbringen und darf nicht versuchen, sich der öffentlichen Diskussion ihrer Angelegenheiten, die sie ja selbst für öffentliche Angelegenheiten hält, zu entziehen. Sie muß diese Diskussion sogar verlangen und sich ihr stellen, um daraus zu ersehen, wie ihr Licht geleuchtet hat und ob sie noch bei ihrer Sache ist, sonst würde sie ja diese selbst zu einer Privatangelegenheit machen‘."[37]

Dies würde aber auch den Rückzug der kirchlichen Theologie auf die Klerikalseminare oder auf theologische Fachhochschulen bedeuten. Ob dieser Rückzug „ein Zeichen von Sicherheit und Stärke darstellt, wird man füglich bezweifeln dürfen. Ob die Kirchen ihrerseits gut daran tun, die Pflege der Theologie und die Ausbildung (der Lehrer und ihrer Geistlichen) aus der lebendigen und kräftigen Auseinandersetzung mit der Welt gesamtakademischer Forschung und Jugenderziehung zu lösen, werden sie auf ihre Verantwortung nehmen müssen."[38]

Dieser Rückzug würde aber noch weitere Konsequenzen haben. Es stellt sich für den staatlichen Partner dann die Frage nach der Vertragsfähigkeit der Kirchen überhaupt. Denn in alledem stellt sich auch die Frage nach der grds. Anerkennung einer auf den Grundrechten und im Rahmen der Grund-

---

[35] Vgl. dazu etwa Thomas v. Aquin, S.th. II/1 q 108 a 1 c + ad 2: „... quantum ad hoc dicitur lex Evangelii lex libertatis ... Ille ergo libere agit qui ex seipso agit. Quod autem homo agit ex habitu suae naturae convenienti, ex seipso agit: quia habitus inclinat in modum naturae ...". – Vgl. dazu auch: W. Schachten, Ordo salutis. Das Gesetz als Weise der Heilsvermittlung.

[36] In der vorliegenden Arbeit ist vor allem das Verfassungsgericht in bezug auf die Grundrechte gemeint.

[37] Vgl. K. Hesse, Rechtsschutz, S. 93f. – Vgl. dazu auch H. Diem, Zur Problematik der lutherischen Volkskirche, in: Theol. Existenz heute NF 29 (1951).

[38] Vgl. W. Weber, Der gegenwärtige Status der theologischen Fakultäten, in: Staat und Kirche, S. 112f.

rechte sich bewegenden freiheitlichen und rechtsstaatlichen Demokratie, in welcher Grundrechte extensiv zu achten der staatliche Vertragspartner durch seine Verfassung verpflichtet ist. Dieser Rückzug würde – in Analogie zu Hegels Aussage in bezug auf die Verfassungsfähigkeit der katholischen Kirche[39] – für diese Demokratie ein vernünftiges, d.h. hier durch den Rahmen der Grundrechte verfaßtes Vertrags- und Staatskirchenrecht unmöglich machen.

Quis iudicabit? Die Antwort kann nur lauten: Die Grundrechte. Diese Frage wirft die Möglichkeit des Vertragskirchenrechtes überhaupt auf. In diesem Bereich kann die Alternative nicht heißen „Einigung oder Kulturkampf", sondern Anerkennung der Grundrechte, so wie sie die abendländische Tradition, nicht zuletzt durch die Theologie erarbeitet hat und wie sie Kulturgut zum Schutz gegen eine objektivierende Behandlung des Menschen geworden ist.

Schließlich stellt sich bei unserem Thema „Quis iudicabit. Konfessionell gebundenes Staatsamt und beamtenrechtliche Fürsorgepflicht im Bereich der Grundrechte" die Frage, inwieweit dieses in der Literatur schon angesprochen bzw. behandelt worden ist. Hier ist auf die zahlreiche verfassungsrechtliche und staatskirchenrechtliche Literatur zu verweisen. Es gibt aber auch Arbeiten, die speziell für unser Thema grundlegende Vorarbeit geleistet haben. Dabei fällt dennoch auf, wie wenig das Verhältnis von Staatskirchenrecht bzw. Kirchenvertragsrecht, konfessionell gebundenem Staatsamt und dessen Stellung im Rahmen des Grundrechtskataloges des Grundgesetzes behandelt ist. In bezug auf das konfessionell gebundene Staatsamt sind vor allem Art. 3 GG iVm Art. 33 Abs. 5 iVm den Beamtengesetzen von Bund und Ländern, dann Art. 5 Abs. 3 GG und schließlich Art. 6 GG von größter Bedeutung.

Dabei soll sich die Untersuchung im Blick auf den katholischen Inhaber eines konfessionell gebundenen Staatsamtes beschränken. Es fällt in diesem Zusammenhang auf, daß Art. 5 Abs. 3 GG immer wieder in der Literatur angesprochen wurde. Jedoch ist die Frage nach dem subjektiven Anspruch auf Grundrechtsschutz des konfessionell gebundenen Staatsbeamten im Bereich von Art. 5 Abs. 3 GG präzise erst anläßlich aktueller Fälle in der Aufsatzliteratur angesprochen.[40]

Art. 3 GG iVm Art. 33 Abs. 5 GG erhält seine Aktualität in bezug auf die Berufung von Nichtklerikern bzw. durch die Bevorzugung von Klerikern bei

---

39 Vgl. G. W. Hegel, Vorlesungen über die Philosophie der Geschichte, S. 560.

40 Vgl. A. Hollerbach, Die Theologischen Fakultäten und ihr Lehrpersonal im Beziehungsgefüge von Staat und Kirche; U. Scheuner, Rechtsfolgen der konkordatsrechtlichen Beanstandung eines katholischen Theologen; H. Quaritsch, Hans Küng, Tübingen und das Reichskonkordat; E.-Th. Emde, Die theologischen Fakultäten zwischen wissenschaftlicher Freiheit und kirchlicher Bindung; E.-W. Böckenförde, Der Fall Küng und das Staatskirchenrecht.

der Berufung auf theologische Lehrstühle durch kirchlichen Einfluß, die ohne Rechtsgrundlage ist. Das Thema wurde in der Literatur schon mehrmals angesprochen,[41] blieb aber hinsichtlich der verfassungsrechtlichen, bes. grundrechtlichen Problematik unerörtert. Die Literatur bezieht sich auf kirchenvertragliche und kanonistische Probleme.

So gut wie nicht erörtert blieb bisher die Frage nach dem Verhältnis von Art. 6 und konfessionell gebundenem Staatsamt.[42] Die Inanspruchnahme des Rechtes aus Art. 6 GG durch katholische ordinierte Professoren ist der häufigste Fall, der eine kirchliche Beanstandung auslöst und zu – bisher, d.h. seit dem Bestehen der Bundesrepublik Deutschland üblichen – vom Staat vollstreckten Folgen gegenüber dem konfessionell gebundenen Staatsbeamten, – zumindest wenn er nach kirchlichem Recht zum Zölibat verpflichteter Kleriker ist –, führt. Der Frage, inwieweit es verfassungsrechtlich vereinbar ist, daß die Inanspruchnahme des Grundrechtes aus Art. 6 GG, die gleichzeitig ein Verstoß gegen die kirchliche Zölibatsverpflichtung darstellt, – ein nach Verfassungsrecht unzulässiger Grundrechtsverzicht[43] – nachteilige beamtenrechtliche Folgen für den Staatsbeamten hat, ist die Literatur bisher auffallend aus dem Wege gegangen. Die äußerst heikle Problematik dieser Frage ist, soweit ersichtlich, nirgends erörtert, immerhin jedoch angedeutet worden.[44]

Bei der Frage „Quis iudicabit?" wird man zunächst an die wertvolle Arbeit von K. Hesse „Der Schutz durch die staatlichen Gerichte im kirchlichen Bereich" erinnert. Dabei richtet sich das Interesse seiner Untersuchung besonders auf Art. 140 GG iVm Art. 137 Abs. 3 WRV, auf das Verhältnis der Autonomie der Kirchen und der Möglichkeit einer Schrankensetzung durch für alle geltenden Gesetze i.S.v. Art. 137 Abs. 3 S. 1 WRV, auf die gerichtliche Überprüfbarkeit kirchlicher Rechtsakte und die diesbezügliche Frage nach der Eröffnung des Rechtsweges gem. Art. 19 Abs. 4 GG.

Die spezifische Frage nach dem transformierten und damit als innerstaatlich gesetzten Recht im Rahmen der überpositiven bzw. vorstaatlichen Grundrechte,[45] d.h. die Frage nach der Zuständigkeit des Verfassungsge-

---

[41] Vgl. dazu J. Neumann, Kirchenrechtliche Stellungnahme, inwieweit Nichtordinierte zur Habilitation an Katholisch-Theologischen Fakultäten zugelassen oder als Professoren an sie berufen werden können, S. 99ff. – E.-L. Solte, Theologie an der Universität, bes. S. 253.

[42] Vgl. dazu die Stellungnahme von D. Pirson in der Diskussion im Anschluß an den Vortrag von A. Hollerbach, Die Theologischen Fakultäten und ihr Lehrpersonal, S. 158.

[43] Vgl. dazu etwa Koellreutter, Staatsrecht, S. 52: „Ein Verzicht auf Grundrechte als solche ist nicht möglich, die grundsätzliche Unverzichtbarkeit sichert ihren Bestand." Dies ist die herrschende Lehre in der Staatsrechts- und Kommentarliteratur.

[44] So etwa von D. Pirson (FN 42).

[45] Vgl. dazu A. Hollerbach, Kirchen unter dem GG, S. 82: „Die herrschende Lehre geht aber, sofern eine ausdrückliche Rangentscheidung nicht getroffen ist, von einem

richtes bei Verletzung der Grundrechte durch den Vollzug völkerrechtlicher Verträge bzw. Staatskirchenverträge ist von K. Hesse nicht behandelt.

Dieses Problem hat A. Hollerbach in seiner umfassenden und zugleich sehr differenzierenden Untersuchung „Verträge zwischen Staat und Kirche" klar gesehen. Die von A. Hollerbach behandelten Fragen und rechtsdogmatischen Lösungen und Klärungen sind für die vorliegende Arbeit grundlegend und ohne sie nicht zu leisten. In der genannten Arbeit geht es A. Hollerbach besonders um die Verhältnisbestimmung von Staat und Kirche als existentielles Ordnungsproblem, die Darstellung des positiven Rechtsbestandes, die rechtsdogmatische Charakterisierung der „Konkordate", soweit sie rein innerdeutsche Angelegenheiten regeln, als „Staatskirchenverträge"; weiter geht es in der Arbeit A. Hollerbachs um die Behandlung der Frage nach der Verfassungshoheit eines Volkes und der Bestandskraft der Verträge unter dem Grundgesetz, insbesondere die Vereinbarkeit von Vertrags- und Verfassungsrecht; dann geht es um die Frage, wo die Andersartigkeit des GG mit seinem einen rechtlichen Rahmen setzenden Grundrechtskatalog im Vergleich zur Weimarer Reichsverfassung zu sehen ist, unter deren Voraussetzung die „Konkordate" geschlossen wurden. Die Argumentation von A. Hollerbach ist bestechend und in ihrer Rechtsdogmatik konsequent. Würden in der staatskirchenrechtlichen Praxis aus der von A. Hollerbach dargestellten und überzeugenden Rechtsdogmatik die Konsequenzen gezogen, so hätte dies allerdings weitreichende Folgen. Diese Konsequenzen zu ziehen wäre aber ein verfassungsmäßiges Gebot. Gem. Art. 20 Abs. 3 GG ist der staatliche Partner an die Verfassung als an das grundlegende Recht gebunden.

Die spezielle Frage nach der rechtlichen Stellung des konfessionell gebundenen Staatsamts wurde von J. Simon in seiner Abhandlung „Die kirchliche Gebundenheit des staatlichen Amtes der katholischen Theologieprofessoren in Bayern" aufgegriffen. Im Vergleich zu A. Hollerbachs Arbeit wirkt die Blindheit Simons für die rechtliche Problematik peinlich. Die Arbeit ist von dem Interesse geprägt, die „Erfolge" des kirchlichen Einflusses auf die theologische Lehre und Fakultäten gegenüber dem „autoritären" Staat zu kennzeichnen. Welche verfassungsrechtlichen Probleme diese „Erfolge" aufwerfen und welche negativen Folgen sich aus diesen „Erfolgen" gerade auch für die theologische Wissenschaft und die theologischen Fakultäten ergeben, wurde von J. Simon nicht im entferntesten gesehen. Indem J. Simon sein offensichtlich kirchenpolitisches Interesse über die rechtsdogmatische Argumentation stellt, feiert er es gleichsam als Erfolg der neueren Entwick-

Gleichrang des Vertragsrechtes mit dem Gesetzesrecht aus, so daß die lex-posterior-Regel zum Zuge kommt, . . ." – Zur Problematik von Transformations- und Vollzugslehre vgl. G. Boehmer, Der völkerrechtliche Vertrag im deutschen Recht. – W. Rudolf, Völkerrecht und deutsches Recht. – Den Bericht von K. J. Partsch, in: Berichte der Deutschen Gesellschaft für Völkerrecht, Heft 6, 1964.

lung im Staatskirchenrecht, daß nunmehr der kirchliche Einfluß auf die theologischen Fakultäten so groß geworden sei, daß die „reine kirchliche Lehre“ mit Hilfe staatlicher Vollstreckung vor „unzuverlässigen und weltanschaulich umstrittenen Personen“ bewahrt werde.[46] Die Grundrechtsproblematik wird dabei überspielt durch die „der Theologie innewohnenden Schranken“.[47] Daß diese festzustellen, wenn es solche gem. Art. 5 Abs. 3 GG geben kann, Sache der wissenschaftlichen Theologie ist, ist J. Simon offensichtlich dabei entgangen.

Wettgemacht wurde die juristische Oberflächlichkeit der Arbeit J. Simons durch das systematische Werk von E.-L. Solte „Theologie an der Universität“. Solte klärt zunächst das Verhältnis von Theologie und dem Begriff der Wissenschaftsfreiheit.[48] Eine ausführliche Erörterung widmet Solte der Stellung der theologischen Fakultäten im staatskirchenrechtlichen System und in der Rechtsordnung des Staates.[49] Dabei charakterisiert er den Universitätstheologen als Inhaber eines konfessionell gebundenen Staatsamtes und weist den sich daraus ergebenden Problemkreis auf. – Im Blick auf das konfessionell gebundene Staatsamt richtet E.-L. Solte seine Aufmerksamkeit bei der Frage nach dem auch für dieses Amt verfassungsrechtlich garantierten Grundrechtsschutz jedoch nur auf Art. 5 Abs. 3 GG.[50] Im Blick auf die von A. Hollerbach deutlich gemachte Problematik hinsichtlich des Verhältnisses von transformiertem Vertragsrecht und Art. 79 Abs. 3 GG muß die Lösung E.-L. Soltes bezüglich des Verhältnisses von konfessionell gebundenem Staatsamt und Art. 5 Abs. 3 GG unbefriedigend erscheinen. Dies deshalb, weil er seine Fragestellung nach dem Maß und der Art der Weitergeltung des in positives Gesetzesrecht transformierten Kirchenvertragsrechtes unter dem neuen, auf vorstaatlichen Grundrechten basierenden Grundgesetz und nach dem Verhältnis von Art. 79 Abs. 2 GG und Art. 79 Abs. 3 GG rechtsdogmatisch nicht so konsequent richtet, wie dies A. Hollerbach getan hat. E.-L. Soltes Arbeit ist jedoch wegen ihrer systematischen Erarbeitung des Themas „Theologie an der Universität“ von bleibendem und unübersehbarem Wert für das Staatskirchenrecht, mögen auch viele Probleme darin noch offen bleiben und auf ihre rechtsdogmatische Klärung warten.

Eine äußerst hilfreiche Ergänzung zum Verständnis des deutschen Staatskirchenrechts ist die umfassende Arbeit von H. Mussinghoff „Theologische Fakultäten im Spannungsfeld von Staat und Kirche“. Es handelt sich dabei allerdings nicht um eine juristische, sondern kirchengeschichtliche Arbeit. Ausgangspunkt und Ziel der Arbeit ist zu verdeutlichen, wie das preußische

[46] Vgl. ebd., S. 77.
[47] Vgl. ebd.
[48] Vgl. ebd., S. 76.
[49] Vgl. ebd., S. 46ff.
[50] Vgl. ebd., S. 112f., bes. 140f.

Konkordat von 1929 zustande kam, um dadurch zu einer sachgerechten Auslegung zu kommen. Die Arbeit basiert auf einem gründlichen Quellenstudium. Dabei gibt Mussinghoff eine ausführliche Darstellung der dem Konkordat vorausgehenden staatskirchenrechtlichen Lage in Preußen und macht so mit der Aktenlage vertraut. Mag man die historische Auslegung im Bereich der juristischen Hermeneutik nicht überbewerten,[51] so leistet das historische Hintergrundwissen doch eine enorme Hilfe zur Lösung gegenwärtiger staatskirchenrechtlicher Streitfragen.[52] Trotz allem Bemühen H. Mussinghoffs, die Aktenlage objektiv darzustellen, ist dennoch bei seiner Wertung und Interpretation von Aktentexten und -notizen Vorsicht geboten. Denn immer wieder kommt das einseitig kirchliche Interesse Mussinghoffs zum Vorschein.[53]

Die jüngste, 1986 erschienene Arbeit, die unser Thema berührt, ist M. Heckels „Die theologischen Fakultäten im weltlichen Verfassungsstaat". Die Arbeit stellt im wesentlichen eine Wiederholung des Gutachtens U. Scheuners in einem allerdings insofern größeren Rahmen dar, als die Themenbereiche ausführlicher als dies in einem Gutachten möglich ist, dargelegt und die evangelischen theologischen Fakultäten in die Betrachtung miteinbezogen werden. Wie das Gutachten Scheuners, so versucht auch die Arbeit Heckels das Problem mehr rechtspolitisch als rechtsdogmatisch anzugehen. Dementsprechend ist auffallend, daß der Verfasser immer dann, wenn er rechtlich brisante Fragen berührt, diese eilig übergeht. Die Arbeit dient, so scheint es, vor allem dazu, das kirchliche Interesse trotz der entgegenstehenden verfassungsrechtlichen Bedenken zu stabilisieren. Unwillkürlich wird man an die oben erwähnten Bedenken W. Webers erinnert, da dann, sollten Heckels Darlegungen Rechtspraxis werden, die theologischen Fakultäten so weit vom staatlichen Recht losgelöst wären, daß ihr Ende als staatliche Behörde in der Körperschaft des öffentlichen Rechtes „Universität" schon eingeleitet scheint. Hatte K. Hesse, wie oben erwähnt, die Kirche gewarnt, den von ihr in Anspruch genommenen Charakter der Öffentlichkeit dadurch zu verspielen, daß sie die Nachprüfbarkeit ihres Handelns durch einen unbeteiligten Dritten, nämlich den staatlichen Richter, zu umgehen sucht, so möchte Heckel die Vorgänge an der staatlichen Behörde „Theologische Fakultät", soweit diese Vorgänge durch den kirchlichen Vertragspartner betrieben werden, den staatlichen Gerichten entzogen wissen.[54]

---

51 Vgl. A. Hollerbach, Die Theologischen Fakultäten, S. 91f. – Die Auslegung völkerrechtlicher Verträge hat in erster Linie vom Wortlaut auszugehen. Vgl. dazu Menzel / Ipsen, Völkerrecht, S. 321.

52 So z.B., was der Vertragstext mit der „Ersatzgestellung" meint, die die Konkordate bei einer kirchlichen Beanstandung verlangen.

53 So z.B. bei der Auswertung der Akten, Notizen und Stellungnahmen durch Mussinghoff, Theologische Fakultäten im Spannungsfeld von Staat und Kirche, S. 319f., S. 321f., S. 438.

Dieser Intention liegt u.a. die Überzeugung Heckels zugrunde, daß der Universitätstheologe Wissenschaft nicht im Wissenschaftsverständnis des Art. 5 Abs. 3 GG betreiben könne, sondern nur entsprechend einem Wissenschaftsverständnis, das ihm von außen, sprich von der kirchlichen Institution her vorgegeben werde.[55] Die Antwort, wie eine solche Auffassung mit einem Wissenschaftsauftrag an einer staatlichen Institution, die allein unter staatlichem Recht steht, vereinbar ist, bleibt Heckel schuldig.

Wehrt sich Heckel gegen die These Th. Emdes, „daß die Kirche sich durch ‚freiwilligen Rückzug' der Theologenausbildung von der Universität allen Mißlichkeiten entziehen könne, deshalb das Ausscheiden eines für sie untragbaren Theologen aus der theologischen Fakultät weder nötig noch verhältnismäßig sei",[56] so kommt Heckel doch – zwar wiederum nur unter rechtspolitischem Aspekt –, zum gleichen Ergebnis, falls die Universitätstheologen quasi durch einen „faktischen Masseneinbruch" die Rechte aus Art. 5 Abs. 3 GG und Art. 6 Abs. 1 GG für sich in Anspruch nehmen würden.[57]

So erweist sich der Versuch Heckels einer Lösung für das hier angesprochene Problem ebenso als eine Sackgasse wie das Gutachten Scheuners. Ein Weg in die Zukunft der theologischen Fakultäten kann, so scheint es, nur der Weg sein, den W. Weber aufgezeigt hat: Der staatliche Vertragspartner verteidigt konsequent entsprechend seinem Verfassungsauftrag sein Verfassungsrecht und die diesem unterstehenden Rechtsbereiche und wehrt durch eine klare Rechtsdogmatik alle Versuche seitens des kirchlichen Vertragspartners, in das Verfassungsrecht einzudringen, sehr selbstbewußt und schon bei anfänglichen Versuchen ab.

Damit dürfte der Horizont der Problemlage der Literatur, die das Thema der vorliegenden Arbeit berührt, und die Zielrichtung der rechtsdogmatischen Aufgaben genügend umrissen sein. Die Aufgabe der vorliegenden

---

[54] Vgl. ebd., S. 64: „Und um der rechtsstaatlichen Vorhersehbarkeit und Verläßlichkeit willen kann der Staat die Erfüllung seiner Abhilfepflicht nicht im Einzelfall (als „unverhältnismäßig") davon abhängig machen, ob die Mehrheitsverhältnisse i.S. der beanstandeten Richtung zu „kippen" drohen, bzw. ob dies von den Aufsichtsbehörden und Gerichten für ausgeschlossen gehalten wird, weil sich ihr Urteil angesichts des Beratungs- und Abstimmungsgeheimnisses auf unkalkulierbare Motiv-Mutmaßungen stützen müßte."

[55] Vgl. ebd., S. 71: „Die Wissenschaftsfreiheit umfaßt das Recht, das eigene, nicht das fremde Wissenschaftsverständnis (und zwar für dieses maßgeblich!) zu definieren."

[56] Vgl. ebd., S. 62; vgl. dazu Th. Emde, Die theologischen Fakultäten zwischen wissenschaftlicher Freiheit und kirchlicher Bindung, S. 398.

[57] Vgl. ebd., S. 82. Ein Blick auf die theologische Fakultät der Universität Bonn im Zusammenhang mit der Auseinandersetzung um das I. Vatikanum, als die Mehrzahl der Mitglieder der Fakultät sich dem altkatholischen Bekenntnis zuwandte, dürfte Emde bestätigen. Damals hatte der Erzbischof von Köln die Theologenausbildung in das Priesterseminar verlegt, bis sich die Fakultät mit der Zeit durch Neuberufungen im kirchlichen Sinne rekrutiert hatte.

Arbeit soll sein, darauf aufbauend einen rechtsdogmatisch klärenden Beitrag zu einer möglichen Streitschlichtung zu leisten, wenn ein Inhaber eines konfessionellen gebundenen Staatsamtes in seiner staats- und beamtenrechtlichen Stellung und in seinem verfassungsrechtlich garantierten Schutz im Blick auf die oben genannten Grundrechte tangiert wird.

Erster Teil

Das konfessionell gebundene Staatsamt

I. Die historische Entwicklung dieses Amtes – Die Säkularisation als Wende

Eine Darstellung des konfessionell gebundenen Staatsamtes im Recht der Bundesrepublik Deutschland hat E.-L. Solte[1] in einer umfassenden Systematik geleistet[2]. Die historische Entwicklung der rechtlichen Ausgestaltung dieses Amtes im Staatskirchenrecht hat H. Mussinghoff[3] – wenigstens soweit die ehemaligen preußischen Rechtsverhältnisse heute noch Auswirkung haben – ausführlich aufgewiesen. Zum Verständnis der gegenwärtigen Rechtslage soll hier kurz der historische Weg von der kirchenrechtlichen Gebundenheit des katholischen Theologieprofessors an der Universität zum konfessionell gebundenen Staatsbeamten nachgezeichnet werden. In dieser Entwicklung ist die Säkularisation als einschneidende Wende zu sehen.

1. Die rechtliche Verfaßtheit des kirchenrechtlich gebundenen Amtes eines Theologieprofessors vor der Säkularisation

Unter dem politisch-rechtlichen Begriff „Säkularisation" ist die ohne kirchliches Einverständnis durch staatliche oder öffentliche Gewalt vollzogene Einziehung von Vermögen, Sachen, Territorien und Institutionen aus kirchlicher Herrschaft oder kirchlichem Gebrauch zu verstehen.[4] Die aufgrund des Reichsdeputationshauptschlusses vom 25.2.1803 im Anschluß an die Französische Revolution durchgeführte Säkularisation führte als „Fürstenrevolution" einerseits zur Beseitigung der Reichskirche und zum gleichzeitigen Ausbau des bürokratischen Staatskirchentums,[5] andererseits berei-

---

[1] Vgl. ebd., bes. S. 128ff. Vgl. dazu auch E. Th. Emde, Die theologischen Fakultäten zwischen wissenschaftlicher Freiheit und kirchlicher Bindung.

[2] Bezgl. der Diskussion und Anerkennung der verfassungsrechtlichen Zulässigkeit konfessionsgebundener Staatsämter im Schrifttum und in der Rechtspraxis vgl. G. Anschütz, Kommentar zur WRV, S. 588; W. Weber, Das Nihil obstat, S. 97; E.-L. Solte, Theologie an der Universität, S. 128ff., 166ff.; M. Heckel, Die religionsrechtliche Parität, S. 536; A. v. Campenhausen, Das konfessionsgebundene Staatsamt; BVerwGE 17, 270; 19, 252, 260.

[3] H. Mussinghoff, Theologische Fakultäten im Spannungsfeld von Staat und Kirche.

[4] Vgl. K. Fuchs / H. Raab, Wörterbuch zur Geschichte, II, S. 726.

[5] Vgl. ebd., S. 760.

tete sie den Boden für den Ultramontanismus und den päpstlichen Zentralismus. Ohne diesen ist die Eigenart des heutigen Vertragskirchenrechts in vieler Hinsicht nicht zu verstehen, so etwa auch das traditionelle Verständnis der Konkordate als völkerrechtliche Verträge. Dies ist nach heutigem Verständnis bezüglich ihrer staatskirchenrechtlichen Materie zumindest fragwürdig.[6]

a) Die Rechtsstellung der mittelalterlichen Universität und ihrer Lehrer

Der klassische Höhepunkt der mittelalterlichen Wissenschaftskultur war im 13. Jh. In diesem Jh. lehren herausragende Gestalten des mittelalterlichen Geisteslebens.[7] Diese hohe Wissenschaftskultur in Theologie, Philosophie und in der Rechtswissenschaft war aber durch das 12. Jh. intensiv vorbereitet.[8] Dieses Jh. hatte Schulen von europäischem Rang, die durch ihre Lehrer berühmt wurden, wie etwa Anselm von Laon, Wilhelm von Champeaux und vor allem Peter Abailard, um nur einige zu nennen.[9] Von diesen Schulen boten besonders Paris, Bologna und Oxford für Professoren und Studenten die für wissenschaftliches Arbeiten notwendige Freiheit, weshalb sich ihnen deren Hauptinteresse zuwandte. Hier konnten sich Professoren und Studenten frei zu wissenschaftlichem Arbeiten zusammenschließen. Dieser Zusammenschluß war nicht von Kaiser oder Papst geplant – wie die Hohen Schulen in Neapel oder Rom –, sondern der Zusammenschluß entsprang einem geistigen Aufbruch, der nicht so sehr in einem auf Berufsausbildung ausgerichteten Interesse, sondern in dem Verlangen nach Wahrheitserkenntnis, nach einem Wissen, das die Bedürfnisse des täglichen Lebens überstieg, wurzelte.[10] So entwickelten sich weder in Neapel unter dem besonderen Schutz des Kaisers noch in Rom unter dem besonderen Schutz des Papstes, sondern an den Orten der wissenschaftlichen Freiheit, nämlich in Paris, Bologna und Oxford die Strukturen, die den Begriff der mittelalterlichen Universität ausmachten.

1222 war die Pariser Universität in ihren Grundzügen vollendet.[11] Es gab vier Fakultäten: Theologie, Medizin, die Artes und das Dekretum. Als erste von ihnen erhielt die Theologische Fakultät eine autonome Verfassung mit eigenem Siegel. Die anderen folgten diesem Beispiel.

[6] Vgl. dazu A. Hollerbach, Verträge zwischen Staat und Kirche, S. 83ff.

[7] Vgl. dazu J. Pieper, Scholastik. Gestalten und Probleme der mittelalterlichen Philosophie.

[8] Vgl. dazu Et. Gilson, Der Geist der mittelalterlichen Philosophie; M. Grabmann, Die Geschichte der scholastischen Methode.

[9] Vgl. dazu etwa H. Jedin, HKG, III/2, S. 120ff., S. 318ff.: Der historische Ausbau der Universitäten.

[10] Dies wird besonders unterstrichen von H. Grundmann, Vom Ursprung der Universitäten im Mittelalter.

[11] Vgl. H. Denifle, Chartularium Universitatis Parisiensis ab anno 1200 usque ad annum 1286.

Nach dem Vorbild von Bologna und Paris konstituierten sich durch spontanen Zusammenschluß die Universitäten von Cambridge, Oxford, Modena und Montpellier. Ähnlich wie in Paris hatten sich Lehrer und Schüler gegen den Widerstand der Bürger und der Ortsbischöfe zusammengeschlossen und wurden schließlich von der weltlichen und bischöflichen Gerichtsbarkeit freigestellt. Diese Exemtion wurde erreicht durch päpstliche Privilegien und Stiftungsbriefe. Diese garantierten die „universitas" als Körperschaft aller Lehrer und Studenten an dem Studium generale, wie die eigentliche Lehrstätte hieß.[12]

Die in den Stiftungsbriefen niedergelegten Privilegien garantierten die Rechtsstellung der Universitäten: Selbstverwaltung, eigene Gerichtsbarkeit und Promotionsrecht. Soweit die Universitäten als spontane Zusammenschlüsse entstanden waren, wurden die von ihnen beanspruchten Privilegien anerkannt. Sie stellen sich dar als weder dem Staat noch der Ortskirche eingegliederte Anstalt. Diese körperschaftliche Rechtsstellung kam auch ihren Lehrern zu.

Durch Stiftungsbrief und Privilegien sicherte sich aber die päpstliche Kurie ein Statutenrecht und damit die kirchliche Gebundenheit der Universitäten.[13] Dieses Bestreben der Kurie ist bis heute hinsichtlich der theologischen Fakultäten zu beobachten. So vollzog sich das Leben an den Universitäten, für welche die Universität Paris und ihre Verfassung Maßstab wurde und blieb, im kirchlichen Raum. Das wurde dadurch deutlich, daß die Universitätslehrer (allerdings nicht in Bologna) Kleriker waren[14] und daß Theologen und Philosophen, die sich nicht dieser päpstlichen Oberaufsicht fügten, wie etwa Siger von Brabant,[15] die Arbeit an der Universität unmöglich gemacht wurde, bzw. daß sie, wie Wilhelm von Ockham, nur unter kaiserlichem Schutz wissenschaftlich arbeiten konnten.[16]

b) Die Präponderanz der Landesherren und die Bindung an die Kirche in der deutschen Universitätsentwicklung

Auf dem Hintergrund des abendländischen Schismas wurde in Deutschland eine größere Zahl von Universitäten gegründet. Die durch den Kaiser und die Landesfürsten gegründeten Universitäten waren im Vergleich zu Paris eigenständig.[17] Holten sich auch Kaiser und Landesherren bei ihren zahlreichen Neugründungen immer wieder das Placet des Hl. Stuhles ein, so

[12] Vgl. Bihlmeyer-Tüchle, KG, II, S. 324.
[13] Vgl. H. Jedin, HKG, III/2, S. 319.
[14] Vgl. ebd., S. 321.
[15] Vgl. dazu J. Pieper, Scholastik, S. 166ff., 188, 199, 242.
[16] Vgl. ebd., S. 53, 107, 200ff., 212.
[17] Vgl. G. Kaufmann, Geschichte der deutschen Universitäten, II, S. 46 - 157.

waren die deutschen Universitäten keine kirchlichen Korporationen.[18] Als die Universität Heidelberg im 15. Jh. eine solche Umgestaltung vorzunehmen versuchte, stieß sie auf den entschiedenen Widerstand des Kurfürsten.[19]

So war der Einfluß der Kirche auf den Lehrbetrieb und die Satzungen der Universitäten - auch der Theologischen Fakultät[20] - aufgrund des Übergewichts des Landesherrn und seines Rechts relativ gering.[21] Der kirchliche Einfluß war nur mittelbar. So war der Kanzler der Universität oftmals der Diözesanbischof. Trotzdem gewann das Amt nie größere Bedeutung. Vor allem war der Kanzler nie Organ der Kirche.[22] Insofern hatte dieser keine gewichtigen kirchlichen Einflußrechte. Soweit sie bestanden, waren sie ihm nur durch den Landesherren verliehen. Doch war dadurch eine gewisse kirchliche Überwachung und Bindung der Universität gesichert.

Trotz territorialer Bindung der deutschen Universitäten war die Einheit der Universitäten im deutschen Reich garantiert. Diese Einheit zerbrach erst durch die Reformation und die Glaubensspaltung. Die meisten Universitäten standen der Reformation zunächst ablehnend gegenüber. Eine größere Freiheit brachte sie ihnen nicht. Sie mußten sich schließlich für das Tridentinum, die Confessio Augustana oder das reformatorische Bekenntnis entscheiden. Die Neugründungen von Universitäten durch evangelische und katholische Landesherren waren mit diesem Zweck und Gebot verbunden.

Diese Zweckrichtung stand natürlich der akademischen Freiheit und damit dem ursprünglichen Wissenschaftsprogramm der mittelalterlichen Universitäten entgegen. Als Pflegestätten der neu entstandenen empirischen Wissenschaften wurden deshalb seit dem 17. Jh. die Akademien gegründet.[23] Erst mit der Gründung der Universität Göttingen tritt neben die Universität als landesherrliche Ausbildungsstätte wieder der Typ der zweckfreien, nur der freien Forschung und Lehre dienenden, von Staat und Kirche unabhängigen Institution.[24] Durch die Aufklärung wurden diese Ziele mehr oder weniger in einer Reihe von Universitäten verwirklicht, gerade auch an Universitäten in geistlichen Fürstentümern wie in Würzburg und Mainz.[25] Man kann von diesen Universitäten trotz der geistlichen Landesherrschaft nicht als kirchlichen Institutionen und von ihren Lehrern nicht als von kirch-

---

18 Vgl. ebd., S. 80ff.

19 Vgl. ebd., S. 251.

20 Vgl. ebd., S. 198ff.

21 Vgl. ebd., S. 91 - 110: Das Verhältnis zu Staat und Kirche, bes. S. 91 - 98: Die Landesherren regeln die akademische Gerichtsbarkeit. – 6. Die Autonomie der Universitäten, S. 110 - 125, bes. S. 110 - 117: Die Oberaufsicht der Landesherren; S. 146 - 157: Die Landesherren und die Promotionsbedingungen.

22 Vgl. dazu ebd., S. 125 - 157: Der Kanzler.

23 Vgl. Fuchs / Raab, Wörterbuch zur Geschichte – Akademien.

24 Vgl. ebd. – Universitäten und die dort angegebene Literatur.

25 Vgl. ebd.

lichen Angestellten reden, genausowenig wie man von den Bischöfen in der Stellung als Herzöge und Kurfürsten als von kirchlichen Amtsträgern reden kann. Diese Situation blieb grundsätzlich bis zur Säkularisation bestehen.

2. Die Situation nach der Säkularisation

Durch den Reichsdeputationshauptschluß vom 25.2.1803 wurden die geistlichen Fürstentümer aufgehoben. Gleichzeitig wurden eine ganze Reihe von Universitäten – so Köln, Mainz, Straßburg, Trier, Bonn, Fulda, Erfurt, Münster, Duisburg, Rinteln – aufgelöst. Soweit sie erhalten blieben – wie Würzburg – oder neu gegründet wurden, hatten sie jede kirchliche Bindung verloren[26] und dienten keinem lokalen oder territorialen Zweck mehr. Sie waren zu allgemein staatlichen Bildungsstätten geworden.

Für die Neuorganisation der Universitäten nach der Säkularisation war die 1810 nach den Vorstellungen von Wilhelm Humboldt errichtete Universität von Berlin Vorbild. Neuhumanismus und Idealismus prägten das Konzept. Freiheit von Lehre und Forschung sollte vom Staat geachtet werden, das Ziel der Universität sollte die Heranbildung des selbständig denkenden und kritisch verantwortungsbewußten Akademikers sein.[27]

Zugleich ist für die Zeit nach 1803 auffallend, daß sich die Präponderanz der staatlichen Organisationsgewalt und Personalhoheit endgültig festigt und die Universität rechtlich eindeutig nur noch als Staatseinrichtung zu verstehen ist. Das Recht des Staates hat nun die Aufgabe, die Autonomie der Universität und die Freiheit von Forschung und Lehre zu garantieren. Von nun ab war auch jeder Professor eindeutig nur noch als Staatsdiener mit ausschließlich staatlichem Auftrag zu verstehen. Der Staat legte Wert darauf, dies ins Bewußtsein seiner Beamten zu bringen.[28] Eine vom Staat anerkannte Bindung an die Kirche, auch nicht der Theologieprofessoren der Universität, bestand nicht. Eine solche Bindung hätte dem Gedanken der Souveränität, dem Verständnis der Verfassungs- und Personalhoheit des neu entstandenen Staatsbewußtseins widersprochen.[29]

3. Die staatlich garantierte Lehrfreiheit und die rechtliche Begründung des konfessionell gebundenen Staatsamtes

Die Frage nach dem Status des konfessionell gebundenen Staatsamtes war immer schon eng verbunden mit der Frage nach der Ausbildung der Kleriker, die der Staat an einer staatlich theologischen Fakultät realisiert

---

[26] Vgl. dazu A. Chroust, Julius-Maximilian-Universität Würzburg, S. 417ff.
[27] Vgl. Fuchs / Raab, Wörterbuch zur Geschichte – Akademien.
[28] Vgl. A. Chroust, Julius-Maximilian-Universität, Würzburg.
[29] Auf dieses Problem wird noch unten ausführlicher zurückzukommen sein.

sehen wollte. Diese Frage muß als Ausgangspunkt des neuzeitlichen Staatskirchenrechts, soweit es die Universität betrifft, gesehen werden.[30]

Neu geregelt wurden diese Fragen vor allem durch die Konkordate und Zirkumskriptionsbullen. Die ersten wurden bald nach der Säkularisation abgeschlossen.[31] Dabei ist – weil auch für die vorliegende Arbeit von Bedeutung – besonders die Frage zu beachten, daß die Staatsregierungen bemüht waren, die Konkordate erst nach Verkündigung der Verfassung zu promulgieren.[32] Damit sollte dokumentiert werden, daß die Konkordate nur soweit Staatsgesetze wurden, als sie der Verfassung nicht widersprachen.[33] Dies war und ist vor allem für die Auslegung der Konkordate von Bedeutung. Auch unter dem Aspekt der Vertragstreue ist staatlicherseits immer der Vorrang der Verfassung betont worden.[34]

II. Die Grundzüge der gegenwärtigen Rechtslage

Art. 7 des Reichskonkordates[35] ist auf Betreiben des Vatikans in das Abkommen aufgenommen worden, um die kirchlichen Interessen sicherzustellen. Dabei ließ der kirchliche Verhandlungspartner unausgesprochen, wie er sich die Ausgestaltung kirchlicher Interessen vorstellt. Roedel/Paulus

---

30 Vgl. H. Mussinghoff, Theologische Fakultäten, 1. Kap., Teil 1: Die wissenschaftliche Vorbildung der Geistlichen in Preußen vor 1929, S. 4ff.

31 Nach der Säkularisation von 1803 scheiterten zunächst Verhandlungen um ein Reichskonkordat und um Länderkonkordate. 1817 kam ein Konkordat mit Bayern zustande: Neuordnung der Diözesanverfassung, Besoldung der Geistlichkeit etc. 1821 einigte sich die Kirche durch die Zirkumskriptionsbulle ‚De salute animarum' mit Preußen über die Regelung der Diözesaneinteilung, der Dotation aufgrund der Säkularisationsverpflichtungen, der Bildung der Domkapitel und der Bischofswahl (eine persona minus grata durfte nicht gewählt werden). 1821/27 kamen die Zirkumskriptionsbullen für die Oberrheinische Kirchenprovinz ‚Privida sollersque' und ‚Ad dominici gregis custodiam' und 1824 eine ähnliche Regelung für Hannover (‚Impensa Romanorum') zustande. Konkordate mit Baden (1857) und Württemberg (1859) scheiterten am Widerstand der Landtage. Das Konkordat mit Österreich (1855) beendete das josephinische Staatskirchentum. Es wurde 1870 aus Protest gegen das Unfehlbarkeitsdogma gekündigt. Vgl. dazu H. Raab, Die Concordata Nationis Germanicae in der kanonistischen Diskussion des 17. bis 19. Jh.; H. F. Feine, Kirchliche Rechtsgeschichte, I; H. D. Sidow, Die Rechtsnatur der Zirkumskriptionsbullen für Deutschland aus der Zeit nach dem Wiener Kongreß; E. Weinzierl, Die österreichischen Konkordate 1855 und 1933; D. Golombeck, Die politische Vorgeschichte des Preußenkonkordates (1929); R. Morsey, Zur Geschichte des preußischen Konkordates und der Errichtung des Bistums Berlin, in: Wichmann-Jahrbuch für Kirchengeschichte im Bistum Berlin 19/20 (165/66) 64 - 89.

32 Vgl. Seydel / Graßmann / Piloty, Bayerisches Staatsrecht, Bd. 1, S. 12f.

33 Vgl. ebd.

34 Vgl. ebd., S. 447.

35 Vgl. Art. 7 RK: „Zur Annahme einer Anstellung oder eines Amtes im Staat oder bei einer von ihm abhängigen Körperschaft des öffentlichen Rechts bedürfen Geistliche des Nihil obstat ihres Diözesanordinarius sowie des Ordinarius des Sitzes der öffentlich-rechtlichen Körperschaft. Das Nihil obstat ist jederzeit aus wichtigen Gründen kirchlichen Interesses widerrufbar."

meinen,[36] Art. 7 RK sei zu Can. 139 CIC in Beziehung zu setzen. Dahinter steckt eine zu kurze Sicht der kirchlichen Interessen. Denn diese zielen letztlich darauf, die wissenschaftliche Theologie und die Theologenausbildung unter ihren ausschließlichen Einfluß zu bekommen. Dies wird sowohl aus der Vorgeschichte der Konkordate[37] als auch aus der faktischen Praxis der Nachkriegsgeschichte deutlich. Die kurialen Interessen sind nach wie vor darauf ausgerichtet, i.S. des Tridentinum die Theologischen Fakultäten den Universitäten als unabhängige wissenschaftliche Institutionen zu entziehen und ganz unter kurialen Einfluß zu bringen. So ist es nicht von ungefähr, daß selbst die katholischen Universitäten in Mailand oder in Portugal keine theologischen Fakultäten haben. Diese kirchlichen Bestrebungen bringen natürlich ein mühsam geschaffenes Gleichgewicht ins Schwanken. Während „das ältere Konkordats- und Kirchenvertragsrecht es darauf abgestellt hatte, die wissenschaftliche Eigenverantwortung der theologischen Fakultäten, die Bestimmungsgewalt des Staates über seine Universitäten und die legitime Wahrnehmung kirchlicher Belange in einem sorgsam ausgewogenen Verhältnis zu halten“, so sind – so befürchtet W. Weber sicher nicht zu Unrecht – die durch die Abmachungen nach 1945 beschrittenen Wege für die Fakultäten und den Staat steiniger geworden.[38]

Zum Verständnis kirchlicher Interessen ist ein Blick auf das Konzil von Trient (1542 - 1564) nötig.[39] Das Konzil von Trient versuchte, eine Reform der Theologenausbildung dadurch zu bewirken, daß diese von der Universität in Klerikalseminare verlegt werden sollte. Das in der 23. Sitzung vom 15. Juli 1563 beschlossene Dekret ist im kirchlichen Bereich heute noch maßgeblich für die geistlichen Bildungsstätten.[40] Sie werden Collegium oder Seminarium genannt. Entsprechend dem Dekret des Konzils wurde allen Bischöfen und Erzbischöfen zur Pflicht gemacht, ein solches Collegium oder Seminarium zu errichten.[41] Damit sollte die Theologenausbildung unter ausschließlich kirchlichen Einfluß gebracht werden.

Das Konzilsdekret war eindeutig gegen die Theologie an den Universitäten gerichtet. In Deutschland ließen sich die Konzilsbeschlüsse jedoch nie verwirklichen. Der Widerstand hiergegen kam vom Klerus und den Bischöfen selbst, dann aber auch von den Landesherren, gerade auch von den

---

[36] Vgl. dazu A. Roedel / R. Paulus, Reichskirchenrecht und neues bayerisches Kirchenrecht.

[37] Vgl. H. Mussinghoff, Theologische Fakultäten, §§ 16 u. 17.

[38] Vgl. W. Weber, Die neuere Entwicklung in der kirchlichen Mitwirkung, S. 339.

[39] Vgl. dazu H. Jedin, Geschichte des Konzils von Trient; G. Schreiber, Das Weltkonzil von Trient; ders., Tridentinische Reformdekrete in den deutschen Bistümern.

[40] Vgl. H. E. Feine, Kirchliche Rechtsgeschichte, I, S. 481.

[41] Vgl. dazu CIC can. 1354ff., can. 1354 § 1: „Unaquaque dioecesis in loco convenienti ab Episcopo electo seminarium seu collegium habeat in quo, pro modo facultatem et dioecesis amplitudine, certus adolescentium numerus ad statum clericalem instituatur.“

geistlichen.[42] Erst recht der seiner Souveränität bewußte Staat des 19. Jh. wußte diese kirchlichen Bestrebungen abzuwehren. So blieben die theologischen Fakultäten in Deutschland für die kuriale Politik bis heute nie gern gesehene Ausnahmen und Durchbrechungen der Beschlüsse des Konzils von Trient. Von daher sind auch die kirchlichen Bestrebungen der erweiterten Einflußnahme auf die theologischen Fakultäten, die nach 1945 betrieben wurden, zu verstehen.

Dabei sind die rechtlichen Probleme auch unter dem Grundgesetz im Vergleich zu früher insofern nicht die gleichen geblieben, als es nun die beiden Macht- und Einflußbereiche im demokratischen, säkularisierten Staat neu und rechtsdogmatisch genau abzugrenzen gilt. Diese Aufgabe ist deshalb neu gestellt, da nun der Verfassungsgeber seine Verfassung auf die Anerkennung vorstaatlichen bzw. überpositiven Rechts in Form der in ihrem Wesensgehalt unantastbaren Grundrechte stützt,[43] zu denen wesentlich der Gleichheitsgrundsatz (Art. 3 GG), das Recht auf Ehe und eheliche Geburt (Art. 6 Abs. 1 GG) und die Freiheit von Wissenschaft und Lehre (Art. 5 Abs. 3 GG) gehören. Zu diesem Grundrechtsrahmen gehören die Grundrechte auf Gleichheit, Ehe und Freiheit der Wissenschaft in Forschung und Lehre, die auch jeder Theologieprofessor als Staatsbeamter für sich in Anspruch nehmen kann. Dadurch entsteht nun unter ganz neuen Aspekten die Frage nach dem Verhältnis von kirchlichem Einfluß bzw. staatlicher Anerkennung kirchlichen Rechts und den verfassungsrechtlich garantierten Grundrechten. Diese neue staatskirchenrechtliche Aufgabe ist folglich gestellt angesichts unverrückbarer Grundsätze, wie der Lehr- und Forschungsfreiheit der Universität und ihrer Lehrer, und den Forderungen der römischen Kurie, die Theologenausbildung nach tridentinischem Vorbild zu gestalten.

1. Die maßgeblichen Rechtsquellen für die Begründung des konfessionell gebundenen Staatsamtes im gegenwärtigen Recht

Für die rechtliche Begründung des konfessionell gebundenen Staatsamtes kommen nur unmittelbar staatliche oder ausschließlich durch den Staat vermittelte Rechtsquellen in Betracht. Es sind dies verfassungs- und kir-

---

[42] Vgl. G. Schreiber, Tridentinische Reformdekrete in den deutschen Bistümern.

[43] Vgl. Art. 19 Abs. 2 GG; vgl. dazu v. Mangoldt / Klein, GG, Bd. I, S. 94f.: „Das Grundgesetz enthält somit in bezug auf den Geltungsgrund einerseits Grundrechte mit naturrechtlichem Hintergrund, Grundrechte vorstaatlichen Ursprungs ...“; P. Mikat, Kirchen und Religionsgemeinschaften, S. 137: „Diese rechtsphilosophische Neuorientierung ist unzweideutig ... anerkennen in ihren Grundrechtsteilen ‚vorstaatliche Gegebenheiten, die unabhängig von jeder staatlichen Rechtssetzung dem positiven Recht vorgegeben sind‘.“ – So ebenfalls F. Giese, GG, S. 11f.; R. Stanka, Die Menschenrechte. Ihre Geschichte und ihre Problematik; A. Süsterhenn, Der Durchbruch des Naturrechts in der deutschen Verfassungsgesetzgebung nach 1945; Zinn / Stein, Kommentar zur Verfassung des Landes Hessen, Vorbem. VI 3, S. 99f.

chenvertragsrechtliche Normen und Normen des Hochschul- und Beamtenrechts.

Diese Rechtsmaterien sind im deutschen Recht vor allem auf Grund der föderativen Struktur der Bundesrepublik Deutschland vielschichtig. Vielschichtig ist deshalb auch die Rechtslage, die das konfessionell gebundene Staatsamt in seinem Verhältnis zu Staat, Hochschule und Kirche bestimmt. Diese Bestimmung läßt sich nur durch die Zusammenschau der verschiedenen Rechtsgrundlagen kennzeichnen.

a) Die verfassungsrechtliche Garantie der staatlich-theologischen Fakultäten und des sie ausfüllenden konfessionell gebundenen Staatsamtes

Die spannungsvolle Geschichte zwischen Staat und Kirche um die theologischen Fakultäten suchte die Weimarer Republik durch einen zeitgerechten Ausgleich zwischen Staat und Kirche und eine einigermaßen überschaubare und praktikable Ordnung des theologischen Hochschulwesens zu lösen. Im Mittelpunkt dieser Ordnung stand die verfassungsrechtliche Garantie der Universitätsfakultäten. Diese kam in Art. 149 Abs. 3 WRV mit dem Satz zum Ausdruck: „Die theologischen Fakultäten an den Hochschulen bleiben erhalten.“[44]

Auffallend ist zunächst, daß das Grundgesetz über Art. 140 den Art. 149 WRV im Gegensatz zu den Art. 136; 137; 138; 139; 141 WRV nicht zu seinem Bestandteil erklärt hat. Der Grund ist die Rücksicht auf die Kompetenzverteilung im Bereich des Bildungswesens.[45] Jedoch fällt die Rechtsstellung des konfessionell gebundenen Staatsbeamten und der theologischen Fakultäten im Blick auf das Grundgesetz nicht ins Leere. Gemäß dem Grundsatz von Art. 31 GG (= Bundesrecht bricht Landesrecht) können konfessionell gebundenes Staatsamt und theologische Fakultäten erst im Grundgesetz ihre verfassungsrechtliche Garantie finden. Dadurch „haben die Theologischen Fakultäten einen festen Standort in der deutschen Rechtsordnung.“ Sie haben „einen normativen Rahmen, der sie als gut situiert erscheinen läßt.“[46]

aa) Die bundesverfassungsrechtliche Garantie

Die bundesverfassungsrechtliche Garantie der theologischen Fakultäten kommt zunächst in Art. 123 Abs. 2 GG zum Ausdruck. Art. 123 Abs. 2 GG

---

[44] Zum Sinn und Stellenwert dieses Satzes vgl. C. Schmitt, Freiheitsrechte und institutionelle Garantie der Reichsverfassung; W. Landé, Die Schule in der Reichsverfassung, bes. S. 91ff.; W. Schmidt, Die Freiheit der Wissenschaft, S. 141f.

[45] Vgl. dazu E. Th. Emde, Die theologischen Fakultäten: Die Rechtsstellung der theologischen Fakultäten, S. 371ff., bes. 377ff.

[46] Vgl. A. Hollerbach, Die Theologischen Fakultäten und ihr Lehrpersonal, S. 72ff.

garantiert vor allem die Fortsetzung des Reichskonkordates, dessen Art. 19 S. 1 die Existenz der katholisch-theologischen Fakultäten garantiert: „Die katholisch-theologischen Fakultäten an staatlichen Hochschulen bleiben erhalten."[47] In Verbindung mit Art. 75 Nr. 1a GG; § 81 Hochschulrahmengesetz[48] kommt der Wille und die Verpflichtung des Bundes zum Ausdruck, für die Erhaltung der theologischen Fakultäten und ihrer Eigenheit Sorge zu tragen.[49]

Die verfassungsrechtliche Garantie der theologischen Fakultäten kann sich weiter auf Art. 7 Abs. 3 GG stützen. Garantiert nämlich hier der Staat den Religionsunterricht als ordentliches Lehrfach, so liegt die Annahme nahe, daß er sich implizit auch für adäquate Ausbildungsstätten der Lehrer verpflichtet hat.[50] Für den Unterricht an den höheren Schulen sind die adäquaten Ausbildungsstätten die theologischen Fakultäten. War in der Vergangenheit immer nur die Ausbildung der Geistlichen im Blick, so haben die theologischen Fakultäten durch Art. 7 Abs. 3 GG eine „nicht immer genügend beachtete verfassungsrechtliche Rechtfertigung erfahren."[51]

Von den Grundrechtsartikeln des Grundgesetzes ist vor allem Art. 5 Abs. 3 GG zu nennen. Art. 5 Abs. 3 GG legt fest: „Kunst und Wissenschaft, Forschung und Lehre sind frei. Die Freiheit der Lehre entbindet nicht von der Treue zur Verfassung." Gegenüber Diskussionen zum Wissenschaftsbegriff und zur Wissenschaftstheorie haben Grundrechtsdogmatik[52] und Rechtsprechung des Bundesverfassungsgerichtes[53] klargestellt, daß sich die Freiheitsgarantie des Art. 5 Abs. 3 GG „auf jede wissenschaftliche Tätigkeit, d.h. auf alles, was nach Inhalt und Form als ernsthafter planmäßiger Versuch zur Vermittlung der Wahrheit anzusehen ist", bezieht.[54] Damit ist auch klargestellt, daß die Theologie – zumindest die katholische Theologie – mit ihrem Selbstverständnis als „fides intellecta" bzw. als „fides quaerens intellectum" in den Schutzbereich des Art. 5 Abs. 3 GG gehört.[55] Art. 5

---

[47] Art. 123 Abs. 2 GG ist speziell im Blick auf das Reichskonkordat ins Grundgesetz aufgenommen worden. Vgl. dazu BVerfGE 6, 309 (341). Vgl. dazu ausführlich E. Friesenhahn, Zur völkerrechtlichen und innerstaatlichen Geltung des Reichskonkordates.

[48] Vgl. § 81 HRG: „Die Verträge mit den Kirchen werden durch dieses Gesetz nicht berührt."

[49] Vgl. dazu A. Hollerbach, Die verfassungsrechtlichen Grundlagen, S. 264; W. Huber, Kirche und Öffentlichkeit, bes. S. 308.

[50] Vgl. dazu Chr. Link, Religionsunterricht, HdbStKirchR II (1975), S. 524.

[51] Vgl. A. Hollerbach, Die Theologischen Fakultäten und ihr Lehrpersonal, S. 73.

[52] Vgl. dazu K. Hesse, Grundzüge des Verfassungsrechts, S. 164ff.; B. Schlink, Das Grundgesetz und die Wissenschaftsfreiheit; ders., Die Wissenschaftsfreiheit des BVerfG; T. Bauer, Wissenschaftsfreiheit in Lehre und Studium; R. Scholz, in: Maunz / Dürig / Herzog / Scholz, GG, Art. 5 Abs. 3, Rdnr. 1 - 15; 81 - 204, bes. 181.

[53] Vgl. vor allem das Urteil vom 29.5.1973, BVerfGE 35, 79 (112 - 116); auch BVerfGE 43, 242 (267f.).

[54] Vgl. BVerfGE 35, 79 (113).

[55] Zum Selbstverständnis der katholischen Theologie vgl. Anselm von Canterbury, Proslogion, Kap. II: „Ergo, Domine, qui das fidei intellectum, da mihi, ut, quantum

Abs. 3 GG garantiert folglich im freiheitlichen Staat den Lebensbereich Wissenschaft in seiner Eigenständigkeit. D.h. speziell, er garantiert auch die wissenschaftliche Betrachtung und Fragestellung nach der Bedeutung des kirchlichen Amtes. Er garantiert aber bzw. duldet aufgrund der genannten Eigenständigkeit nicht die Einflußnahme, diese Betrachtung und Fragestellung in einer bestimmten Richtung zu beeinflussen.

Die durch Art. 5 Abs. 3 GG zugesicherte Freiheitsgarantie des Staates hat sowohl eine subjektivrechtliche als auch eine objektivrechtliche Seite.[56] Das BVerfG hebt deshalb hervor, daß der Staat einerseits verpflichtet ist, „funktionsfähige Institutionen für einen freien Wissenschaftsbetrieb" zur Verfügung zu stellen, daß aber andererseits aus Art. 5 Abs. 3 GG dem einzelnen Träger des Grundrechts ein Recht auf solche „staatliche Maßnahmen auch organisatorischer Art" erwächst, „die zum Schutze seines grundrechtlich gesicherten Freiheitsraumes unerläßlich sind, weil sie ihm freie wissenschaftliche Betätigung überhaupt erst ermöglichen."[57] Der Staat würde somit gegen das Grundrecht der Wissenschaftsfreiheit und den ihm aufgegebenen Kulturauftrag[58] verstoßen, wenn er die Theologie prinzipiell im Kreis der akademischen Disziplinen aufgeben oder deren Bestand auch gegenüber den Kirchen im Rahmen der Universität nicht verteidigen wollte.

Die Institution „Theologische Fakultät" hat folglich durch Art. 5 Abs. 3 GG eine grundrechtliche Basis. Im Verband der Wissenschaften ist sie somit durch Art. 5 Abs. 3 GG grds. garantiert. So wenig der Staat der Kirche Theologische Fakultäten aufdrängen darf, so sehr muß er sich auch gegen Bestre-

scis expedire, intelligam, quia es sicut credimus, et hoc es quod credimus. Et quidem credimus te esse aliquid quo nihil maius cogitari possit . . ."; K. Lehmann, Lehramt und Theologie. Versuch einer Verhältnisbestimmung, in: Internat. Kath. Zeitschrift 10 (1981) 331 - 338; W. Kasper, Wissenschaftliche Freiheit und lehramtliche Bindung, S. 26ff. – Unter rechtlichem Aspekt vgl. E. L. Solte, Theologie an der Universität, S. 7 - 45; D. Lorenz, Wissenschaftsfreiheit zwischen Staat und Kirche, S. 20 - 29; J. Neumann, Die Theologischen Fakultäten an staatlichen Universitäten nach dem Grundgesetz der Bundesrepublik Deutschland, bes. S. 878. – Unten wird über diesen Punkt noch ausführlicher die Rede sein müssen. – Es sei aber hier schon das Erstaunen zum Ausdruck gebracht, mit welch dezisiven Aussagen Juristen, so D. Lorenz, S. 21, die katholische Theologie als in ihrer intensiven Zuordnung zu den Strukturen der verfaßten Kirche, wofür in besonderer Weise die Anerkennung eines autoritativen Lehramtes kennzeichnend sei, zu charakterisieren wissen. Diese Charakterisierung findet man bei den großen Theologen der theologischen Tradition so eben nicht. Man kann die Summa theologica des Thomas von Aquin berechtigt als eine einzige Ekklesiologie verstehen (vgl. dazu M.-D. Chenu, Das Werk des hl. Thomas von Aquin, S. 340ff.). In dem gesamten Werk findet man jedoch so gut wie nichts von den Strukturen der verfaßten Kirche oder dem autoritativen Lehramt, ebensowenig bei den anderen Klassikern der Theologie. Das Verständnis Anselms von Canterbury im Anschluß an Augustin und der ihm folgenden großen theologischen Tradition war sicher wesentlich anders.

[56] Vgl. v. Mangoldt / Klein, GG, Bd. I, S. 103.

[57] Vgl. BVerfGE 35, 79 (115f.).

[58] Vgl. dazu E.-L. Solte, Theologie an der Universität, bes. S. 39ff.: Kulturstaatsverpflichtung und Theologie, S. 100ff.: „Die theologischen Fakultäten und der staatliche Auftrag zum Schutz und zur Förderung des kulturellen Lebensbereiches.

bungen seitens der Kirche verteidigen, die seinen Wissenschaftsauftrag zu beschränken suchen. Eine Grundlage dafür ist nicht zuletzt in dem durch die Freundschaftsklauseln der Konkordate zum Ausdruck gebrachten gegenseitigen Respekt gegeben.[59]

Bei der Frage nach dem verfassungsrechtlichen Status der theologischen Fakultäten und des sie ausfüllenden Staatsamtes ist auch Art. 4 Abs. 1 GG von Bedeutung. Bei der extensiven Auslegung der Grundrechte i.S. des Grundgesetzes[60] ist es sicher richtig festzustellen, daß Art. 4 GG gebietet, der Religion im Bereich der Gesellschaft und des Staates Raum zu geben.[61] So garantiert Art. 4 GG die Nichtbeeinträchtigung des religiösen Bekenntnisses.[62] Christliches Bekenntnis hat sich in der abendländischen Tradition gerade auch in der Form der Wissenschaft zum Ausdruck gebracht. Ob man deshalb aber die theologischen Fakultäten als zu Art. 4 Abs. 1 GG gehörige Einrichtungsgarantien, „die mit der betreffenden Grundrechtsgewährleistung denknotwendig mitgegeben sind",[63] verstehen kann,[64] soll hier noch offenbleiben.[65] Auch scheint die Auslegung von Art. 4 Abs. 1 GG in dem Sinne, daß er das konfessionell gebundene Staatsamt als Form der kirchlichen Religionsausübung schützt, den durch Art. 4 Abs. 1 GG gewährten Freiheitsrahmen überzuinterpretieren.[66] Abgesehen davon, ob eine solche Auslegung von Art. 4 Abs. 1 GG möglich ist, entsteht hier die Gefahr, daß das konfessionell gebundene Staatsamt in ein kirchliches Amt uminterpretiert wird. Vom religiösen Selbstverständnis her mag das konsequent sein. Rechtsdogmatisch wird dies aber mit dem Begriff des konfessionell gebundenen Staatsamtes und mit der in Art. 140 GG iVm Art. 137 Abs. 3 WRV zum Ausdruck gebrachten Neutralitätsverpflichtung und strikten Trennung von kirchlichem und staatlichem Amt nicht zu vereinbaren sein. Die Personalhoheit steht allein dem Staate zu.[67] Außerstaatlicher Einfluß kann diesbezüglich nur soweit gegeben sein, soweit ihn der Staat mittelbar zugesteht oder soweit er, falls der Staat ein solches konfessionell gebundenes Staatsamt errichtet, von der Sache her geboten erscheint. Auf diese Problematik wird aber unten noch ausführlicher einzugehen sein.

---

[59] Vgl. RK Art. 33; BayK Art. 15 § 1; PrK Art. 13; NdsK Art. 19 und viele Male mehr. Vgl. dazu W. Weber, Die deutschen Konkordate, S. 239.

[60] Vgl. v. Mangoldt / Klein, GG, Bd. I, S. 116ff.; vgl. dazu auch A. Hollerbach, Das Staatskirchenrecht in der Rechtsprechung des BVerfG, S. 234; W. Schaumann, Der Auftrag des Gesetzgebers zur Verwirklichung der Freiheitsrechte.

[61] Vgl. dazu A. Hollerbach, Die Theologischen Fakultäten, S. 75.

[62] So E.-W. Böckenförde in seiner unveröffentlichen „Stellungnahme zu einigen Hauptfragen des Gutachtens von Prof. Scheuner" vom 24.3.1980, Ms. S. 14, teilweise veröffentlicht in E.-W. Böckenförde, Der Fall Küng und das Staatskirchenrecht, in: NJW 1981, 2101 - 2103.

[63] So die Definition bei v. Mangoldt / Klein, Das Bonner GG, Bd. I, 2. Aufl., S. 86.

[64] So A. Hollerbach, Die Theologischen Fakultäten, S. 75.

[65] Anderer Auffassung K. Hesse, Th. Emde u. a.; dazu noch unten.

[66] So J. Müller-Vollbehr, Staat und Kirche – Universität und Theologie, S. 23.

[67] Dazu noch unten.

bb) Die Garantie in den Landesverfassungen

Im Gegensatz zum Grundgesetz enthalten eine Reihe von Landesverfassungen direkte Bestandsgarantien für die Theologischen Fakultäten. Sie haben aber unter der Geltung des Grundgesetzes keine unmittelbare Bedeutung. Da sie jedoch gemäß Art. 142 GG weitergelten, sei auf die entsprechenden Vorschriften hingewiesen.

Solche Bestandsgarantien sind normiert in Art. 150 Abs. 2 Bay. Verf.[68], in Art. 39 Abs. 1 S. 3 der Verfassung von Rheinland-Pfalz[69] und Art. 60 Abs. 2 der Hessischen Verfassung, die ausdrücklich vorschreibt, daß vor der Berufung die Kirchen zu hören sind.[70] Neben der direkten Bestandsgarantie in Art. 85 der Verfassung von Baden-Württemberg verweist deren Art. 8 auf die allgemeine Vertragsklausel und Art. 10 erwähnt die Lehrstuhlbesetzung.[71] Dadurch sind verfassungsrechtlich die Theologischen Fakultäten vorausgesetzt.[72] Über Art. 31 GG iVm Art. 5 Abs. 3 GG und Art. 123 Abs. 2 GG iVm Art. 19 S. 1 RK ist der Bestand der theologischen Fakultäten, in gewissem Sinne sogar in ihrem Status quo, auch in den Ländern ohne ausdrückliche Verfassungsgarantie gesichert.

b) Das konfessionell gebundene Staatsamt im Rahmen der gesetzlichen Normen

aa) Die verfassungsrechtlichen Normen

Neben den genannten Verfassungsgarantien für die theologischen Fakultäten sind die rechtlichen Normen zu beachten, die die Rechtsstellung des konfessionell gebundenen Staatsamtes mitgestalten. Der Inhaber des konfessionell gebundenen Staatsamtes hat von seinem staatlichen Auftrag her die Pflicht, kirchliche Theologie wissenschaftlich zu erarbeiten und zu lehren. Dieses Rechtsinstitut des konfessionell gebundenen Staatsamtes ist zunächst mit der Frage nach der Vereinbarkeit mit Art. 33 Abs. 3 und Abs. 3 GG konfrontiert.[73] Unter dem Gesichtspunkt der Einheit der Verfas-

---

[68] Art. 150 Abs. 2 BV: „Die theologischen Fakultäten an den Hochschulen bleiben erhalten." Vgl. dazu Th. Meder, Die Verfassung des Freistaates Bayern, S. 414.

[69] Vgl. Süsterhenn / Schäfer, Kommentar der Verfassung für Rheinland-Pfalz.

[70] Vgl. dazu Zinn / Stein, Die Verfassung des Landes Hessen, zu Art. 60 Abs. 2 LV Hessen, S. 300.

[71] Vgl. Spreng / Birn / Feuchte, Die Verfassung des Landes Baden-Württemberg.

[72] Indirekte Bestandsgarantien ergeben sich aus den Vertragsklauseln der Art. 23 Abs. 1 der Verf. NW und Art. 35 Abs. 1 S. 3 der Verfassung des Saarlandes.

[73] Vgl. Art. 33 Abs. 2; 3: „Jeder Deutsche hat nach seiner Eignung, Befähigung und seiner fachlichen Leistung gleichen Zugang zu jedem öffentlichen Amte." – „Der Genuß bürgerlicher und staatsbürgerlicher Rechte, die Zulassung zu öffentlichen Ämtern sowie die im öffentlichen Dienste erworbenen Rechte sind unabhängig von

sung wird man die Vereinbarkeit bejahen müssen.[74] Dieses Problem wird unten unter dem Gesichtspunkt von Art. 3 GG wieder relevant. Denn das konfessionell gebundene Staatsamt ist die Konsequenz aus den staatskirchenrechtlichen Grundentscheidungen des GG, weshalb es durch Art. 33 Abs. 2 und Abs. 3 GG nicht verhindert wird. Diese Einheit der Verfassung gebietet aber andererseits im Blick auf das konfessionell gebundene Staatsamt, dieses den hergebrachten Grundsätzen des Berufsbeamtentums (Art. 33 Abs. 5 GG) zu unterstellen.

bb) Die Beamten- und Universitätsgesetze

Eine maßgebliche Konkretisierung dieser Grundsätze ist bundesgesetzlich das Beamtenrechtsrahmengesetz (BRRG).[75]

Abschnitt V. 3. Titel dieses Gesetzes erwähnt in § 105 ausdrücklich die beamteten Professoren und Hochschulassistenten. Gem. § 105 BRRG gelten für diese die Vorschriften des BRRG, soweit nicht das Hochschulrahmengesetz (HRG) etwas anderes bestimmt.[76] Als Rahmengesetze gelten sie auch für die Hochschullehrer der Länder. Für die besondere Rechtsstellung des konfessionell gebundenen Staatsbeamten sind sie nicht von Bedeutung. Es handelt sich um Rahmenvorschriften, die der Ausfüllung durch die Ländergesetze bedürfen.

Eine solche Ausfüllung ist durch die Beamten- und Universitätsgesetze der Länder erfolgt. Soweit darin Bestimmungen über das Beamtenverhältnis, die Rechtsstellung des Beamten und des Hochschullehrers, die Versorgung und die Rechtsschutzmöglichkeiten der Beamten enthalten sind, gelten sie auch für den Hochschullehrer.[77] Neben dem Hinweis auf die beamtenrechtlichen Nebengesetze, wie z.B. das Landesbeamtenbesoldungsgesetz, müssen aber auch die Vertragsklauseln der Hochschul- bzw. Universitäts-

---

dem religiösen Bekenntnis. Niemandem darf aus seiner Zugehörigkeit oder Nichtzugehörigkeit zu einem Bekenntnisse oder einer Weltanschauung ein Nachteil erwachsen."

[74] Vgl. dazu Maunz, in: Maunz / Dürig, Grundgesetz, Komm. Rdnr. 28 zu Art. 33; M. Heckel, Die religionsrechtliche Parität, S. 457f., 537; Solte, Theologie an der Universität, S. 133f. So will Art. 33 Abs. 3 GG die Diskriminierung konfessioneller Minderheiten ausschließen, in dem er verbietet, bei der Verleihung öffentlicher Ämter an die Konfessionszugehörigkeit anzuknüpfen. Dieses Verbot richtet sich jedoch nicht gegen die gleichmäßige Berücksichtigung der religiösen Freiheit der Bürger auch im Sinne einer Verschiedenheit im Bildungswesen. Ein konkretes Zeugnis dieser Berücksichtigung als Folge der verfassungsrechtlichen Gleichheits- und Freiheitsrechte in religiöser Beziehung stellt sich im konfessionellen Staatsamt und seiner rechtlichen Ausprägung dar.

[75] Derzeit in der Fassung vom 3.1.1977.

[76] Vgl. § 105 BRRG: „Für beamtete Professoren und Hochschulassistenten gelten die Vorschriften dieses Gesetzes, soweit nicht das Hochschulrahmengesetz etwas anderes bestimmt."

[77] Vgl. § 1 Beamtengesetz Bad.-Württ.

gesetze als normative Grundbestimmungen erwähnt werden.[78] Sie räumen dem Vertragsrecht gegenüber dem Gesetzesrecht insoweit einen Vorrang ein, als dieser als Interpretationsmaxime zu verstehen ist. Maßnahmen des Staates müssen demnach so ausgelegt werden, daß sich der Staat im Zweifel vertragstreu verhält.[79]

cc) Rechtsnormen aus der autonomen Satzungsgewalt der Universitäten

Die theologischen Fakultäten sind Bestandteil der „Universität", die als staatliche Einrichtung in der Form einer Körperschaft des öffentlichen Rechts errichtet ist.[80] Die theologischen Fakultäten sind teilrechtsfähige Gliedkörperschaften der Universitäten.[81] Als solche sind sie Träger des Grundrechts gem. Art. 5 Abs. 3 GG.[82] „In Anbetracht der spezifischen Eigenart der in ihr gepflegten Wissenschaft muß das für sie in besonderer Weise gelten. Sie wären damit nicht zuletzt in der Lage, ihre Integrität und ihre Besonderheit mit Hilfe einer Verfassungsbeschwerde zu verteidigen."[83] Schließlich hat im korporativen Bereich der Universitäten und Hochschulen das Gewohnheitsrecht eine maßgebliche Bedeutung. Dieses hat sich in den Universitäten und den Hochschulen schon seit ihrer Entstehung weitervererbt.[84] Seine Regeln haben trotz aller Versuche der außeruniversitären Einflußnahme die Jahrhunderte überlebt. Diese Regeln haben auch heute noch für das Universitätsleben entscheidenden Einfluß.

---

[78] Vgl. dazu z.B. in Übereinstimmung mit Art. 8 LVerf. BW den § 140 Abs. 1 UG BW: „Die Verträge mit den Kirchen werden durch dieses Gesetz nicht berührt." Vgl. bezüglich des Anhörungs- und Mitwirkungsrechtes der Kirchen die Abs. 2; 3; 4.

[79] Auf diese Problematik wird unten im Zusammenhang mit den Fragen nach den Rechtsfolgen einer kirchlichen Beanstandung ausführlich einzugehen sein.

[80] Vgl. dazu § 58 HRG: (1) „Die Hochschulen sind Körperschaften öffentlichen Rechts und zugleich staatliche Einrichtungen. Sie haben das Recht der Selbstverwaltung im Rahmen der Gesetze." – (2) „Die Hochschulen geben sich Grundordnungen, die der Genehmigung des Landes bedürfen. Die Voraussetzungen für eine Versagung der Genehmigung sind gesetzlich zu regeln." – (3) „Die Hochschule erfüllt ihre Aufgaben, auch soweit es sich um eine staatliche Angelegenheit handelt, durch eine Einheitsverwaltung." – Vgl. dazu Dallinger, in: Dallinger / Bode / Dellian, Hochschulrahmengesetz, S. 336f.

[81] Vgl. dazu Wolff / Bachof, Verwaltungsrecht II, S. 307f.; O. Kimminich, Wissenschaft, S. 691ff.; W. Thieme, Deutsches Hochschulrecht, S. 185ff.

[82] Vgl. zu diesem grundsätzlichen Problem K. Hesse, Grundzüge des Verfassungsrechts, S. 122.

[83] Vgl. dazu A. Hollerbach, Die Theologischen Fakultäten, S. 79. – Vgl. dazu BVerfGE 15, 256 (261f.).

[84] Vgl. dazu v. Mangoldt / Klein, Das Bonner GG, Art. 5 Anm. X 2b; A. Hamann, Das Grundgesetz, Art. 5 Anm. 15; Köttgen, Die Freiheit der Wissenschaft und die Selbstverwaltung der Universität, S. 327f.; E. Riezler, Zur Abgrenzung der Zuständigkeit zwischen Staat und Universität, S. 137ff.; W. Weber, Die Rechtsstellung des deutschen Hochschullehrers, S. 29, 44.

In diesem Zusammenhang sind die Satzungshoheit und die Hoheit zu nennen, Prüfungs-, Promotions- und Habilitationsordnungen aufzustellen, aber auch das Recht der Universität, vor der Berufung eines Professors durch den Kultus- bzw. Wissenschaftsminister gehört zu werden. Konkret sind dadurch die wissenschaftlichen Voraussetzungen geregelt, die die Aufnahme in ein akademisches Amt festlegen. Diese Rechte werden auch gegenüber dem kirchlichen Hochschulrecht[85] ausdrücklich durch Art. 19 RK abgesichert und auch von der Kirche so anerkannt.[86]

---

[85] Vgl. dazu CIC canones 1352 - 1371 und die Apostolische Konstitution „Sapientia Christiana" vom 15.4.1979. Vgl. dazu AASS 71 (1979) 469 - 479 = ArchKathKR 148 (1979) 107 - 127. Die deutsche Übersetzung ist hrsg. vom Sekretariat der Deutschen Bischofskonferenz „Verlautbarungen des Apostolischen Stuhls", 9, 1979. Diese Konstitution hat die alte Studienbulle „Deus scientiarum Dominus" aus dem Jahre 1931, auf die auch das RK Bezug nimmt, sowie die Interimsnormen „Normae quaedam" aus dem Jahre 1968, in dt. Übersetzung hrsg. in: Priesterausbildung und Theologiestudium (Nachkonziliare Dokumentation, 25), Trier 1974 abgelöst. Zur Grundorientierung vgl. dazu G. May, Die Hochschulen, in: GrNKirchR (1979) 654 - 669.

[86] Vgl. dazu Art. 8 der Apost. Konstitution „Sapientia Christiana": „Facultates Ecclesiasticae a Sancta Sede erectae vel approbatae in Universitatibus non ecclesiasticis, quae gradus accademicos conferant tum canonicos tum civiles, praescripta huius Constitutionis servare debent, ratione habita conventionum, quae a Sancta Sede cum variis Nationibus vel cum ipsis Universitatibus initae sint." – „Die kirchlichen Fakultäten, die vom Hl. Stuhl an nichtkirchlichen Universitäten errichtet und anerkannt wurden und die akademischen Grade mit kirchlicher und zugleich staatlicher Geltung verleihen, müssen ebenfalls die Vorschriften dieser Konstitution einhalten, im Rahmen der Verträge, die zwischen dem Hl. Stuhl und den verschiedenen Staaten oder mit diesen Universitäten selbst geschlossen worden sind." – Art. 19 § 4 der Ausführungsbestimmungen, der Ordinationes ad Constitutionem Apostolicam „Sapientia Christiana" rite exequendam v. 29.4.1979, AASS 71 (1979) 500 - 521 = ArchKathKR 148 (1979) 128 - 142: „In Facultatibus sub peculiari iure concordatario positis serventur normae pro tempore vigentes." = „Die Fakultäten, die besonderen, in einem Konkordat festgelegten Vereinbarungen unterstehen, haben dessen Normen zu beachten." Die Übersetzung ist die der von der Dt. Bischofskonferenz hrsg. „Verlautbarungen des Apostolischen Stuhls", Heft 9.

Zweiter Teil

Der Bereich der Grundrechte

I. Die Stellung der Grundrechte im Bonner Grundgesetz

Kannte das frühere Reichsrecht Grundrechte, so galten sie nicht als von naturrechtlicher Qualität, sondern kraft gesetzlicher Positivität.[1] Sie waren deshalb jederzeit aufhebbar. Demgegenüber bekennt sich das Grundgesetz in Art. 1 Abs. 2 zu Menschenrechten, die jedem positiven Recht vorangehen und dieses deshalb binden. Damit weiß sich der Verfassungsgeber einer Rechtssphäre verpflichtet, die dem staatlichen Zugriff entzogen ist.

Die Stellung der Grundrechte am Anfang des Grundgesetzes hatte C. Schmid als Berichterstatter in der 2. Lesung im Plenum des Parlamentarischen Rates (9. Sitzung vom 6.5.1949) damit begründet, daß damit „klar zum Ausdruck kommen sollte, daß die Rechte, deren der Einzelmensch bedarf, wenn anders er in Würde und Selbstachtung soll leben können, die Verfassungswirklichkeit bestimmen müssen. Letztlich ist der Staat dazu da, die äußere Ordnung zu schaffen, deren die Menschen zu einem auf der Freiheit des einzelnen beruhenden Zusammenleben bedürfen. Aus diesem Auftrag allein stammt letztlich die Legitimität seiner Machtausübung."[2] Damit schließt sich C. Schmid dem in der Déclaration des droits de l'homme et du citoyen vom 26. August 1789 (Einleitung der Verfassung vom 3. September 1791) zum Ausdruck gebrachten Gedanken an: „Der Endzweck aller politischer Vereinigung ist die Erhaltung der natürlichen und unabdingbaren Menschenrechte."[3] Diese Vorrangstellung der Grundrechte vor dem Organisationsteil des Grundgesetzes ist insofern „staatsrechtlich beachtlich"[4], als die Wertungen des Grundrechtsteiles auf die gesamten Bundesorganisatio-

---

[1] Vgl. dazu G. Anschütz, Die Verfassung des Deutschen Reiches, S. 30ff.: „Die Grundrechte sind auf der einen Seite eine kasuistisch gefaßte Darlegung jenes allgemeinen formalen Prinzips, wonach die Verwaltungsorgane in Freiheit und Eigentum des einzelnen nur aufgrund und innerhalb der Schranken des Gesetzes eingreifen dürfen ... Die verfassungsrechtlichen Fundamentalsätze der Verwaltungsgesetzgebung – nichts anderes sind ja die ‚Grundrechte' – sind von dieser Regel ... nicht ausgenommen."

[2] Vgl. Stenographische Berichte, S. 171. – Ders. ebenso in: „Die politische und staatsrechtliche Ordnung der Bundesrepublik Deutschland, in: DöV 2 (1949) 201 - 207 (202/3).

[3] Vgl. F. Hartung, Die Entwicklung der Menschen- und Bürgerrechte von 1776 bis zur Gegenwart, S. 31.

[4] Vgl. F. Giese, GG, S. 11.

nen ausstrahlen und nicht nur „dem organisatorischen Verfassungsgebäude den sachlichen Gehalt hinzufügen."[5] In der Vorrangstellung der Grundrechte kommt damit ein Doppeltes zum Ausdruck, nämlich einmal, „daß ein erheblicher Teil der Grundrechte vorstaatlicher Herkunft ist, sodann daß die Grundrechte den organisatorischen Teil der Verfassung regeln und mit Sinngehalt erfüllen."[6] Somit geht der Wille des Grundgesetzes unzweifelhaft dahin, „daß der Grundrechtskatalog der Gesetzgebung, Verwaltung und Rechtsprechung und damit der gesamten Organisation des Staates übergeordnet sein soll."[7] Regieren nun die Grundrechte die Verfassung,[8] so drücken jedoch der Grundrechtskatalog einerseits und die organisationsrechtlichen Sätze des Grundgesetzes andererseits nicht zwei verschiedene Verfassungen, Entscheidungen oder Wertsysteme aus, sondern bilden eine Einheit.[9]

1. Die rechtsphilosophische Neuorientierung in der Verfassungsgesetzgebung nach 1945

a) Die Grundrechte als überpositive Rechtsordnung

Im Blick auf die Auslegung von Art. 140 GG iVm Art. 136ff. WRV hat P. Mikat[10] betont, daß sie innerhalb des GG im Einklang mit jenem „Wertsystem ganz spezifischer Sinnhaftigkeit" stehen, wie es in den Grundrechten des Grundgesetzes verkörpert ist.[11] „Die Gesamtentwicklung, die so das Grundgesetz durch die Anerkennung vorstaatlicher, von jeder staatlichen Rechtssetzung unabhängiger, rechtlich bedeutsamer Gegebenheiten getroffen hat, ist nun von ausschlaggebender Bedeutung für die Auslegung der in Art. 140 GG angenommenen Artikel der WRV."[12]

Die Erfahrungen mit dem Regime des Nationalsozialismus haben nämlich die deutschen Verfassungsgeber zu einer rechtsphilosophischen Neuorientierung veranlaßt. Diese Neuorientierung wandte sich gegen den Rechts- und Machtpositivismus, der auch der WRV zugrunde lag. Die Frage nach

---

[5] So schon R. Thoma, Die juristische Bedeutung der grundrechtlichen Sätze der deutschen Reichsverfassung im allgemeinen, in: Grundrechte und Grundpflichten der Reichsverfassung, I, S. 1 - 53, S. 9.

[6] Vgl. Th. Maunz, Staatsrecht, S. 76.

[7] Vgl. ebd., S. 82; Maunz ausdrücklich zustimmend H. Herrmann, Zum Vorbereitungsdienst der Referendare, JZ 1954, 231f.; O. Koellreutter, Staatsrecht, S. 61.

[8] Vgl. C. Schmid, StenBer., S. 14.

[9] Vgl. Th. Maunz, Staatsrecht, S. 76. – Gegen das Verständnis einer Unterordnung des organisatorischen Teiles der Verfassung unter den grundrechtlichen wehren sich allerdings v. Mangoldt / Klein, GG, I, S. 114f. – Ebenso M. Huber, Die Verfassungsbeschwerde, S. 5: „... wenn auch nicht wie oft in Amerika der organisatorische Teil der Verfassung dem grundrechtlichen untergeordnet wird."

[10] Vgl. P. Mikat, Kirchen und Religionsgemeinschaften, S. 136.

[11] Vgl. Holtkotten, Bonner Kom., Art. 140 Erl. II 2, 3 und die Bemerkungen zu dem dort angeführten Amtl. Bericht, S. 73.

[12] Vgl. P. Mikat, Kirchen und Religionsgemeinschaften, S. 138.

ethischen Normen war diesem Denken fremd. „Ius" ist vielmehr das „quod est iussum".[13] Schließlich konnte die Konsequenz dieses Positivismus sein: „Der Wille des Führers ist oberstes Gesetz." Diese Konsequenz ergab sich daraus, daß der Positivismus nicht fähig war, „aus eigener Kraft die Geltung von Gesetzen zu begründen." Zugleich war er „gegen Gesetze willkürlichen und verbrecherischen Inhaltes wehrlos."[14] Diese rechtsphilosophische Erkenntnis veranlaßte die deutschen Verfassungsgeber nach 1945 zu einer Abkehr vom Rechtspositivismus wieder hin zu einer stärkeren Orientierung am Naturrecht, d.h. zu einer Anerkennung einer überpositivistischen Rechtsordnung. Dementsprechend bekennt sich das Grundgesetz in Art. 1 Abs. 2 zu „unverletzlichen und unveräußerlichen Menschenrechten", die dem Gesetzgeber vorgegeben sind und an die jedes positive Recht gebunden ist. Das Grundgesetz bekennt sich somit zu einer „Grundrechtssphäre originär-menschlichen Geltungsgrundes."[15]

Wie das Grundgesetz, so anerkennen auch die meisten neuen deutschen Länderverfassungen Grundrechte als unverrückbare und „vorstaatliche", letztlich im originär-menschlichen Wesen verankerten Rechtsprinzipien.[16] Gelten die Grundrechte im System der WRV als vom Staat geschaffene und nur im Rahmen der Gesetze, auch des transformierten Vertragsrechtes, so gehen sie im Grundgesetz dem positiven Recht voran und sind deshalb unabdingbar, so daß jede Norm, ob des Verfassungs-, Gesetzes- oder des völkerrechtlichen bzw. staatskirchenrechtlichen Vertragsrechtes, die gegen sie verstößt, rechts- und verfassungswidrig ist.[17] Im Sinne des Grundgesetzes gelten die Grundrechte deshalb nicht als vom Staat geschaffene, sondern der Verfassung zugrunde liegende Rechte, die in der Verfassung ihre Konkretisierung und ihren Gehalt erhalten haben.[18] Hat nun vorstaatliches und überpositives Recht im Grundgesetz seine Anerkennung gefunden, so muß es sich auch auf das gesamte gesetzliche als auch übergesetzliche Recht beziehen. Für seine Geltung bedarf es keiner besonderen Positivierung.[19]

---

[13] Vgl. dazu Anschütz, WRV, Art. 102 n. 4.

[14] Vgl. G. Radbruch, Gesetzliches Unrecht und übergesetzliches Recht, in: SJZ 1 (1946) 9.

[15] Vgl. R. Barzel, Der Mensch als Hoheitsträger. Die Lehre von den subjektiv-öffentlichen Rechten und die Grundrechtsnormen des GG, in: DöV 4 (1951) 337 - 339 (337); vgl. dazu auch ders., Die verfassungsrechtliche Regelung der Grundrechte und die Grundpflichten des Menschen. Zugleich eine rechtsvergleichende Studie.

[16] Vgl. dazu H. Rommen, Die ewige Wiederkehr des Naturrechts; J. Meßner, Naturrecht.

[17] Vgl. dazu O. Bachof, Verfassungswidrige Verfassungsnormen, S. 42.

[18] Vgl. ebd., S. 30.

[19] Vgl. ebd., S. 30, 45. – Vgl. dazu auch v. Mangoldt / Klein, GG, I, S. 96: Das Problem der Positivierung der vorstaatlichen Grundrechte durch das Grundgesetz. – Ebd., S. 102: Die unmittelbare Geltung der Grundrechte des Grundgesetzes. Es liegt folglich in der Konsequenz dieser Rechtsauffassung, wenn das Bundesverfassungsgericht sich befugt sieht, Gesetze und Verfassungsbestimmungen an den Maßstäben des überpositiven Rechts zu messen. (Vgl. BVerfGE 1, 14; 3, 225). – Vgl. dazu auch Bay-

Dabei ist jedoch gerade auch im Blick auf die Lösung des in dieser Arbeit aufgeworfenen Problems zu beachten, daß vor allem „nicht der Sachbereich zur Erörterung steht, sondern der Normbereich". Denn nur „soweit ihr (der Grundrechte) Normbereich sich erstreckt, soweit ihr sachgeprägter Geltungsgehalt dank der verfassungsrechtlichen Garantie reicht, verleihen sie den Grundrechtsberechtigten in der Tat eine sachlich begründete und sachlich begrenzte Sonderstellung, die im Vergleich mit grundrechtlich nicht geschützten Aktivitäten in verschiedener Richtung als Vorzugstellung erscheint. Aus den genannten strukturellen Gründen handelt es sich dabei nicht um Privilegien; das wäre nur bei verfassungsblinder Übersteigerung zu ,unbegrenzten Höchstwerten' der Fall."[20] Mag man nun zwischen Grundrechten mit naturrechtlichem Hintergrund bzw. Grundrechten vorstaatlichen Ursprungs und Grundrechten staatlicher Prägung und Schöpfung unterscheiden,[21] so ist das Messen des Bundesverfassungsgerichtes an den Maßstäben des überpositiven Rechts jedoch nur möglich aufgrund der Überzeugung, daß der Geltungsgrund der Grundrechte nicht vom Staat gebildet, sondern von ihm vorgefunden wird und dem positiven Gesetz vorgeht. Die Grundrechte bedürfen deshalb durch den Verfassungsgeber weder einer konstitutiven Begründung, noch bedürfen sie seiner Anerkennung, können von ihm zwar im Verfassungstext deklariert und insofern bestätigt, nicht aber beseitigt werden. Sie stehen als subjektive Grundrechte dem einzelnen Menschen als Person als solcher zu. An ihnen findet jede staatliche Gewalt – auch im Blick auf den völkerrechtlichen Vertragspartner – ihre Grenzen.[22]

Mögen die Grundrechte im Sinne einer naturrechtlichen Grundrechtsqualität auch nur wenige sein,[23] so gehören zu ihnen sicher das allgemeine Recht auf freie Entfaltung der Persönlichkeit (Art. 2 Abs. 1 HS 1) und seine Konkretisierungen in den Grundrechten etwa der Religions- und Weltanschauungsfreiheit, Freiheit der Kunst und Wissenschaft, in dem Recht auf Ehe und auf Erzeugung und Erziehung der Kinder.[24] Mag nun Artikel 3 in gewisser Hinsicht ein Grundrecht staatlicher Prägung und nur innerhalb des

---

VerfGHE n.F. 3 II 28 (47): „Daß eine Verfassungsbestimmung selbst nichtig ist, ist nun nicht schon um deswillen begrifflich ausgeschlossen, weil sie selbst ein Bestandteil der Verfassung ist. Es gibt Verfassungsgrundsätze, die so elementar und so sehr Ausdruck eines auch der Verfassung vorausliegenden Rechtes sind, daß sie den Verfassungsgesetzgeber selbst binden ..." – Vgl. dazu auch E. Kaufmann, Die Grenzen der Verfassungsgerichtsbarkeit, in: VVDStRL 9 (1952) 129.

[20] Vgl. F. Müller, Die Positivität der Grundrechte, S. 41/45.

[21] Vgl. dazu v. Mangoldt / Klein, GG, I, S. 94.

[22] Im Blick auf die Besatzungsgewalt vgl. hierzu v. Mangoldt / Klein, GG, I, S. 143. Im Blick auf die völkerrechtlichen Verträge vgl. Leibholz / Rinck, Grundgesetz, Kommentar zu Art. 59. Auf dieses Problem wird unten im Zusammenhang mit der Frage nach einer möglichen Verfassungsbeschwerde und der Frage nach der Zuständigkeit des Verfassungsgerichtes noch ausführlicher zurückzukommen sein.

[23] So v. Mangoldt / Klein, GG, I, S. 95 – a.M. dagegen F. Giese, GG, S. 11.

[24] Vgl. v. Mangoldt / Klein, GG, I, S. 95.

Staates relevant sein,[25] so basiert der Grundgedanke der Gleichheit vor dem Gesetz doch in der absolut zu achtenden Würde des Menschen i.S.d. Art. 1 Abs. 2 GG.[26]

Mag nun die Positivierung vorstaatlicher Grundrechte „schwierig und fast in sich widersprüchlich erscheinen", da „... sobald ein Grundrecht in einem Gesetz enthalten ist, der Irrtum entstehen kann, als unterliege es den Schicksalen dieses Gesetzes",[27] so ist dies doch deshalb möglich, weil es in seiner naturrechtlichen Qualität nicht als absolut, sondern als in seiner Fähigkeit zu sehen ist, zeitlich und personell bedingte Verfassungsregelungen auszufüllen. Insofern können Grundrechte durch die Verfassungstexte relativiert werden.[28]

Im Zusammenhang mit dieser so verstandenen Relativierung muß auch Art. 79 Abs. 3 GG gelesen werden, der für die Fragestellung der vorliegenden Arbeit unten noch relevant sein wird. Danach ist eine Änderung nur der in „... Art. 1 GG ... niedergelegten Grundsätze" unzulässig, nicht dagegen eine Änderung der in Art. 2ff. GG enthaltenen Grundrechte. Mit dieser Aussage von Art. 79 Abs. 3 GG kann jedoch nur gemeint sein, „daß die einzelnen Formulierungen der Art. 2 - 19 GG gewissen Änderungen durch Gesetze mit vorgeschrieben qualifizierten Mehrheiten nicht unzugänglich sind, ohne daß jedoch damit etwas gegen die Überstaatlichkeit mancher in ihnen genannten Grundrechte ausgesagt würde."[29] Nur insoweit die vorstaatlichen Grundrechte bezogen sind auf zeitliche und personelle Bedingtheiten, kann es dem Gesetzgeber unter genauer sachlicher und personeller Beschreibung möglich sein, Beschränkungen oder Aufhebungen vorzunehmen. „Auch dadurch, daß der Gesetzgeber des Grundgesetzes in seine Grundentscheidung Normen einbezogen und damit im Grundgesetz positiviert hat, die vielfach als übergesetzlich bezeichnet werden (etwa in Art. 1, aber auch in Art. 20 GG), haben sie ihren besonderen Charakter nicht verloren."[30] Es handelt sich hier letztlich um das Problem der für die Verfassungsanwendung wichtige Frage der Verhältnismäßigkeit,[31] die für die Beantwortung der in dieser Arbeit aufgeworfenen Frage entscheidende Bedeutung hat.

---

[25] Vgl. W. Apelt, Die Gleichheit vor dem Gesetz nach Art. 3 Abs. 1 des Grundgesetzes, in: JZ 1951, 353 - 359; ders., Verfassung und richterliches Prüfungsrecht, in: JZ 1954, 401 - 405.

[26] Den überpositiven Rechtscharakter des Gleichheitssatzes unterstreichen BVerfGE 1, S. 208ff., bes. 233, 243; 6, 84ff., bes. 91.

[27] Vgl. Th. Maunz, Staatsrecht, S. 70.

[28] Vgl. ebd., S. 70f.; F. Giese, GG, S. 11f.

[29] Vgl. Th. Maunz, Staatsrecht, S. 72.

[30] Vgl. BVerfGE 3, 233.

[31] Vgl. dazu BVerfGE 19, 349.

b) Der statusbegründende Doppelcharakter der Grundrechte

Nach dem oben Gesagten wird deutlich, daß die Grundrechte des Grundgesetzes wesentlich einen doppelten Charakter haben, der mehrere Bedeutungsschichten akzentuiert.[32] Indem die Grundrechte die staatliche Gewalt als unmittelbar geltendes Recht binden sollen,[33] „enthalten die Grundrechte mit wenigen Ausnahmen aktuelles objektives Recht und gegebenenfalls daraus fließend aktuelle subjektive Rechte."[34] Als fundamentale objektive Normen verfassungsmäßiger Ordnung beinhalten sie „Einrichtungsgarantien",[35] die keine subjektiven Rechte begründen, so Art. 7 Abs. 1; Abs. 3 S. 1 u. 2; Abs. 5 GG, aber auch dort, wo der subjektive Lebensbereich sichergestellt werden soll wie in der Meinungs-, Presse- und Wissenschaftsfreiheit.[36] Andererseits sind die Grundrechte wesentlich subjektive Rechte, Rechte des einzelnen. Als solche haben sie sich in den Art. 3, 4, 5, 8, 9 GG positiviert, aber auch dort, wo sie als Rechtsinstitute die Freiheit des persönlichen Lebensbereiches gewährleisten sollen, wie z.B. Art. 6 Abs. 1; 5 Abs. 3 GG.

Der statusbegründende Doppelcharakter der Grundrechte läßt sich so kennzeichnen: „Als subjektive bestimmen und sichern sie den Rechtszustand des einzelnen in seinen Fundamenten; als (objektive) Grundelemente der demokratischen und rechtsstaatlichen Ordnung fügen sie ihn in diese Ordnung ein, die ihrerseits erst durch die Aktualisierung jener subjektiven Rechte Wirklichkeit gewinnen kann. Der durch die Grundrechte des Grundgesetzes begründete und gewährleistete Status des einzelnen ist ein materieller Rechtsstatus, d.h. ein Status konkret bestimmten Inhaltes, der weder für den einzelnen noch für die staatlichen Gewalten unbegrenzt verfügbar ist."[37]

aa) Die Grundrechte als subjektive Rechte

Das Grundgesetz unterscheidet zwischen „Menschenrechten" (Art. 1 Abs. 2 GG) und „Grundrechten" (Art. 1 Abs. 3). Das Kriterium, das dieser

---

[32] Vgl. dazu K. Hesse, Grundzüge des Verfassungsrechts, S. 115ff. – v. Mangoldt / Klein, GG, S. 103f.: Die Aufnahme subjektiver Rechte und (nur) objektiven Rechts in die Grundrechtsbestimmungen des GG.

[33] Vgl. Art. 21 Abs. 2 HChE.: „Die Grundrechte binden den Gesetzgeber, den Richter und die Verwaltung unmittelbar." – C. Schmidt, 3. Plenarsitzung des PR am 9. Sept. 1948, StenBer., S. 14: „Diese Grundrechte sollen nicht nur Deklamationen, Deklarationen oder Direktiven sein, nicht nur Anforderungen an die Landesverfassungen, nicht nur eine Garantie der Ländergrundrechte, sondern unmittelbar geltendes Bundesrecht, auf Grund dessen jeder einzelne Deutsche, jeder einzelne Bewohner unseres Landes vor den Gerichten soll Klage erheben können."

[34] Vgl. v. Mangoldt / Klein, GG, S. 102.

[35] Vgl. dazu U. Scheuner, Die institutionellen Garantien des Grundgesetzes, S. 88ff.

[36] Vgl. dazu BVerfGE 7, 198 (308) betr. die Meinungsfreiheit; U. Scheuner, Art. Staat, in: HDSW 12 (1965) 659; ders., Pressefreiheit, in: VVDStRL 22 (1965) 55ff.

[37] Vgl. K. Hesse, Grundzüge, S. 117.

Unterscheidung zugrunde liegt, ist einmal die naturrechtlich begründete Vorstaatlichkeit, andererseits die verfassungsmäßige Positivierbarkeit und verfassungsmäßige Positivierung der als „Grundrechte" bezeichneten nachfolgenden Rechte des einzelnen als Mensch und als Bürger.[38] Vor dem Forum dieser Grundrechte, die in der Tradition der Menschen- und Bürgerrechte stehen,[39] die auch durch die europäische Menschenrechtskonvention völkerrechtlich positiviert und über Art. 59 Abs. 2 GG innerstaatliches Bundesrecht sind,[40] kann keine Rechtsordnung – auch nicht das Völker- und Kirchenvertragsrecht – Legitimität beanspruchen, wenn sie nicht die durch die Menschenrechte gewährleisteten Freiheits- und Gleichheitsrechte in sich aufnimmt.[41]

Als Form der abendländischen Rechtstradition, des dieser entsprechenden Rechtsbewußtseins und des Inhaltes der westlichen Verfassungen sind die „Grundrechte" zunächst und vor allem Abwehrrechte gegen alle staatliche Gewalt.[42] So wird es dem einzelnen möglich, den Abwehranspruch gegen die Beeinträchtigung seiner persönlichen Freiheit una Gleichheit rechtlich zu formulieren. „Wirksame Sicherung der Freiheit und Gleichheit des einzelnen macht daher über die Gestaltung der objektiven Ordnungen der Demokratie und des Rechtsstaates hinaus die Gewährleistung subjektiver Rechte auf Freiheit und Gleichheit notwendig."[43]

Die Charakterisierung der Grundrechte als Abwehrrechte gegen die staatliche Gewalt besagt aber auch, daß durch sie der Raum geschaffen wird, wo sie sich erst entfalten können, nämlich in der freien Entfaltung der Persönlichkeit (gem. Art. 2 Abs. 1 GG) wie etwa durch die Freiheit der Wissenschaft und Lehre (Art. 5 Abs. 3 GG) oder in der Freiheit der Gestaltung und Verwirklichung des persönlichen Lebens durch und in der Ehe (Art. 6 Abs. 1 GG). Der Sinn der Grundrechte als Abwehrrechte ist folglich nicht nur, den staatlichen Eingriff in die persönliche Sphäre abzuwehren, sondern auch den Freiraum des einzelnen zu schaffen. Frei in diesem Sinne heißt, in freier Alternative sowohl das persönliche Leben selbstverantwortlich zu gestalten als auch an den Angelegenheiten des Gemeinwesens mitzuwirken.[44] So „sind namentlich einzelne Freiheitsrechte in einem weiteren Sinne

---

[38] Vgl. v. Mangoldt / Klein, GG, S. 97ff.

[39] Vgl. dazu z.B. G. Küchenhoff, Allgemeine Staatslehre, S. 33 - 35; H. Muth, Die Grundrechte in der deutschen Verfassungsentwicklung des 19. und 20. Jahrhunderts; K. J. Partsch, Internationale Menschenrechte?, in: AöR 74 (48/49) 158 - 190; H. Planitz, Das Naturrecht und die Menschenrechte, in: JBC (1948) 111 - 114; G. Ritter, Ursprung und Wesen der Menschenrechte, in: HistZ 169 (1949) 231 - 263.

[40] Vgl. dazu Maunz / Dürig / Herzog, GG, Rdnr. 57ff. zu Art. 1 Abs. 2 GG; 59 Abs. 2; K. J. Partsch, Die Rechte und Freiheiten der europäischen Menschenrechtskonvention, S. 235ff.

[41] Vgl. zum Gleichheitssatz BVerfGE 1, 208ff. (233, 243); 6, 84 (91).

[42] Vgl. z.B. BVerfGE 7, 198ff. (204f.); 13, 318ff. (325ff.). – v. Mangoldt / Klein, GG, S. 61.

[43] Vgl. K. Hesse, Grundzüge, S. 120.

Mitwirkungsrechte, Rechte zur Mitwirkung am geistigen, sozialen und politischen Leben, an der ‚Vorformung des politischen Willens' und an der unmittelbaren politischen Willensbildung des Volkes, d.h. aber am Leben des Gemeinwesens, in dem dessen Ordnungen Wirklichkeit gewinnen und in dem sich politische Einheit bildet."[45]

bb) Die Grundrechte als objektives Recht

Materiell-inhaltlich gesehen garantieren die Grundrechte aber nicht nur subjektiv-öffentliche Rechte und bestimmt geartete Einrichtungen, sondern sie sind in enger Verbindung damit Grundsätze des Staatslebens, in das sie den einzelnen eingliedern.[46] Sie sind damit Grundsatznormen der rechtsstaatlichen Ordnung (Art. 1 Abs. 1 GG; Art. 3 Abs. 1 GG; Art. 19 Abs. 4 GG). Als solche sind sie für alle staatliche Gewalt bindend und insofern oberste Rechtssätze für einzelne sachliche Teilgebiete der Rechtsordnung und Gesamtregelungen des gesellschaftlichen Lebens. Zugleich bilden die Grundrechte Grundsatznormen für die durch die Rechtsordnung garantierten Gewährleistungen und Einrichtungsgarantien. Durch die Gewährleistung z.B. von Ehe und Familie (Art. 6 Abs. 1 GG), des Eigentums und des Erbrechtes (Art. 14 Abs. 1 GG) sind sie Grundlage der Privatrechtsordnung und zugleich die Sicherung nichtstaatlicher Lebensbereiche, wie das religiöse und geistige Leben (Art. 4 Abs. 1, 2; Art. 5 Abs. 1 GG), der Kunst und der Wissenschaft (Art. 5 Abs. 3 GG), der Ehe und Familie (Art. 6 Abs. 1 GG), der sozialen Gruppenbildung (Art. 9 Abs. 1 GG) usw. Dadurch erhalten aber gerade auch nichtstaatliche Lebensbereiche besonderen staatlichen Schutz.[47] Andererseits wird das Schulwesen ausdrücklich unter das staatliche Bestimmungsrecht gestellt.[48]

Schließlich sind die Grundrechtsbestimmungen Auslegungsregeln für alle Rechtsgebiete, auf die sie sich ihrem Inhalt nach beziehen,[49] was für uns bezüglich der Auslegung kirchenvertragsrechtlicher Texte von Bedeutung sein wird.

---

[44] Vgl. dazu R. Smend, Bürger und Bourgeois im dt. Staatsrecht. Staatsrechtliche Abhandlungen, S. 316ff.

[45] Vgl. K. Hesse, Grundzüge, S. 121.

[46] Vgl. v. Mangoldt / Klein, GG, S. 87.

[47] Vgl. v. Wernicke, BK, Erl. II 1 zu Art. 6. – U. Scheuner, Die institutionellen Garantien des GG, bes. S. 93ff.

[48] Art. 7 Abs. 1 GG.

[49] Vgl. v. Mangoldt / Klein, GG, Einl. IV 7a, Die Auslegung des GG, S. 6ff., bes. S. 9f. – U. Scheuner, Garantien, S. 95f.

c) Die Maßstäblichkeit der Grundrechte für die Geltung des Kirchenvertragsrechts

Der Grundrechtskatalog als die dem Grundgesetz zugrunde liegende Grundentscheidung des Verfassungsgebers ist nun nicht nur von ausschlaggebender Bedeutung für die Auslegung der durch Art. 140 ins Bonner Grundgesetz übernommenen Art. 136ff. der WRV. Es stellt sich nämlich auch die Frage nach der Bedeutung des Grundrechtskataloges für den Inhalt und die Tragweite des vorkonstitutionellen Kirchenvertragsrechtes. So wenig nämlich die vom Grundgesetz übernommenen Artikel der WRV aus deren Geist heraus ausgelegt werden dürfen, ebensowenig wird dies auch für die noch unter den Bedingungen der WRV, unter deren rechtsphilosophischen Voraussetzungen und deren Rechtsauffassung geschlossenen Staatskirchenverträge gelten dürfen. Auch bei der Beantwortung dieser Frage muß nämlich jene „Überwindung des ausschließlich staatsbezogenen Denkens, die Abkehr von einer etatistischen Grundauffassung und der Gedanke jeglicher Staatsomnipotenz"[50] die Auslegungsregel bilden. Denn auch das über Art. 123 Abs. 2 GG übernommene Vertragsrecht muß so ausgelegt werden, daß es im Einklang mit jenem „Wertsystem ganz spezifischer Sinnhaftigkeit" steht, wie es in den Grundrechten des Grundgesetzes verkörpert ist.[51] Auf dieses Problem wird aber noch unten umfassender einzugehen sein.

d) Die Maßstäblichkeit der Konvention zum Schutze der Menschenrechte und Grundfreiheiten vom 4.11.1950

Am 4. November 1950 haben in Rom die Vertreter des Europarates die „Konvention zum Schutze der Menschenrechte und Grundfreiheiten" unterzeichnet.[52] Seit 15.12.1952 ist sie in der Bundesrepublik Deutschland

---

[50] Vgl. dazu Holtkotten, Bonner Kommentar, Art. 140 Erl. II 2, 3 und S. 73 des Sten. Berichtes.

[51] Vgl. ebd.

[52] Vgl. zu den Texten das Handexemplar, das unter dem Titel „Collected Texts/Recueil de Textes" als Arbeitsmittel in dem Sekretariat des Europarates benutzt wird. – Zu der deutschen Übersetzung der Konvention vgl. BGBl. 1952 II, 685; 1. Zusatzprotokoll BGBl. 1956 II, 1879; Verfahrensordnung der Kommission idF v. 1.-5.8.1960 BGBl. 1963 II, 333; Verfahrensordnung des Gerichtshofes idF v. 24./25.10.1960 BGBl. 1963 II, 351. – Sie sind auch zusammenhängend abgedruckt bei C. Sartorius, Verfassungs- und Verwaltungsgesetze, Bd. II: Europarecht und andere internationale Verträge unter den Nr. 42 - 42e. – Vgl. die kritischen Bemerkungen zu der deutschen Übersetzung der Artikel der Konvention bei K. J. Partsch, Die Rechte und Freiheiten der Europäischen MRK, S. 268ff. – Vgl. dazu auch weiter: R. Echterhölter, Die MRK im Rahmen der verfassungsmäßigen Ordnung, in: JZ 1955, 692; C. Hodler, Die Europäische Menschenrechtskonvention und das Grundgesetz; R. Herzog, Grundrechtsbeschränkung nach dem Grundgesetz und die Europäische Menschenrechtskonvention; E. Appel, Die Europäische Konvention zum Schutze der Menschenrechte und Grundfreiheiten; G. Droensch, Der Rang der Menschenrechts-

innerstaatliches Recht. Das Zusatzprotokoll vom 20.3.1952 ist seit 13.2.1957 innerstaatlich in Kraft getreten.

Von den durch die Europäische Menschenrechtskonvention garantierten Menschenrechten und Grundfreiheiten sind besonders Art. 5 (Die persönliche Freiheit), Art. 12 (Das Recht der Familiengründung) und Art. 2 des 1. Zusatzprotokolls (Das Recht auf Erziehung und das Elternrecht) in unserem Zusammenhang von Bedeutung. Dann können auch Art. 9 (Gedanken-, Gewissens- und Religionsfreiheit) und Art. 10 (Meinungsfreiheit) von Bedeutung sein.

In Art. 1 ist der Kreis der ins Auge gefaßten Adressaten bezeichnet: „Alle der Herrschaftsgewalt der Vertragsstaaten unterstehenden Personen." Ihnen werden diese Rechte und Freiheiten unmittelbar zugesichert. In den einzelnen Freiheitsgarantien ist durch die Formulierung immer wieder zum Ausdruck gebracht, daß als Adressat der Rechte „jedermann" anzusehen ist.

Art. 13 begründet schließlich den Beschwerdeweg als Individualrecht und verpflichtet zugleich die Staaten, einen Beschwerdeweg einzurichten, soweit dieser fehlt.[53] Art. 13 der Konvention wird man mit Recht dahingehend verstehen müssen, daß die Unterzeichnerstaaten die vertragliche Pflicht haben, die materiell-rechtlichen Bestimmungen der Konvention zu innerstaatlich anwendbarem Recht zu erklären und dadurch die innerstaatlichen Rechtsanwendungsorgane zur Anwendung dieser Bestimmungen zu verpflichten.[54]

Dabei erhebt die Konvention, indem sie den von ihr ins Auge gefaßten Adressaten unmittelbar Rechte und Freiheiten einräumt, nicht den Anspruch, die Grundrechtsgarantien der Verfassungen der Unterzeichnerstaaten zu ersetzen, sondern sie will für diese nur einen Mindeststandard statuieren.

Die Europäische MRK bezeichnet sich als „Konvention", und ihre Präambel beginnt mit den Worten: „Les Gouvernements Signataires, Membres du Conseil de l'Europe."[55] Gemäß Art. 66 Abs. 2 tritt die Konvention erst nach Hinterlegung von zehn Ratifikationsurkunden in Kraft. Damit ist der Vertragscharakter in der Konvention mit aller Deutlichkeit betont. Mit dieser Feststellung, das Konventionsrecht besitze Vertragscharakter, ist aber dar-

---

konvention im deutschen Normensystem; L. Wiesler, Die Rechtsschutzeinrichtungen nach der Europäischen Menschenrechtskonvention.

[53] Vgl. Art. 13: „Sind die in der vorliegenden Konvention festgelegten Rechte und Freiheiten verletzt worden, so hat der Verletzte das Recht, eine wirksame Beschwerde bei einer nationalen Instanz einzulegen, selbst wenn die Verletzung von Personen begangen worden ist, die in amtlicher Eigenschaft gehandelt haben."

[54] Vgl. dazu H. Golsong, Rechtsschutzsystem, S. 8; A. Süsterhenn, Colloque Strasbourg, S. 318; W. Wengler, Die MRK, S. 24.

[55] Diese Fassung stammt vom Ministerrat; die Beratende Versammlung sprach in ihrem Entwurf von den Staaten als solchen. Vgl. AS (2/1950) 93 Präambel.

über hinaus sein Verhältnis zu den anderen Rechtsquellen des Völkerrechts zu klären. Dabei stelle sich die Frage, ob die Konvention besondere vertragliche Verpflichtungen schafft oder eben die für die zivilisierten Staaten als selbstverständlich geltenden Rechtsprinzipien i. S. d. Art. 38 Abs. 1 des Statuts des Internationalen Gerichtshofes kodifiziert. Dabei kann man darüber diskutieren, ob in Abschnitt I (Art. 2 - 18) Rechte und Freiheiten kodifiziert sind, die unabhängig von den vertraglichen Verpflichtungen bereits bindende Kraft haben.[56] So wird unterschieden zwischen Bestandteilen der Freiheitsgarantien, die zum Kernbestand der elementaren Menschenrechte zählen und jeder Rechtsordnung – auch der Völkerrechtsordnung – vorgegeben sind, weiter die dem über diesen Kernbestand hinausgehenden europäischen Mindeststandard zuzurechnen sind, der dem allgemeinen Völkerrecht zuzurechnen ist, und schließlich einem Rest von Normen, die auf die vertragliche Bindung zurückzuführen sind.[57]

Dabei ist zu bemerken, daß völkerrechtliche Verträge in der Regel nur Verpflichtungen zwischen den an ihnen beteiligten Staaten begründen. Durch die Europäische Menschenrechtskonvention sollen darüber hinaus unmittelbar Rechte und Pflichten von Individuen begründet werden. Dies kommt in diesem Vertragswerk deutlich zum Ausdruck. Die Konvention zielt ausdrücklich durch die Art ihrer Abfassung darauf, daß aus ihr die Individuen Rechte herleiten können, ohne daß die Vertragsstaaten noch eine besondere Ausführungsgesetzgebung erlassen müssen. Dabei bleibt der innerstaatliche Rechtsanwendungsbefehl notwendig. Dieser regelt sich jedoch nach dem jeweiligen staatlichen Verfassungsrecht.

Im Blick auf das Grundgesetz der Bundesrepublik Deutschland ist jedoch zu beachten, daß die Konvention lex posterior im Vergleich zum vorkonstitutionellen Kirchenvertragsrecht ist. Sollte ein Widerspruch zwischen beiden bestehen, gilt der allgemeine Rechtssatz: lex posterior derogat legi priori.

2. Der Bereich der Grundrechte gem. Art. 3 Abs. 1; Art. 5 Abs. 3; Art. 6 Abs. 1 GG im Blick auf das konfessionell gebundene Staatsamt des Hochschullehrers im besonderen

a) Der Bereich des Grundrechts aus Art. 3 Abs. 1 GG

Schon in seiner ersten Entscheidung hat das Bundesverfassungsgericht den Bereich des Art. 3 Abs. 1 GG definiert. Danach verbietet der Gleichheitssatz wesentlich Gleiches ungleich, nicht dagegen Ungleiches entspre-

---

[56] Vgl. dazu F. Klein, Die Europäische MRK und Art. 25 GG, S. 149ff. – dies in bezug auf das Verfassungsrecht der Bundesrepublik Deutschland.

[57] Vgl. dazu H. Meyer-Lindenberg, Die Menschenrechte im Völkerrecht, S. 122, 129ff.

chend der bestehenden Ungleichheit ungleich zu behandeln. Art. 3 Abs. 1 GG ist dann verletzt, wenn sich kein vernünftiger Grund für die gesetzliche Differenzierung oder Gleichbehandlung finden läßt, d.h., wenn die gesetzliche Bestimmung als willkürlich bezeichnet werden muß.[58] Diese Definition erlaubt, den Bereich von Art. 3 Abs. 1 GG auch so zu umschreiben: Vergleichbare Sachverhalte dürfen nicht ohne sachlich vertretbaren, plausiblen Grund verschieden behandelt werden. Jede Differenzierung scheitert damit an Art. 3 Abs. 1 GG, wenn sich kein plausibler Grund für die Differenzierung benennen läßt.[59] Positiv drückt das Bundesverfassungsgericht den Sachverhalt so aus: Eine Regelung ist dann mit Art. 3 Abs. 1 GG vereinbar, wenn sich für die Abgrenzung des geregelten Sachverhalts irgendein sachlich vertretbarer zureichender Grund anführen läßt.[60] Somit verbietet Art. 3 Abs. 1 GG die willkürlich ungleiche Behandlung der im wesentlichen gleichen Sachverhalte.[61]

Es ist stets der Vergleich zweier Sachverhalte, der die Frage nach einer Verletzung von Art. 3 Abs. 1 GG auslöst. Ein solcher Vergleich ist z.T. sehr schwierig. Für sogenannte Vergleichspaare, die für einen Vergleich im Rahmen des Art. 3 Abs. 1 GG von vornherein ausfallen, ist eine Verletzung des allgemeinen Gleichheitssatzes grundsätzlich zu verneinen.[62] Führt die Prüfung dagegen zu dem Ergebnis, daß die in Betracht gezogenen Sachverhalte zum Vergleich geeignet sind, dann ist auf Merkmale zu achten, die die Sachverhalte als „wesentlich gleich" zu bezeichnen erlauben. Dabei muß fallbezogen entschieden werden. Entscheidend ist dabei, ob für eine am Gerechtigkeitsgedanken orientierte Betrachtungsweise die tatsächlichen Ungleichheiten in dem jeweils in Betracht kommenden Zusammenhang so bedeutsam sind, daß der Gesetzgeber sie bei seiner Regelung beachten muß. Erforderlich ist eine Prüfung, die vom System des jeweiligen Rechtsgebietes ausgeht und auf Sinn und Zweck der betreffenden Regelung abstellt.[63]

So verbietet Art. 3 Abs. 1 GG nicht, wesentlich Ungleiches ungleich zu behandeln.[64] D.h., auch der Gesetzgeber darf nicht wesentlich Ungleiches willkürlich gleich behandeln.[65] Auf jeden Fall muß die Differenzierung

---

[58] So ist die ständige Definition des Bundesverfassungsgerichts seit seiner Entscheidung in BVerfGE 1, 14, bes. 52; vgl. dazu auch BVerfGE 38, 1, bes. 17.

[59] Vgl. BVerfGE 26, 72, bes. 76.

[60] Vgl. BVerfGE 33, 44, bes. 51.

[61] Vgl. BVerfGE 17, 319, bes. 330.

[62] So z.B., wenn die als Vergleichspaar herangezogenen Sachverhalte von verschiedenen Gesetzgebern stammen, nämlich von Bund, Ländern und Gemeinden. Vgl. dazu BVerfGE 10, 354ff., bes. 371; 37, 314ff., bes. 323; 21, 54, bes. 68. – Einschränkend dazu allerdings die Numerus-clausus-Entscheidung, vgl. BVerfGE 33, 303ff., bes. 352f.

[63] Vgl. dazu BVerfGE 1, 264, bes. 276; 9, 237, bes. 243; 9, 291, bes. 194; 23, 229, bes. 240.

[64] Vgl. BVerfGE 1, 14, bes. 52.

[65] Vgl. BVerfGE 4, 144, bes. 155.

sachgerecht sein.[66] Für die Differenzierung müssen sich immer sachlich vertretbare Gesichtspunkte einführen lassen.[67]

Entscheidend ist dabei die Vermeidung objektiver Willkür.[68] Dabei läßt sich „Willkür" nicht abstrakt und allgemein feststellen, sondern stets nur in bezug auf die Eigenart des konkreten Sachverhalts, der geregelt werden soll.[69]

Die Frage nach der „Willkür" ist daher nichts anderes als die Frage nach den zureichenden Rechtfertigungsgründen der Differenzierung. Zugleich ist das gesetzgeberische Motiv zu beachten.[70]

Dementsprechend ist Art. 3 Abs. 1 GG eine Grundlage der objektiven Rechtsordnung. Er stellt aber auch ein subjektiv öffentliches Recht auf Gleichbehandlung bzw. Willkürfreiheit dar.[71] Der Anspruch aus Art. 3 Abs.1 GG zielt nun zwar nicht auf ein bestimmtes Handeln der Legislative und Exekutive, jedoch auf die Feststellung der Grundrechtsverletzung.[72]

Somit ist der allgemeine Gleichheitssatz des Art. 3 Abs. 1 GG ein von der Verfassung anerkannter überpositiver Rechtsgrundsatz.[73] Er ist Element des objektiven Gerechtigkeitsprinzips und damit des das Grundgesetz beherrschenden Grundsatzes der Rechtsstaatlichkeit.[74] Aus diesem Grund kann sich Art. 3 Abs. 1 GG nicht in der Garantie formeller Rechtsanwendung durch die staatlichen Gewalten erschöpfen. Die hauptsächliche Bedeutung von Art. 3 Abs. 1 GG liegt vielmehr in der inhaltlichen Gleichheit, d.h. in der am Gleichheitssatz ausgerichteten Ausgestaltung der Rechtssätze selbst.[75] Die primären Adressaten des Art. 3 Abs. 1 GG sind deshalb Legislative, Judikative und Exekutive im Blick auf die Grundrechtsträger, die alle Menschen sind.

Art. 3 Abs. 2 und 3 GG enthalten beide sowohl ein subjektives Grundrecht als auch einen objektiven Wertmaßstab.[76] Beide Absätze konkretisieren den allgemeinen Gleichheitssatz des Art. 3 Abs. 1 GG und setzen der dort eingeräumten Gestaltungsfreiheit des Gesetzgebers feste Schranken.

---

[66] Vgl. BVerfGE 23, 229, bes. 241.

[67] Vgl. BVerfGE 17, 122, bes. 131.

[68] Vgl. BVerfGE 2, 266, bes. 281.

[69] Vgl. BVerfGE 17, 122, bes. 130.

[70] Vgl. BVerfGE 13, 331, bes. 343.

[71] Vgl. BVerfGE 21, 353, bes. 372.

[72] Vgl. BVerfGE 1, 97ff., bes. 100f.; 12, 199ff., bes. 142; 15, 46ff., bes. 75. Zur weiteren diesbezüglichen Problematik vgl. BVerfGE 18, 288ff., bes. 302; 37, 217ff., bes. 260ff.

[73] Vgl. BVerfGE 1, 208, bes. 243.

[74] Vgl. BVerfGE 21, 353, bes. 373.

[75] Vgl. BVerfGE 1, 14, bes. 52.

[76] Vgl. BVerfGE 17, 1, bes. 27.

Dabei ist etwa eine Differenzierung, die nicht geschlechtsbezogen ist, Männer und Frauen aber aus nicht geschlechtsbezogenen Gründen effektiv ungleich trifft, nicht nach Art. 3 Abs. 2 GG, sondern nach Art. 3 Abs. 1 GG zu beurteilen.[77]

b) *Der Bereich des Grundrechts aus Art. 5 Abs. 3 GG*

Zur Verbürgung der grundrechtlichen Freiheit gebietet Art. 5 Abs. 3 GG, daß Wissenschaft, Forschung und Lehre frei sind.[78] Ein Blick auf die Geschichte der innerhalb der Universität garantierten Wissenschaftsfreiheit zeigt, daß das in Art. 5 Abs. 3 GG formulierte Grundrecht einerseits gegenüber dem Staate einen Freiheitsraum verteidigte, andererseits aber auch gegenüber dem Staat den Anspruch erhebt, sonstige freiheitsbeschränkende Einflüsse abzuwehren.[79]

Dabei kann der Bereich dieses durch Art. 5 Abs. 3 GG gewährte Freiheitsrecht nur durch die begriffliche Klärung des Tatbestandes „Wissenschaft" bestimmt werden.[80] Die neuere Rechtsprechung des Bundesverfassungsgerichtes[81] und die neuere Grundrechtsdogmatik haben klargestellt, daß Art. 5 Abs. 3 GG nicht eine bestimmte Auffassung von Wissenschaft oder eine bestimmte Wissenschaftstheorie schützen, „schon gar nicht die Ideologie von der Voraussetzungslosigkeit dogmatisieren will."[82] Den Zugang zum richtigen Verständnis von Art. 5 Abs. 3 GG sieht das BVerfG im Zweck der Wissenschaft, nämlich in der Erkenntnis der Wahrheit. „Seine (des Art. 5 Abs. 3 GG) Freiheitsgarantie erstreckt sich auf jede wissenschaftliche

---

77 Vgl. BSG NJW 1972, 119. – Vgl. zu dem ganzen Komplex auch M. Lepa, Der Inhalt der Grundrechte, Art. 3 GG.

78 Vgl. dazu in der neueren Literatur die systematische Darstellung von T. Bauer, Wissenschaft in Lehre und Studium; E.-L. Solte, Theologie, S. 7ff.; B. Schlink, Das Grundgesetz. – Von der älteren Literatur sei erwähnt A. Köttgen, Die Freiheit; M. Heckel, Fakultäten, bes. S. 76ff.; W. Thieme, Hochschulrecht; R. Thoma, Lehrfreiheit; R. Smend, in: VVDStRL 4 (Anm. 23), S. 56ff.; U. Scheuner, in: VVDStRL 22 (Anm. 1), S. 7ff.

79 Vgl. dazu W. Schmidt, Die Freiheit der Wissenschaft. Ein Beitrag zur Geschichte und Auslegung des Art. 142 der Reichsverfassung.

80 Vgl. dazu T. Bauer, Wissenschaftsfreiheit, bes. S. 28ff.; E.-L. Solte, Theologie an der Universität, S. 30ff.; B. Schlink, Das Grundgesetz und die Wissenschaftsfreiheit, S. 244ff.; ders., Die Wissenschaftsfreiheit des Bundesverfassungsgerichts, S. 544ff., die sich auch ausführlich mit der Diskussion über den Wissenschaftsbegriff in der voraufgehenden Literatur auseinandersetzen. Deshalb erübrigt sich dies in der vorliegenden Arbeit.

81 Vgl. dazu vor allem das 1. Hochschulurteil des BVerfG vom 29.5.1973, BVerfGE 35, 79ff. (bes. 112 - 116); dann auch BVerfGE 43, 242ff. (bes. 267f.).

82 Vgl. A. Hollerbach, Die Theologischen Fakultäten, S. 73, dies im Gegensatz zu früheren Überzeugungen in der Literatur, wie etwa bei A. Köttgen, Die Freiheit der Wissenschaft, ferner früher wohl auch K. Hesse, Grundzüge des Verfassungsrechts, 5. Auflage, S. 162f. im Gegensatz zur 12. Auflage, S. 164f. Vgl. dazu auch K. Rossmann, Wissenschaft, Ethik, Politik. Erörterung des Grundsatzes der Voraussetzungslosigkeit in der Forschung.

Tätigkeit, d.h. auf alles, was nach Inhalt und Form als ernsthafter planmäßiger Versuch zur Vermittlung der Wahrheit anzusehen ist."[83] Wissenschaft im Sinne des Grundgesetzes ist demnach als „ein offener, inhaltlich nicht näher zu bestimmender Begriff" zu verstehen.[84] „Die Definition dessen, was begrifflich als Tatbestand ,Wissenschaft' anzusehen ist, kann richtigerweise nur unter Berücksichtigung des Rechtsfolgegebotes, der Freiheit eben dieser Wissenschaft erfolgen."[85] Man mag nun die Theologie als „Glaubenswissenschaft", „kirchliche Wissenschaft" oder eben in der Tradition Augustins und Anselms von Canterbury als wissenschaftliches Bemühen um die Darlegung der Wahrheit mittels keiner anderen Voraussetzung als der der Vernunft selbst, als „fides quaerens intellectum" verstehen, so bleiben alle diese Kennzeichnungen jedoch für die Rechtsdogmatik uninteressant.[86] Jedenfalls

---

[83] Vgl. BVerfGE 35, 79 (113).

[84] Vgl. E.-L. Solte, Theologie, S. 34; T. Bauer, Wissenschaftsfreiheit, S. 22. – Jaspers / Rossmann, Die Idee der Universität, S. 29, sprechen von der inhaltlichen Unbestimmtheit der Freiheit von Forschung und Lehre. Trotz der Verteidigung eines säkularen Wissenschaftsbegriffes anerkennt dies jetzt auch A. Köttgen, Das Grundrecht der deutschen Universität, S. 39. – Gegen A. Köttgens frühere Überzeugung ausdrücklich M. Heckel, Staat – Kirche – Kunst, S. 102, Anm. 330: „Die rechtliche Erfassung ... kann nicht vom Boden eines von Staats wegen aufgenötigten laizistischen Wissenschafts- und Freiheitsbegriffes aus erfolgen, der sich jenseits von Glaube und Abfall niedergelassen hat und dem Wesen christlicher Offenbarung, christlicher Wahrheit und christlicher Freiheit widerstreitet."

[85] Vgl. T. Bauer, Wissenschaftsfreiheit, S. 22.

[86] Zum Verständnis des Ortes der Theologie innerhalb der „universitas litterarum" im Sinne der abendländischen Universitätstradition läßt sich der wissenschaftliche Reflexionsgegenstand der Theologie aus dem sowohl logischen wie systematischen Aufbau der „universitas litterarum" folgendermaßen beschreiben: Die Reflexion der Fakultäten läßt sich als eine aufsteigende Reflexion über die abnehmende Verfügbarkeit der Realität beschreiben. Wollte der Naturwissenschaftler i.S. der „klassischen" Physik durch Messen und Wiegen noch „objektiv" feststellen unter scheinbar völligem Zurücktreten des „Ich", so konnte diese Feststellung des Objekts, des „Es", dem Mediziner nicht mehr genügen. Er „diagnostiziert" deshalb. Bringt nun der Philosoph i.S. des griechischen Denkens sein Ich sehr selbstbewußt ins Spiel, das er vom eidetisch erfaßten und damit statisch beschriebenen Es abhebt, so sieht sich der Jurist plötzlich zwei selbstbewußten und sich selbst behauptenden Ich gegenüber, deren äußerliche, quasi gar nicht gewollte Beziehungen es i.S. einer Friedensordnung zu regeln gilt. Zwar ist nun die reflektierte Realität der Theologie auch das sich selbst bewußte Ich, aber so wie es im anderen seiner selbst bei sich selbst ist, d.h. wie es in seinem anderen seine eigene Entäußerung und so sich selbst erkennt. Das Verhältnis ist deshalb spontane Beziehung. Die theologische Reflexion geht folglich von der Feststellung aus, daß das Ich nicht schon von sich aus „ex-istiert". „Ex-istieren" kommt dem Ich erst zu von einem das Ich übersteigenden Lebensinhalt, der sein wahres Selbstsein allererst begründet. Die Reflexion bezieht sich folglich nicht mehr auf ein Gegenüber, das sich als Ich behauptet, sondern das sich als „Du" eröffnet. Von daher erklären sich alle theol. Grundbegriffe wie „Freiheit", „Gnade", „Glaube", „Offenbarung", „Wahrheit" etc. Denn das Du entschwindet, zollt man ihm nicht den Respekt seiner Freiheit, deren Zuwendung ein Akt der Freiheit, eben reine Gnade ist, die vom Ich nicht fixierbar und berechenbar ist, weshalb die Beziehung zu dieser Freiheit nur als Glaube beschrieben werden kann. Die Wahrheit dieser Freiheit kann nur spontane und nie erzwungene Äußerung und damit nur Offenbarung sein. Insofern wird nur die Freiheit die Wahrheit ermöglichen, aber auch „die Wahrheit frei machen" (Joh. 8, 32). Da die christliche Theologie Begriffe für eine solche Reflexionsweise und Existenzerfahrung in der Antike nicht vorfand, mußte sie dafür einen

ist die Theologie der ernsthafte und planmäßige Versuch zur Vermittlung der Wahrheit hinsichtlich personalen Lebensvollzuges. Damit ist ihr der Schutzbereich des Art. 5 Abs. 3 GG nicht abzusprechen. Eben deshalb steht ihr der Freiraum zu, den Art. 5 Abs. 3 GG gewährt und den der freiheitliche Staat garantiert.

Dabei wird der statusbegründende Doppelcharakter der Grundrechte aus Art. 5 Abs. 3 GG in seiner subjektivrechtlichen und objektivrechtlichen Aktualisierung deutlich. So ist gemäß dem BVerfG der Staat einerseits verpflichtet, „funktionsfähige Institutionen für einen freien Wissenschaftsbetrieb" zur Verfügung zu stellen, andererseits hat der einzelne Träger des Grundrechts, nämlich der Professor und der Privatdozent,[87] einen Anspruch auf solche „staatlichen Maßnahmen auch organisatorischer Art",[88] „die zum Schutz seines grundrechtlich gesicherten Freiheitsraumes unerläßlich sind, weil sie ihm eine freie wissenschaftliche Betätigung überhaupt erst ermöglichen."[89]

Der durch Art. 5 Abs. 3 GG sowohl subjektiv- wie auch objektivrechtliche Raum findet durch Gesetz – auch durch transformiertes Völker- und Kirchenvertragsrecht – keine Begrenzung. Jede Begrenzung würde zu einer Bindung und letztlich zu einem Verzicht auf die planmäßige Erforschung der Wahrheit führen. Die Treueklausel des Art. 5 Abs. 3 S. 2 GG normiert keine zusätzlichen Schranken. „Die Freiheiten des Art. 5 Abs. 3 GG sind nur durch die Verfassung selbst begrenzt."[90] Das Problem der Auslegung dieser Treueklausel findet von dem Wertekatalog des Grundgesetzes her seine Lösung.[91] Gerade dabei ist auf „die Ideologie der Voraussetzungslosigkeit" zu verzichten.[92] So fordert der Wertekatalog des Grundgesetzes Anerkennung, ohne seine Richtigkeit zwingend im Sinne der Naturwissenschaften beweisen zu können. Diesen Beweis vermag aber auch der Wissenschaftler hinsichtlich seiner Axiome nicht zu leisten. So können Lehraussagen eines Hochschullehrers, die auf diesen Axiomen gründen, gegebenenfalls in Widerspruch und damit in Konflikt zur Verfassung treten. Entscheidet

---

neuen Begriff schaffen, nämlich den der „Person". Der Reflexionsgegenstand der Theologie als Wissenschaft läßt sich folglich im Hinblick auf die Realität der Person bzw. des personalen Existenzvollzuges beschreiben. Diesen für die Anthropologie gültigen Sachverhalt versucht die Theologie schließlich ursprünglich und exemplarisch in der Existenzweise der göttlichen Realität erkennbar zu machen.

[87] Vgl. dazu T. Bauer, Wissenschaftsfreiheit, S. 52ff.

[88] Vgl. dazu B. Schlink, Wissenschaftsfreiheit des BVerfG, S. 545: „In der vorliegenden Entscheidung konkretisiert das BVerfG diese Konzeption und stellt klar, wie ernst es ihm mit ihr ist: Grundrechte sind auch als Teilhaberechte einklagbar." – Vgl. dazu BVerfGE 33, 303 und die Besprechung des Urteils bei P. Häberle, Das BVerfG im Leistungsstaat, Die numerus-clausus-Entscheidung vom 18.7.1972, in: DöV 1972, 729ff.

[89] Vgl. BVerfGE 35, 79 (115f.).

[90] K. Hesse, Grundzüge, S. 163.

[91] Vgl. T. Bauer, Wissenschaftsfreiheit, S. 101.

[92] Vgl. A. Hollerbach, Die Theologischen Fakultäten, S. 73.

Art. 5 Abs. 3 S. 2 GG diesen Konflikt zugunsten der Verfassung, so verlangt Art. 5 Abs. 3 S. 2 GG jedoch nicht, auf „für das Verfassungsleben gefährliche Ergebnisse“ zu verzichten.[93] Die Treueklausel des Art. 5 Abs. 3 S. 2 GG verlangt vom Wissenschaftler vielmehr nur, daß die Wertung der Verfassung der individuellen Wertung auch des Hochschullehrers vorgeht.

Die Treueklausel bedeutet folglich keine Beschränkung von wissenschaftlicher Forschung und Lehre. Sie verpflichtet den Hochschullehrer nicht dazu, Wertungen zu unterlassen, sondern diese im Blick auf die Verfassung zu relativieren. So darf der Hochschullehrer seine Wertungen gegenüber den Werten der Verfassung nicht als die allein wahren darstellen. Der Hochschullehrer braucht jedoch seine Wertungen nicht zu verschweigen. Ein eventuelles Verlangen gegenüber dem Hochschullehrer, Erkenntnisse und Wertungen zu verschweigen, bedeutete eine Entmündigung des Denkens, die der Menschenwürde gem. Art. 1 Abs. 1 GG widerspräche. So fordert Art. 5 Abs. 3 GG keine unwahrhaftige Wissenschaft. Er bindet den Hochschullehrer an keine weitere Pflicht als an die Wissenschaftlichkeit, d.h. an den methodischen und sachlichen Nachweis seiner Begriffe, Aussagen und deren Axiome. Bei einem Widerspruch seiner Ergebnisse zur Wertordnung der Verfassung mutet Art. 5 Abs. 3 S. 2 GG dem wissenschaftlich tätigen Hochschullehrer bei seiner Lehrtätigkeit den Hinweis zu, daß seine Ergebnisse auf der Grundlage seiner wissenschaftlichen Voraussetzungen systemimmanent als wahr gelten können, daß sich jedoch auf den Voraussetzungen der Wertordnung des Grundgesetzes ein anderes Urteil ergibt.[94]

Da Art. 5 Abs. 3 GG durch Gesetz, d.h. auch transformiertes Vertragsrecht, nicht beschränkt werden kann,[95] gelten diese Grundsätze auch für den konfessionell gebundenen Hochschullehrer. Die Frage richtet sich nun jedoch auf die Vereinbarkeit dieser Grundsätze mit der Konfessionalität des Theologieprofessors.

Nach Art. 7 Abs. 3 GG garantiert der Staat den Religionsunterricht als ordentliches Lehrfach.

Garantiert aber der Staat gem. Art. 7 Abs. 3 GG den Religionsunterricht, so liegt es nahe, daß er grundsätzlich auch die Pflicht hat, für die geeigneten Ausbildungsstätten zu sorgen. Zwingend ist diese Auslegung jedoch nicht. Versteht man aber Art. 7 Abs. 3 GG als Argument für die staatliche Pflicht zum Unterhalt der theologischen Fakultäten, so vermag dieses Argument jedoch keinen verfassungsrechtlichen Sonderstatus der theologischen Fakultäten zu begründen. Eher das Gegenteil.[96] Diese Frage richtet sich des-

---

[93] So jedoch A. Köttgen, Die Freiheit der Wissenschaft, S. 315, Anm. 35. Vgl. dazu weiter U. Scheuner, Pressefreiheit, in: VVDStRL 22 (Anm. 1), S. 8f., 49.

[94] Vgl. dazu v. Mangoldt / Klein, GG, Art. 5 Anm. X 6, S. 258ff.; K. Hesse, Grundzüge, S. 163f.; T. Bauer, Wissenschaftsfreiheit, S. 84ff.

[95] Vgl. K. Hesse, Grundzüge, S. 163f.

halb konkret darauf, ob Art. 7 Abs. 3 GG die Garantie der Wissenschafts- und Forschungsfreiheit gem. Art. 5 Abs. 3 GG relativieren und damit eventuell Einschränkungen des Grundrechts legitimieren kann.

Die Verfassungsgarantie des Religionsunterrichts[97] unterscheidet sich von den anderen Verfassungsgeboten dadurch, daß sie inhaltlich letztlich nicht vom Parlament, der Regierung oder vom Verfassungsgericht befolgt werden kann. Die inhaltliche Konkretisierung dieses Verfassungsgebotes kann nur der Bekenntnisgemeinschaft überlassen bleiben. Der Wesensgehalt (Art. 19 Abs. 2 GG) der vom Grundgesetz durch Art. 4 gewährten Religionsfreiheit besteht gerade darin, daß die Inhalte des Bekenntnisses von der Bekenntnisgemeinschaft selbst bestimmt werden. Dementsprechend hat das Grundgesetz über Art. 140 die Regelung des Art. 137 Abs. 3 WRV übernommen: „Jede religiöse Gemeinschaft ordnet und verwaltet ihre Angelegenheiten selbständig innerhalb der Schranken des für alle geltenden Gesetzes." Zum Wesensgehalt der Religionsfreiheit bzw. der eigenen Angelegenheiten gehört zweifellos die Entscheidung über „doctrina et mores", deren Formulierung durch den Repräsentanten der Religionsgemeinschaft – zumindest in deren eigenem Bereich – zu respektieren ist.

Unter Berücksichtigung dieser Aspekte kann der vorrangige Grundsatz der Wissenschafts-, Lehr- und Forschungsfreiheit durch die Verfassungsgarantie des Religionsunterrichts nur insoweit eine Einschränkung erfahren, als eine konfessionelle Lehrerausbildung ermöglicht werden soll. Das kann der Staat dadurch verwirklichen, daß er in eine Fakultät oder auf bestimmte Lehrstühle nur solche Hochschullehrer beruft, die wissenschaftlich die Gewähr dafür bieten, daß sie „doctrina et mores" des entsprechenden Bekenntnisses positiv vertreten, zumindest diesen Inhalten nicht ablehnend gegenübertreten, wie eben der Staat auch von einem auf einen juristischen Lehrstuhl berufenen Hochschullehrer ein positives Bekenntnis (= Professio des Professors) zum Grundgesetz erwarten kann.

Dabei darf aber die konfessionelle Bindung nicht mit der Bindung an einen oder z. Z. führenden Repräsentanten der Kirchen verwechselt werden. Abgesehen von der daraus folgenden Konsequenz für Forschung, Lehre und den Hochschullehrer selbst würde hier eine Beschränkung des Grundrechts aus Art. 5 Abs. 3 vorgenommen, die verfassungsrechtlich unzulässig wäre (Art. 19 Abs. 2 GG). So kann von einem konfessionell gebundenen Hochschullehrer ohne Verstoß gegen Art. 5 Abs. 3 GG nicht verlangt werden, sich negativer Bewertungen kirchenamtlicher Standpunkte zu enthalten. Können nun zwar, wie in anderen Fakultäten auch, die Gegenstände seiner Lehre durch Studienordnungen usw. vorgeschrieben werden, so garantiert ihm

[96] Vgl. dazu auch Th. Emde, Theologische Fakultäten, S. 377.

[97] Vgl. dazu F. Müller, Schulgesetzgebung und Reichskonkordat; ders., Religionsunterricht als ordentliches Lehrfach.

jedoch Art. 5 Abs. 3 GG die Freiheit der Beurteilung der Sachverhalte. Solange er seine Beurteilung nicht in Gegensatz zu seinem konfessionell gebundenen Auftrag stellt, d.h. als ausschließliche Wahrheit und einzig mögliche Wertung zu vermitteln sucht, bewegt sich der konfessionell gebundene Hochschullehrer in dem ihm durch Art. 5 Abs. 3 GG garantierten Freiheitsraum ohne Verstoß gegen Art. 137 Abs. 3 WRV.

Art. 5 Abs. 3 GG verbietet deshalb, den konfessionell gebundenen Hochschullehrer einer z.Z. herrschenden kirchlichen Tendenz zu verpflichten. Die allgemeine Lehr- und Forschungsfreiheit des Art. 5 Abs. 3 GG erlaubt folglich nicht, den Rechtsstatus des konfessionellen Hochschullehrers in seiner Forschung und Lehre vom bekenntnismäßigen Standpunkt der kirchlichen Führer abhängig zu machen, solange er seine wissenschaftliche Überzeugung diesem gegenüber nicht als ausschließliche entgegensetzt.

Die oben aufgeworfene Frage nach der Relativierung der Garantie der Wissenschaftsfreiheit im Blick auf den konfessionell gebundenen Hochschullehrer kann deshalb nur dahingehend beantwortet werden, daß auch für ihn die immanenten Grenzen seiner Rechte aus Art. 5 Abs. 3 GG dort zu suchen sind, wo seine wissenschaftliche Wertung übergeht auf eine herabsetzende oder einseitige Wertung und Darstellung der konfessionellen Bekenntnisgrundsätze.

Deshalb gelten für den konfessionell gebundenen Staatsbeamten die gleichen Grundsätze, die für die Beantwortung der oben aufgeworfenen Frage nach der möglichen Einschränkung der Wissenschaftsfreiheit i.S.d. Art. 5 Abs. 3 GG hinsichtlich der Treueklausel gem. Art. 5 Abs. 3 S. 2 GG aufgezeigt wurden.

c) Der Bereich des Grundrechts aus Art. 6 Abs. 1 (und Abs. 2) GG

Zu den Grundrechtsnormen mit übergesetzlichem Hintergrund gehört auch Art. 6 Abs. 1 GG.[98] Der Verfassungsgeber hat durch die Positivierung von Art. 6 Abs. 1 GG zum Ausdruck gebracht, daß Ehe und Familie im allgemeinen Rechtsbewußtsein zu einer Sphäre des Rechts gehören, die für ihn unantastbar ist.

Das Verbot des Art. 19 Abs. 2 GG, ein Grundrecht in seinem Wesensgehalt anzutasten, trifft unmittelbar auf Art. 6 Abs. 1 GG nicht zu.[99] Eine unmittelbare Anwendung von Art. 19 Abs. 2 GG erübrigt sich nämlich, da Art. 6 Abs. 1 GG keinen Gesetzesvorbehalt kennt. Eine entsprechende Anwendung von Art. 19 Abs. 2 GG erübrigt sich ebenfalls, da Ehe und Familie wegen ihres überpositiven Ranges schlechthin unantastbar sind.

---

[98] Vgl. dazu Maunz / Dürig / Herzog, GG, Art. 6, Rdnr. 1.

[99] Vgl. dazu v. Mangoldt / Klein, Art. 19 Abs. 2 Anm. V 1; Wernicke, BK Art. 19 Abs. 2, II 2, S. 7; K. Bettermann, Der Schutz der Grundrechte in der ordentlichen Gerichtsbarkeit.

Als Positivierung vorstaatlichen Rechts ist Art. 6 Abs. 1 GG Grundelement der objektiven Rechtsordnung und als solches zugleich Anspruchsnorm subjektiver Rechte. Den Charakter von Art. 6 Abs. 1 GG als subjektive Anspruchsnorm hat das Bundesverfassungsgericht in zwei grundlegenden Entscheidungen klargestellt.[100] Indem das BVerfG Art. 6 Abs. 1 GG als eine Institutsgarantie bezeichnet, die privates und öffentliches Recht betrifft, will es zugleich die Auslegungsregel des Verfassungsrechts verwirklicht sehen, daß nämlich eine Grundnorm immer extensiv, d.h. in ihrer juristischen Wirkungskraft möglichst stark entfaltet wird.[101] In dem so gewiesenen Weg des möglichst effektiven Grundrechtsverständnisses von Art. 6 Abs. 1 GG hat das Gericht in seiner zweiten Entscheidung[102] seine Überzeugung ausgesprochen, daß jeder einzelne sich auf seine Grundrechte berufen kann, sofern seine Ehe und Familie davon betroffen ist. Gemäß dem BVerfG bindet Art. 6 Abs. 1 GG alle drei Gewalten des Staates als unmittelbar geltendes Recht. Art. 6 Abs. 1 GG hat damit, „soweit seine Fassung bestimmt genug ist, eine Norm niedereren Ranges daran zu messen",[103] für den Gesetzgeber die Bedeutung einer Schranke. Ihre Überschreitung macht einfaches Gesetz – darunter fällt auch das transformierte Völker- und Kirchenvertragsrecht – nichtig.

Art. 6 Abs. 1 GG stellt so ein Bekenntnis und eine Garantie des Grundgesetzes zur freiheitlichen Staatsordnung dar. Denn Art. 6 Abs. 1 GG gehört zum Inbegriff von Rechtsgedanken, aus denen sich Sinn und Ziel der staatlichen Ordnung unter dem Grundgesetz erschließen.[104] Denn „in Abkehr von der Allstaatlichkeit des Nationalsozialismus bekennt sich das Grundgesetz auch für diesen Lebensbereich zur Eigenständigkeit und Selbstverantwortlichkeit des Menschen" und gewährt „im Sinne der klassischen Grundrechte ... Schutz der spezifischen Privatsphäre von Ehe und Familie vor äußerem Zwang durch den Staat."[105] Somit bezeugt Art. 6 Abs. 1 GG, daß das Grundgesetz von einem Bild des Menschen und seiner Würde ausgeht, das in den Prinzipien von Freiheit und Gleichheit seinen allgemeinen Ausdruck findet.[106]

Aus dieser durch Art. 6 Abs. 1 GG ausgesprochenen Freiheitsgarantie des Grundgesetzes folgt das Recht zur Eingehung einer Ehe und zur Familiengründung. Art. 6 Abs. 1 GG positiviert ausdrücklich, was sich bereits aus Art. 1 Abs. 1 und Art. 2 Abs. 1 GG ergibt.[107] Eheverbote oder -verzichte, aus

---

[100] Vgl. BVerfGE 6, 55ff.; 6, 386ff.; vgl. dazu E. Scheffler, Ehe und Familie, S. 245ff.; O. Bachof, in: RdA 1953, 42ff. (47); ders., in: FamRZ 3 (1956) 398 (399); Th. Maunz, in: FamRZ 3 (1956) 1ff.; H. Paulick, in: FamRZ 3 (1956) 100 (102).

[101] Vgl. BVerfGE 6, 55 (71f.).

[102] Vgl. BVerfGE 6, 386.

[103] Vgl. BVerfGE, 6, 386.

[104] Vgl. dazu H. Nawiasky, Staatslehre II/1, S. 184 - 186.

[105] Vgl. BVerfGE 6, 55 (71).

[106] Vgl. dazu H. Nipperdey, Freie Entfaltung der Persönlichkeit, S. 15.

welchen Gründen auch immer, sind demnach verfassungswidrig. Ein solches Verbot oder auch Verzicht ist mit dem Verständnis der Menschenwürde, das Art. 1 Abs. 1 GG zugrunde liegt, nicht vereinbar.[108] So kann man es zwar sicher mit Art. 1 Abs. 1 GG vereinbaren, um eines höheren Gutes willen, z.B. der Gesundheit, einmalig die Verletzung der körperlichen Integrität in Form einer Körperverletzung hinzunehmen. Die Geltung einer „Freiheit" jedoch, sich rechtlich wie und wann auch immer zur Hinnahme von Körperverletzungen zu verpflichten, scheitert an der durch Art. 1 Abs. 1 GG postulierten Würde des Menschen als der Grundlage allen Rechts. Die Grundrechte formulieren folglich eine Schranke. „Vor der Überschreitung dieser Schranke ist der Staatsbürger unter Umständen auch gegen sich selbst zu schützen."[109]

Die Positivierung des der Verfassung zugrundeliegenden Verständnisses der Menschenwürde gem. Art. 1 Abs. 1 GG und der Entfaltung der Persönlichkeit in Freiheit gem. Art. 2 Abs. 1 GG, die das Grundgesetz in Art. 6 Abs. 1 GG vorgenommen hat, hat keinen geringeren Rang und erlaubt keinen so gearteten Rechtsverzicht. Ein „Freiheits"-verständnis, das auf die Menschenwürde rechtsverbindlich zu verzichten für sich in Anspruch nimmt, ist deshalb nicht mit dem Grundgesetz vereinbar. Dagegen läßt das Recht dem Bürger im weltanschaulich neutralen Staat die Freiheit, „bei der – sc. ‚tatsächlichen' – Gestaltung ihres Ehe- und Familienlebens ihren religiösen und weltanschaulichen Verpflichtungen mit allen Konsequenzen nachzuleben."[110]

Im Blick auf das konfessionell gebundene Staatsamt des Hochschullehrers stellt sich nun die Frage, ob die Eheschließung Rechtsgrund zur Veränderung des beamtenrechtlichen Status bzw. Grund für eine dem konfessionell gebundenen Staatsbeamten negative beamtenrechtliche Folge sein kann. D.h., ob für den konfessionell gebundenen Staatsbeamten eine vom Staat anerkannte und insofern auch staatliche Zölibatsklausel Geltung haben darf.

Unmittelbar wird das Recht zur Eingehung einer Ehe durch eine kirchliche Zölibatsklausel des Beamten ebensowenig berührt wie durch das Zölibatsgelübde katholischer Kleriker. Sie alle sind von Staats wegen nicht gehindert zu heiraten. Aufgrund der durch Art. 140 GG iVm Art. 137 Abs. 3 WRV gewährten Autonomie der Kirchen und des Rechtes auf ungestörte Religionsausübung (Art. 4 Abs. 2 GG) scheidet der kirchliche Zölibat aus der staatskirchenrechtlichen Betrachtung aus, muß aber, wie das BVerwG

---

[107] Vgl. dazu G. Dürig, in: Nawiasky-Festschrift, S. 171; Th. Maunz, in: FamRZ 3 (1956) 1; O. Bachof, FamRZ 3 (1956) 398f. (399).

[108] Vgl. dazu H. Nipperdey, Die Würde des Menschen, in: Bettermann / Nipperdey, Die Grundrechte, Bd. II, S. 1ff.

[109] Vgl. BVerwGE 17, 275.

[110] Vgl. BVerfGE 10, 59 (85).

ausgeführt hat[111] und noch unten zu zeigen sein wird, bei Verknüpfung kirchenrechtlicher Wertungen mit beamtenrechtlicher Eignungsbeurteilung im Zusammenhang mit Art. 6 I GG gesehen und beurteilt werden.

Eine vom Staat verlangte oder zur Bedingung für die Übernahme oder Beibehaltung gemachte Zölibatsklausel bedroht auf jeden Fall die ihr Unterworfenen damit, durch die Eingehung der Ehe die Stellung nicht zu bekommen bzw. zu verlieren. Sie hemmt das Recht aus Art. 6 Abs. 1 GG und verstößt deshalb dagegen. Die Nichtigkeit des § 63 DBR a. F., der jede Beamtin bei Eheschließung mit Entlassung bedrohte, ist demgemäß allgemein als verfassungswidrig angesehen worden.[112] Es stellt sich nun die Frage, ob dies auch für das transformierte Vertragskirchenrecht gilt. Bei der Frage nach der Möglichkeit und der Grenze kirchlicher Rechte in bezug auf das konfessionell gebundene Staatsamt wird diesem Problem noch intensiver nachzugehen sein.

II. Das Kirchenvertragsrecht im Rahmen der Grundrechte

1. Die verfassungsrechtliche Neuordnung durch das Grundgesetz

Nach der Kriegsniederlage des Deutschen Reiches stellte sich die Frage nach einer verfassungsrechtlichen Neuordnung, die aufgrund eines neu entstandenen bzw. neu fortentwickelten Rechtsbewußtseins nicht mehr die der WRV sein konnte. Damit stellte sich auch grundlegend die Frage nach der Bestandskraft von Staatsverträgen bei nachträglichen Verfassungsänderungen bzw. nach der Bindung der verfassungsgebenden Gewalt an diese Verträge.

Überprüft man die Lehrbücher der Allgemeinen Staatslehre oder des Völkerrechts auf diese Fragestellung hin, so wird sie nur entfernt unter dem Gesichtspunkt der „clausula rebus sic stantibus" oder der „bona fides" berührt.[113] Der Kern dieses Problems bleibt dabei aber unerörtert. Eine rechtsdogmatische Lösung wird nicht angeboten. Gesehen und angesprochen wird dieses Problem am ehesten noch in der kanonistischen Literatur, die aber einerseits von der Auffassung eines strengen Monismus mit dem absoluten Primat des Vertragsrechtes ausgeht,[114] dabei andererseits aber wegen des „ideellen Vorrangs der Kirche" dieser ein einseitiges Kündigungsrecht zugesteht.[115] Mit Recht wird man diese Auffassung als mit der heute herrschenden Vertragstheorie in Widerspruch sehen müssen.[116]

---

[111] Vgl. BVerwGE 17, 276f.

[112] Zugleich wegen der Unvereinbarkeit mit Art. 3 Abs. 2 u. 3 GG.

[113] Vgl. dazu Verdross / Simma, VR, bes. S. 419ff., 492ff. bzw. bes. S. 234f., 356ff., 390ff. – E. Kaufmann, Das Wesen des VR und die clausula rebus sic stantibus.

[114] Vgl. dazu H. Wagnon, Concordat et Droit International, bes. S. 157 - 257; ders., Nouvelles controverses en doctrine concordataire, bes. S. 393 - 408.

Es wurde oben schon auf die Überzeugung W. Webers[117] hingewiesen, „daß Konkordate eine einigermaßen dauerhafte Regelung des Verhältnisses zwischen Staat und Kirche nur dann herbeiführen können, wenn sie ... in ihren Ansprüchen Maß halten und sich davor hüten, in das Verfassungsrecht des staatlichen Vertragspartners einzudringen." Wie generell im Völkerrecht[118] das Vertragsrecht, so dient auch das Staatskirchenvertragsrecht dem gegenseitigen Ausgleich aufgrund gegenseitiger Koordination und strenger Reziprozität.

Unter diesem Gesichtspunkt bietet A. Hollerbach eine tragbare und dogmatisch überzeugende Lösung an, der hier zustimmend gefolgt wird.[119] Als Grundlage einer beständigen Koordinationsrechtsordnung sieht A. Hollerbach den gegenseitigen Respekt vor den spezifischen Lebensbedingungen.

Staatlicherseits ist im Rechtssystem der BRD die korporativ-institutionelle Religionsfreiheit und das kirchliche Selbstbestimmungsrecht durch Art. 4 GG und Art. 140 GG iVm Art. 137 Abs. 1 und 3 WRV verfassungsrechtlich anerkannt.[120]

Auf der anderen Seite ist aber deutlich zu machen, daß die Garantie für den Respekt der Eigenständigkeit der Kirche in der Souveränität[121] bzw. der Hoheit der Verfassung eines freiheitlichen und somit zugleich eines Staates mit großem Verantwortungs- und Selbstbewußtsein gründet. Dieses äußert sich in seiner Verfassung selbst. Diese wiederum erwächst dem Bewußtsein der Höchstzuständigkeit des Staates, nach Maßgabe der Verfassung treuhänderisch für das Volk unter dem Ideal des Gerechten die Gemeinwohlverantwortung wahrzunehmen, die letztlich eine Friedensordnung aller Rechtsgenossen garantieren will und muß.

Die Verfassungshoheit des Staates kann als verfaßte und damit begrenzte nicht Allzuständigkeit bedeuten. Aber sie ist „grundsätzlich allbezüglich, insofern die integrative Zusammenordnung aller Wirkkräfte und Sachberei-

[115] Vgl. Eichmann / Mörsdorf, Lehrbuch des Kirchenrechts, I, S. 66 (S. 107); A. Ottaviani, Institutiones Iuris Publici Ecclesiastici, S. 304 ff.

[116] Vgl. dazu W. Plöchl, Reflections on the nature and status of concordats, bes. S. 22 f.

[117] Vgl. W. Weber, Das Reichskonkordat, S. 26.

[118] Vgl. W. Wengler, Völkerrecht, Bd. I, S. 885.

[119] Vgl. A. Hollerbach, Verträge, § 15. Die Bestandskraft der Verträge, bes. IV: Nachträgliche Verfassungsänderungen – V: Staatskirchenvertrag und verfassungsgebende Gewalt, S. 162 ff.

[120] Vgl. dazu K. E. Schlief, Die Entwicklung des Verhältnisses von Staat und Kirche und seine Ausgestaltung im Bonner Grundgesetz, bes. 212 ff.; G. Scheffler, Die Stellung der Kirche im Staat. Nach Art. 140 GG in Verbindung mit Art. 137 WRV; U. Scheuner, Die Religionsfreiheit im Grundgesetz, in: DöV 20 (1967) 585 - 593; O. Dibelius, Überstaatliche Verbindungen der Kirche und Religionsfreiheit, bes. S. 76 ff.; K. Hesse, Freie Kirche im demokratischen Gemeinwesen, in: ZevKR 11 (1964/65) 345 ff. (= Quaritsch / Weber (Anm. 1), S. 349 ff.).

[121] Vgl. dazu P. Häberle, Zur gegenwärtigen Diskussion um das Problem der Souveränität.

che in einem raumzeitlichen Gemeinwesen zur Gemeinwohlverantwortung gehört. Soweit die Verfassung Bestimmungen darüber trifft, stehen deshalb grundsätzlich auch die religiösen Gemeinschaften als Lebensverbände im Gemeinwesen unter der Autorität der Verfassung, deren Aufgabe es ist, die rechtlichen Voraussetzungen für eine gute öffentliche Gesamtordnung zu schaffen."[122] Die Kirche ist zwar nicht „de re publica", aber dennoch „in re publica".[123]

a) Die Letztverantwortung des Verfassungsgebers für das Gemeinwohl

Eine mögliche Lösung der schwierigen Frage nach dem Verhältnis von Vertrag und Verfassung im Hinblick auf nachträgliche Verfassungsänderungen des Staates ist mit A. Hollerbach[124] dadurch als möglich anzusehen, daß sich beide Vertragspartner – nämlich Kirche und Staat – in ihren spezifischen Lebensbedingungen anerkennen und respektieren.

Hinsichtlich der spezifischen Lebensbedingungen der Kirche kann von ihrem Selbstverständnis her gesagt werden, daß ihr zuhöchst die Verantwortung für die „salus animarum",[125] für das „bonum commune ecclesiae" aufgegeben ist. Da diese Verantwortung zum Wesen der Kirche gehört, ist von jedem Vertragspartner, der ernstlich einen Konsens sucht, zu respektieren, daß diese Verantwortung vertraglich für die Kirche nicht zur Verfügung stehen kann.

Die freiheitliche Verfassungsordnung des Grundgesetzes hat diesem Respekt dadurch Rechnung getragen, daß sie durch die Gewährleistungen der Art. 4 Abs. 1 u. 2 GG und Art. 140 GG iVm Art. 137 Abs. 1 + 3 WRV der staatlichen Gewalt bezüglich ihres Verhaltens gegenüber der Kirche unantastbare Grenzen gesetzt hat. Denn der rechtsdogmatische Fortschritt, der im Grundgesetz im Vergleich zum Rechtspositivismus der WRV zum Ausdruck kommt, zeigt sich gerade darin, daß sich selbst die verfassungsgebende Gewalt[126] an normative Gegebenheiten gebunden weiß.[127] Zu diesen gehören die Menschenwürde und die allgemeinen Menschenrechte, nach dem Grundgesetz aber auch die verfassungstranszendente Eigenexistenz der Kirche.[128]

---

[122] Vgl. A. Hollerbach, Kirchen unter dem Grundgesetz, S. 60.

[123] Vgl. dazu W. Weber, „Allgemeines Gesetz" und „für alle geltendes Gesetz", S. 340ff., und die dort reichlich besprochene Literatur.

[124] Vgl. A. Hollerbach, Verträge, S. 89ff.

[125] Vgl. A. Ottaviani, Institutiones, S. 322f.: „Semper enim Ecclesia debet intelligi contrahere cum hac clausula: nisi aliud exigat bonum animarum, ideo enim ipsa contrahit ut animarum bonum procuret."

[126] Vgl. Art. 20 Abs. 2 S. 1 GG und Art. 146 GG, dazu auch H. Krüger, Allgemeine Staatslehre, S. 921f.

[127] Vgl. H. Ehmke, Grenzen der Verfassungsänderungen, S. 87.

[128] Vgl. dazu A. Hollerbach, Verträge, S. 162, Anm. 5/RK.

Dieser im Grundgesetz zum Ausdruck gebrachte Respekt vor dem Eigenbereich der Kirche bedeutet hinsichtlich des Staatskirchenvertragsrechtes, daß diese verfassungsrechtlich als unantastbar angesehenen Gewährleistungen nicht einseitig Thema einer Vertragskündigung sein können. Im Blick auf die Verfassungsänderung kann jedoch hinsichtlich des öffentlichrechtlichen Status der Kirche und deren Folgen die Frage nach der Vertragsbindung des verfassungsändernden Gesetzgebers oder der verfassungsgebenden Gewalt von Bedeutung sein.

Viel grundsätzlicher stellt sich aber die Frage nach der Vertragsbindung der verfassungsgebenden Gewalt, wenn sich diese aufgrund fortgeschrittenen Rechtsbewußtseins an unverfügbare normative Vorgegebenheiten gebunden weiß, die die verfassungsgebende Gewalt selbst binden und die dieser auch vertraglich nicht verfügbar sind, die aber der kirchliche Vertragspartner nicht oder wenigstens nicht so in seinem Bereich anzuerkennen bereit ist. Gerade darauf zielt aber die Fragestellung dieser Arbeit.

Hier ist der Punkt, wo der Staat der Kirche gegenüber deren Respekt vor seiner Eigenverantwortung kompromißlos fordern muß. Diese erweist sich für den Staat vertraglich indisponibel. Es muß deshalb hier die Reflexion über die unverzichtbare Eigenverantwortung der verfassungsgebenden Gewalt und des aus dem Verfassungsverständnis lebenden Staates einsetzen.

Aufgabe der verfassungsgebenden Gewalt ist es, eine normative Grundordnung des staatlichen Gemeinwesens zu schaffen, um dadurch allen Bürgern als staatliche Rechtsgenossen eine Friedensordnung für die menschlichen Wirkungsbereiche unter dem Maßstab des Gerechten zu garantieren. Ausdruck findet dieses Bemühen und dieser Wille in der Verfassung. Diese legitimiert staatliche Macht und den Schutz der verfaßten Friedensordnung, die nur eine Ordnung sein kann, die sich in Offenheit für das Recht eines jeden, das „suum cuique“ bzw. für das „bonum commune“ verantwortlich weiß.[129] Ohne diese Verantwortung für das Recht und damit für den Frieden unter den Rechtsgenossen ist soziale Gemeinschaft nicht möglich. Die Garantie sozialer Gemeinschaft ist aber das Spezifikum des Staates. In theologischer Begründung obliegt dem Staat diese Aufgabe deshalb „gottunmittelbar“.[130] Der Verfassungsgeber des Grundgesetzes sah dementsprechend die dauerhafte Grundlage für seine Verantwortung hinsichtlich des Gemeinwohls in einer Bindung an vorstaatliche bzw. naturrechtliche und deshalb unverfügbare Menschenrechte. Eine Konzession in dieser Hinsicht ist ihm auch der Kirche als Vertragspartner gegenüber nicht möglich.

---

[129] Vgl. dazu Thomas von Aquin, S.th. II/1 q 90 a 2 c et a 3 ad 3; q 92 a 3 ad 3. – Vgl. auch R. Zippelius, Kirche und Staat und die Einheit der Staatsgewalt, in: ZevKR 9 (1962/63) 42 - 68; A. Hollerbach, Die Kirchen unter dem Grundgesetz, S. 60 ff.

[130] Vgl. Joh. 19, 11; Röm. 13, 1 ff. – Vgl. dazu auch Art. „Staat“ in LThK.

Hier stellt sich somit die Frage nach der Möglichkeit einer Einigung bei einem Konflikt zwischen vertraglicher Bindung und Verfassungstreue in Bereichen, in die jeder der beiden Vertragspartner sein Eigenwesen und den Anspruch gegenseitiger Respektierung miteinbringt. Eine Einigung seitens des Staates mit der Kirche ist voll auszuschöpfen, denn sie ist Verfassungsgebot (Art. 4 GG)[131] und Gebot vom Geist des Vertrages her. Dabei weiß sich die Verfassung einerseits an verfassungstranszendentes überpositives Recht gebunden, deklariert andererseits aber auch das verfassungstranszendente Wesen der Kirche positiv.

Die vorliegende Fragestellung zielt folglich dahin, wie das Prinzip höchster, unverzichtbarer und unverfügbarer Gemeinwohlverantwortung und das Prinzip der Einigung im Dienst der guten Ordnung des Verhältnisses von Staat und Kirche zuzuordnen und zu werten sind, „das eine mehr als Vollzugsprinzip, das andere als Ziel und Grenzbestimmung".[132] „Diese Zuordnung läßt sich in dem Grundsatz formulieren: bevor auf die dem demokratischen Verfassungsgeber obliegende, von der Kirche zu respektierende Letztverantwortung für die Verwirklichung des Gemeinwohls im staatlichen Bereich rekurriert und zu einseitiger Aktion geschritten wird, müssen die Möglichkeiten zu schiedlich friedlicher Einigung ausgeschöpft sein."[133]

Dieser Grundsatz gilt sowohl für die Kirche als auch für den Staat. Wie sich die Kirche nicht unter Berufung auf ihre Höchstverantwortung ohne vorherigen Versuch einer Verständigung vom Vertrag lossagen kann, so wenig kann dies der Staat.

So bleibt auch der Verfassungsgeber bei der Neuschaffung einer Verfassung grundsätzlich an den Vertrag gebunden. Es ist A. Hollerbach zu folgen, daß Staatskirchenverträge keineswegs unter einem permanenten Verfassungsvorbehalt stehen.[134] Jedoch ist mit A. Hollerbach zu Recht darauf hinzuweisen, daß eine vertragliche Bindung dann ihren rechtfertigenden Sinn verliert, wenn sie eine sachgerechte Wahrnehmung der Gemeinwohlverantwortung des Staates verhindert. Sinn und Zweck der vertraglichen Bindung soll ja gerade Schutz und Förderung der Aufgabe beider Partner – sowohl der Kirche als auch des Staates – sein. Zum Schutz und zur Förderung der staatlichen Aufgaben für das Gemeinwohl und das Wohl des einzelnen Rechtsgenossen sah der Verfassungsgeber die Bindung der staatlichen Gewalt an die überpositiven Menschenrechte. Diese Bindung als Grundlage einer größtmöglichen Förderung des Gemeinwohls war dem Rechtsbewußt-

---

[131] Vgl. dazu A. Hollerbach, Verträge, S. 119ff.

[132] Vgl. ebd., S. 164.

[133] Vgl. ebd.

[134] Vgl. ebd., S. 151ff., bes. S. 165; so aber H. Quaritsch, Kirchen und Staat, in: Der Staat 1 (1962), bes. 189; 300.

sein des staatlichen Vertragspartners in der Zeit vor dem Grundgesetz noch fremd. Es ist auch dem kanonischen Recht bis heute fremd geblieben.

Der an das Grundgesetz gebundene staatliche Vertragspartner wird deshalb vom kirchlichen Vertragspartner Respekt für sein fortgeschrittenes Gemeinwohlbewußtsein, bzw. für seine Bindung an die Menschenrechte und eine dementsprechende Vertragsauslegung mit Rücksicht auf die Verfassung fordern müssen und unter dem Gesichtspunkt des Vertragsrechtes auch fordern dürfen.

In bezug auf die Staatskirchenverträge wird der staatliche Vertragspartner unter dem Grundgesetz vom benannten Sinn und Zweck der Verträge her auf Vertragsrevision oder gar Vertragsaufhebung drängen müssen. Zunächst wird er versuchen, dies im Sinne der Freundschaftsklauseln der Konkordate zu tun. Weigert sich der kirchliche Vertragspartner, die Grund- und Menschenrechtsbindung des Staates bei der Vertragsauslegung und dem Vertragsvollzug anzuerkennen, dann wird der staatliche Partner ohne Verstoß gegen Vertragsrecht als frei von vertraglicher Bindung anzusehen sein. Denn nachdem das Grundgesetz durch die verfassungsgebende Gewalt legitime Grundlage der Gemeinwohlverpflichtung des Staates geworden ist, muß der staatliche Partner sich eher vom Vertrag lossagen, um dem Grundgesetz – d.h. wesentlich der Grundrechtsverwirklichung – Geltung zu verschaffen, als auf seine Gemeinwohlverantwortung i.S.d. Grundgesetzes zu verzichten.[135]

„Im Hinblick auf das rechtstechnische Problem der Zuordnung der Staatskirchenverträge zu dem jeweiligen Rechtsquellensystem wird man also sagen können: Staatskirchenverträge genießen, soweit sie nicht ohnehin Unantastbarkeit normieren, keinen absoluten, sondern auch nur einen relativen, „prekären" Vorrang vor dem Verfassungsrecht, der unter den geschilderten Verfahrensvoraussetzungen mit förmlicher Kündigung dann zessiert, wenn die Wahrnehmung der Gesamtverantwortung durch den Staat nicht mehr sinnvoll gewährleistet wäre."[136] Und in diesem Sinne stehen Staatskirchenverträge unter dem Vorbehalt des Grundgesetzes.

Mag man nun die Konkordate für völkerrechtliche Verträge oder – was wegen ihrer Rechtsmaterie wesentlich überzeugender ist – für Staatskirchenverträge halten,[137] so identifiziert sich die vorliegende Arbeit mit dem von A. Hollerbach vorgeschlagenen Lösungsversuch bezüglich der Frage von Bestandskraft der Verträge und Verfassungsänderung nicht nur wegen seiner realpolitischen Praktikabilität, sondern vor allem wegen seiner rechtsphilosophischen und rechtsdogmatischen Überzeugungskraft, nicht zuletzt aber auch deshalb, weil in ihm eine Tendenz zum Ausdruck kommt,

---

[135] Vgl. dazu O. Bachof, Verfassungswidrige Verfassungsnormen.
[136] Vgl. A. Hollerbach, Verträge, S. 165f.
[137] Vgl. dazu ebd., S. 68.

die für den Umwandlungsprozeß des Völkerrechts der Gegenwart kennzeichnend ist.[138] Dieses entwickelt sich aus einem bloßen Zwischenmächterecht – dies ist noch die Konzeption der Konkordate – zur Rechtsordnung der vielfach gegliederten Menschheit. Dieses Ziel kann nur verwirklicht werden, wenn die Achtung und der Schutz der menschlichen Person das oberste Ziel der staatlichen Rechtsordnung bilden. So geht die Tendenz des Völkerrechts wie das Grundgesetz von diesen vorausliegenden Menschenrechten aus, die sich aus der allen Menschen innewohnenden Würde des Menschen herleiten. So heben es beide UN-Menschenrechtspakete vom 19. Dezember 1966 in ihren Präambeln übereinstimmend hervor.[139]

So ist offenkundig, daß sich vertragliche Regelungen zwischen der Kirche und einem Staat, der dem westlich-abendländischen Rechtsbewußtsein angehört, zum Zweck eines friedlichen und freundschaftlichen Mit- und Nebeneinander im Rahmen einer auch vom Grundgesetz vorgesehenen vertraglichen Normenordnung auf Dauer nur dann verwirklichen lassen, wenn sowohl der Staat als auch die Kirche solche Freiheitsrechte anerkennen und diese dem Schutz durch unabhängige Gerichte anvertrauen. Diese (die unabhängigen Gerichte) sind nämlich der Boden, wo diese Rechte allein Wurzeln fassen und wo diese den Vollzug im Leben realisieren können. Im Bundesverfassungsgericht z.B. oder im Europäischen Gerichtshof ist ein solcher Wurzelboden vorgegeben.

b) Der prinzipielle Vorrang des staatlichen Rechts und die staatliche Grenzziehungsbefugnis bzw. -pflicht

Mit Beginn der Geltung des Grundgesetzes entstand die Diskussion über die Frage, inwieweit der Staat befugt sei, auch im Verhältnis zu den Kirchen rechtsverbindliche Normen zu bestimmen. Die zu Beginn der Geltung des Grundgesetzes in der verfassungsrechtlichen Diskussion vorherrschende Koordinationslehre betonte die Selbständigkeit der Kirchen unter dem Grundgesetz so stark, daß sie Staat und Kirche als gleichgeordnete souveräne Partner, als Träger ursprünglicher Hoheitsgewalt sah, die sich beide zugeordnet seien, ohne daß eine dieser Gewalten das Recht einseitiger Grenzziehung zukommen sollte.[140] Mit Rücksicht auf den Verfassungstext und traditionelle Methoden der Verfassungsinterpretation hat die Koordinationslehre heftigen Widerspruch vor allem durch Quaritsch erfahren.[141] Die Grenzziehungsbefugnis des Staates auch gegenüber der Kirche wird heute nicht mehr in Zweifel gezogen.[142]

---

[138] Vgl. Verdross / Simma, Universelles Völkerrecht, S. 658.

[139] Vgl. ebd.

[140] Vgl. dazu R. Smend, Staat und Kirche nach dem Bonner GG, in: ZevKR 1 (1951) 4ff.; BGHZ 34, 372f. = NJW 1961, 1116; BGHZ 46, 90ff. = NJW 1961, 2162).

[141] Vgl. Quaritsch, Kirchen und Staat, in: Der Staat 1 (1962), bes. 175ff., 289ff.

Steht nun die Grenzziehungsbefugnis des Staates in der verfassungsrechtlichen Diskussion heute außer Frage, so ist sie unter dem Grundgesetz doch rechtlich abstrakter Natur geblieben. Der Verfassungsgeber des Grundgesetzes hat nämlich durch seine im Grundgesetz niedergelegte positive Entscheidung der staatlichen Macht eine Grenze für Eingriffsmöglichkeiten in den Bereich der Kirchen gezogen. Denn durch die Garantie der Religions- und Bekenntnisfreiheit[143] und die Gewährung des kirchlichen Selbstbestimmungsrechtes[144] ist ein weiter Bereich freier Betätigung der Kirchen gegenüber dem Staat eingeräumt. Staatliche Eingriffe sind nur im Rahmen der Schrankenregelungen dieser Verfassungsgewährleistung möglich. Dabei wird dieser Rahmen von der Rechtsprechung sehr restriktiv ausgelegt. Der Rahmen der Grenzziehungsbefugnis des Staates unter dem Grundgesetz gegenüber den Kirchen ist folglich in der Auseinandersetzung über die Auslegung der positivrechtlichen Garantien der Kirchenfreiheit abgesteckt worden.[145] Die Überwindung der Koordinationslehre und die gewonnene Überzeugung einer Grenzziehungsbefugnis des Staates überholte auch die noch früher vertretene Auffassung, daß der Kirchenvertrag die „heute allein denkbare Grundlage für die Regelung des Verhältnisses von Kirche und

[142] So fand auf der Staatsrechtslehrertagung im Jahre 1967 in Frankfurt bei der Behandlung des Themas „Die Kirchen unter dem Grundgesetz“ die strenge Koordinationstheorie keine Anhänger mehr. Vgl. dazu die Dokumentation der wichtigsten Beiträge bei Quaritsch / H. Weber, Staat und Kirchen in der BRD. Staatskirchenrechtliche Aufsätze 1950 bis 1967, mit einer umfassenden Bibliographie, S. 444ff. Eine Reihe wichtiger Beiträge aus dieser Zeit gibt der Sammelband von P. Mikat (Hrsg.), Kirche und Staat in der neueren Entwicklung. Vgl. dazu auch die Reihe „Essener Gespräche zum Thema Staat und Kirche“ Bd. 1 bis Bd. 17 (1983); vgl. dazu auch Ch. Möck, Staat und Kirchen. Bibliographie zu ihrem rechtlichen Verhältnis in der BRD; H. Kästner, Die Entwicklung des Staatskirchenrechts von 1961 - 1978, in: JöR n.F. 27 (1978) 239ff. mit umfassender Literaturübersicht, S. 83, als Anschlußbericht zu K. Hesse, Die Entwicklung des Staatskirchenrechts seit 1945, in: JöR n.F. 10 (1961) 1ff.

[143] Art. 4 I; II GG.

[144] Art. 140 GG iVm Art. 137 Abs. 3 WRV.

[145] Zu verweisen ist hier auf die systematische Darstellung des Problems bei K. Hesse, Der Rechtsschutz durch staatliche Gerichte im kirchlichen Bereich. – Hesse wird in seiner Grundtendenz durch die nachfolgende Rechtsprechung bestätigt, so vor allem durch das „Schulgebetsurteil“ des HessStGH, ESVGH 16, 1 = NJW 1966, 31; das später vom BVerfG aufgehobene Urteil des BremStGH zum „Bremer Kirchenbeamtenfall“, NJW 1975, 635. Zu vgl. ist ferner das Konkordatsurteil BVerfGE 6, 309 = NJW 1957, 705; die Kirchensteuerurteile, insbesondere BVerfGE 19, 206 = NJW 1966, 147; BVerfGE 19, 226 = NJW 1966, 103; BVerfGE 19, 253 = NJW 1966, 150; BVerfGE 19, 268 = NJW 1966, 101; vgl. auch den Beschluß zur Teilung einer Kirchengemeinde, BVerfGE 18, 385 = NJW 1965, 961, wo die nachfolgende Rechtsprechung erkennbar wird. Zum Bremer Kirchenbeamtenfall BVerfGE 42, 312 = NJW 1976, 2123. – Aus der Rechtsprechung des 1. Senats die Entscheidung zur christlichen Gemeinschaftsschule in BVerfGE 41, 29 = NJW 1976, 947; BVerfGE 41, 65 = NJW 1976, 950; BVerfGE 41, 88 = NJW 1976, 952; zum Schulgebet BVerfGE 52, 223 = NJW 1980, 575. Zu der Weiterführung der Ansatzpunkte im Bremer Beamtenfall in BVerfGE 46, 73 = NJW 1978, 581. Zur staatskirchenrechtlichen Rechtsprechung des BVerfG vgl. A. Hollerbachs Berichte über die in den Bänden 1 - 20 der amtlichen Sammlung veröffentlichten Entscheidungen des BVerfG in: AöR 92 (1967) 99 - 127 und in den Bänden 21 (1967) bis 53 (1980) der amtlichen Sammlung veröffentlichten Entscheidungen des BVerfG in: AöR 106 (1982) 218ff.

Staat" sei.[146] Aber auch P. Mikat hat unterdessen klargestellt, daß es einen solchen Vorrang des Kirchenvertrages nicht gibt.[147] Die heute unstreitige Rechtsauffassung hinsichtlich der Grenzziehungsbefugnis bzw. des -gebotes des Staates ist in Übereinstimmung etwa mit Art. 50 der Hessischen Verfassung zu sehen: „Es ist Aufgabe *von Gesetz oder Vereinbarung*, die staatlichen und kirchlichen Bereiche gegeneinander abzugrenzen."

Das BVerfG hat den oben erwähnten Rahmen der Grenzziehungsbefugnis dadurch klargestellt, daß es die Art. 140 GG ins GG übernommenen Artikel der WRV als „vollgültiges Verfassungsrecht der Bundesrepublik Deutschland" und „gegenüber den Artikeln des GG nicht etwa auf einer Stufe minderen Ranges" stehend erklärte.[148] Das BVerfG ist damit allen Versuchen entgegengetreten, Art. 140 GG insofern zu relativieren, als man versuchte, ihn als „dilatorischen Formelkompromiß", als „Verlegenheitslösung" oder als „reine Übergangsbestimmung" zu charakterisieren. Sah sich das Bundesverfassungsgericht durch seine Entscheidung zunächst veranlaßt, die Relativierung von Art. 140 GG gegenüber einer weitgehend kirchenfreundlichen Auslegungsfreiheit abzublocken, so ist es damit aber auch laizistischen Tendenzen entgegengetreten. Diese versuchten, die auf Trennung von Staat und Kirche tendierenden Verfassungsaussagen zu absolutieren, um die Gewährleistung des GG zugunsten der Kirchen im Sinn von Durchbrechungen verfassungsrechtlicher Prinzipien möglichst eng auszulegen. Die Grenzziehungsbefugnis des Staates gegenüber den Kirchen verstärkt sich – im Blick auf den Grundsatz der Religionsneutralität des GG[149] – insofern zu einem Grenzziehungsgebot, als eine Identifikation dieses Staates mit einer Religionsgemeinschaft auszuschließen ist.[150] Dieses Gebot der Religionsneutralität kann jedoch nicht so isoliert gesehen werden, daß dem Staat jede Betätigung auf religiösem Gebiet verboten sei. Das Verfassungsgebot der Religionsneutralität ist vielmehr im Zusammenhang mit dem Auftrag der Freiheitsverwirklichung zu sehen. So ist das Neutralitätsgebot des GG zugleich ein „Verweis auf die Autonomie und Eigengesetzlichkeit der konkurrierenden Sachbereiche und auf das generelle Gebot der Verfassung zur Freiheitlichkeit".[151] Der Staat des GG steht deshalb einer Förderung von Religion und Religionsgemeinschaften nicht nur nicht im Wege, sondern ist vom Auftrag des GG her gehalten, den Freiheitsraum seiner Bürger mög-

[146] Vgl. P. Mikat, Das Verhältnis von Kirche und Staat in der BRD, S. 23.

[147] Vgl. P. Mikat, in: Benda / Maihofer / Vogel (Hrsg.), Hdb. des Verfassungsrechtes, S. 1086. Eine Darstellung dieses Entwicklungsprozesses ist zu finden bei H. Weber in JuS 1967, 433ff.; ders., Grundprobleme des Staatskirchenrechtes; H. Weber, Staat und Kirche unter dem Grundgesetz, in: H. W. Brockmann (Hrsg.), Kirche und moderne Gesellschaft, S. 84ff.; ders., Gelöste und ungelöste Probleme des Staatskirchenrechtes, in: NJW 5 (1983) 2541ff.

[148] Vgl. BVerfGE 19, 206, bes. 219 = NJW 1966, 147.

[149] Vgl. dazu K. Schlaich, Neutralität als verfassungsrechtliches Problem.

[150] Vgl. dazu H. Krüger. Allgemeine Staatslehre, S. 178ff.

[151] Vgl. K. Schlaich, S. 262.

lichst effektiv zu verwirklichen. Dieses Verfassungsgebot verlangt allerdings eine strikte Gleichbehandlung allen Weltanschauungs- bzw. Religionsgemeinschaften gegenüber ohne Rücksicht auf deren Inhalt und deren religöses Bekenntnis.[152]

Da das GG in bezug auf das Staatskirchenrecht nur eine Rahmenregelung enthält, liegt die gesetzliche und vertragliche Grenzziehungsbefugnis für dieses Rechtsgebiet bei den Ländern, ausgenommen die Sachgebiete, die durch Natur der Sache oder Annex – wie etwa die Militärseelsorge – der Sachkompetenz des Bundes unterstehen. So gilt für die Fragen des Staatskirchenrechts das gleiche Verhältnis von bundes- und landesrechtlicher Regelungen wie in den anderen Bereichen staatlichen Rechts.

c) Die Forderung des Grundgesetzes nach Anerkennung eines eigenen Staatsethos

Die Frage nach der Grenzziehungsbefugnis bzw. dem Grenzziehungsgebot des Staates gegenüber den Kirchen ist eng verbunden mit der weiteren Frage nach dem Ethos des Staates unter dem GG.

Auch der weltanschaulich neutrale Staat des GG, der den Grundrechtskatalog der Staatsorganisation voranstellt, sieht sich damit von seinem Verfassungsverständnis und -gebot her der Aufgabe gegenüber, über die bloße Staatsorganisation hinauszugehen und ein eigenes Staatsethos zu vertreten, das im Staatswesen bzw. im Wesen der staatlichen Gemeinschaft als solcher liegt. Das GG sieht dieses Ethos verwirklicht – bzw. hat diese Verwirklichung der Staatsgewalt aufgegeben – in der Entscheidung für die demokratischen Verfahrensformen, für eine möglichst effektive Verwirklichung des Freiheitsraumes und der Toleranz seiner Bürger und in seiner grundlegenden Achtung vor der Würde eines jeden Menschen und den Rechten des einzelnen Bürgers.

Ist nun sicher richtig, „daß zu jedem gedeihlichen Zusammenleben in einer politisch vereinten und organisatorischen Gesellschaft ein weitgehender Konsens über Grundwerte gehört“, so stellt sich aber auch die Frage, „woher der Staat eigentlich die Grundwerte bezieht, auf denen er ruht und die seine Funktionsfähigkeit gewährleisten.“[153] Bei der Beantwortung dieser Frage ist es angesichts des Verfassungsauftrages des GG jedoch unmöglich, dem freiheitlichen, weltanschaulich neutralen und demokratischen Staat des GG die Fähigkeit – so H. Schmidt – abzusprechen, Grundwerte – das ist

[152] Vgl. dazu ebd.

[153] Vgl. dazu das Grundwerte-Referat des ehemaligen Bundeskanzlers H. Schmidt vor der Katholischen Akademie in Hamburg vom 23.5.1976, abgedruckt in G. Gorschenek, Grundwerte in Staat und Gesellschaft, S. 13ff.; vgl. dazu ebenfalls die Auseinandersetzung bei den 11. Essener Gesprächen; dazu auch J. Isensee in NJW 1977 mit zahlreichen Nachweisen.

für H. Schmidt „lebendig gelebte sittliche Grundauffassung“ – in ihrer positiven Geltung gleichsam verfassungsimmanent zu entwickeln. Der demokratische Staat des GG mit seinem Grundrechtskatalog lebt zwar „von ihm vorgegebenen Werten und Werthaltungen“. Durch das GG mit seinem Grundrechtskatalog hat er sich diese jedoch zu eigen gemacht aufgrund der Überzeugung, seinen staatlichen Auftrag im Dienst der Bürger so am effektivsten verwirklichen zu können. Dadurch ist dem Staat auch – im Gegensatz zur Meinung von H. Schmidt – die Kompetenz zuzusprechen, Grundüberzeugungen und Ethos zu erzwingen.

Die Alternative wäre – diese vertritt H. Schmidt – die, die Grundwerte nicht im Staat und seiner Verfassung, sondern in der „Gesellschaft“ zu suchen. Danach „kommt den Kirchen für die Bewahrung und die Bildung von ethischen Grundüberzeugungen eine besondere Bedeutung zu“. Sie haben nach H. Schmidt „für die Vermittlung und das Lebendighalten der Grundwerte und sittlicher Grundhaltungen keine ausschließliche, wohl aber eine tragende Funktion“. Dadurch leisten sie „für den einzelnen, aber auch für die Gesellschaft und für den Staat einen wesentlichen Dienst. Nicht durch eilfertiges Zu-Dienste-Sein gegenüber Staat und Gesellschaft, sondern nur, wenn sie ihren eigentlichen Auftrag unverkürzt wahrnehmen – nämlich Verkündigung der Glaubensbotschaft und dessen, was sich aus ihr für den einzelnen und für die Welt ergibt.“

Die Thesen H. Schmidts sind sicher insofern richtig, daß das Ethos des Staates unter dem Grundgesetz – als Folge seiner ihm durch die Verfassung auferlegten religiösen und weltanschaulichen Neutralität – rein innerstaatliches Ethos bleiben muß. Dabei ist es sicher auch richtig – insofern ist H. Schmidt zuzustimmen –, daß dieses Ethos seiner Ergänzung durch die Rückbindung an transzendente Bezüge des religiösen Menschen fähig ist.

Die Anerkennung dieser Ergänzungsfähigkeit kann jedoch keinen Verzicht des Staates unter dem GG bedeuten, ethische Grundlagen aus eigenem Recht zu entwickeln. Die Konsequenz eines solchen Verzichtes trüge nämlich die Gefahr in sich, „daß der Staat – oder präziser: die ihn repräsentierenden Politiker – sich bei der Aufgabe, ein solches Ethos im Dienste des Staates zu entwickeln oder vorzuleben, vorschnell entziehen“.[154] Sie überließen die auch für den Staat notwendige Entwicklung ethischer Grundlagen allzu bequem den Kräften der Gesellschaft, an ihrer Spitze den Kirchen. Diese würden damit – etwas salopp formuliert – zu „beliehenen Unternehmen für Sinngebung“.[155] Für die Politiker bestünde die Gefahr, daß sie ihren Staatsdienst zu einem Dienst einer gesellschaftlich relevanten Gemeinschaft pervertieren.

---

[154] H. Weber, Gelöste und ungelöste Probleme des Staatskirchenrechts, in: NJW 1983, 2545.

[155] Vgl. ebd., 2545.

d) Der Auftrag zur Verwirklichung der Freiheitsrechte im besonderen

Das in der historischen Freiheitsproklamation zum Ausdruck gekommene Ethos hat im GG im Anschluß an das Freiheitsverständnis des 20. Jh. eine grundlegende Wandlung erfahren. Läßt sich die Entwicklung als Ausweitung von einem Verständis der Freiheit als Recht der individuellen Persönlichkeit zur Freiheit der menschlichen Gesellschaft kennzeichnen[156] und tritt parallel dazu neben die Freiheitsrechte als Abwehrrechte das Freiheitsverständnis als politisches Recht einer Mitwirkung im Staat,[157] so konnte dieses Freiheitsbewußtsein grundlegend für das GG werden. Dadurch wurde der Gesetzgeber in viel größerem Maße zur Ausprägung der Freiheit berufen.[158] Der Verfassungsauftrag des Gesetzgebers sollte danach nicht nur negativ Freiheit beschränken oder aufheben können, sondern durch seine positiven Regelungen den Raum schaffen, der die Verwirklichung der Freiheitsrechte überhaupt erlaubt. Die Freiheitsrechte im Verfassungsverständnis des GG müssen in ihrem Charakter als Grundrechte zugleich als konstitutive Elemente des Staates verstanden werden.[159] Sie sind Grundsätze der gesamten Rechtsordnung. Sie sind wesentlich in ihrem Bezug zur Würde des Menschen zu sehen und als institutionelle Garantien zu verstehen.[160]

Die Konsequenz daraus ist, daß die Freiheitsrechte wie alle Grundrechte sich an alle staatlichen Organe richten und als von Verfassungs wegen gebotene „Leitgrundsätze" für die Legislative, Judikative und Exekutive anzusehen sind.[161] Für die vorliegende Arbeit ist wichtig festzustellen, daß sie als Grundsätze für Judikative, Legislative und besonders auch Exekutive i.S. eines Verfassungsgebotes zu sehen sind, die Freiheit in ihrem weitesten Sinne zu schützen und zu verwirklichen.[162] Dieser positive Freiheitsauftrag folgt im Verständnis des GG nicht nur aus den Freiheitsrechten mit speziellem Freiheitsgehalt, sondern aus allen Freiheitsrechten.[163]

Der Gesetzgeber und die Exekutive haben im Hinblick auf eine umfassende Gewährleistung der Freiheitssphäre eine positive Funktion.[164] Sie

---

[156] Vgl. dazu W. Kägi, Persönliche Freiheit, Demokratie und Föderalismus, in: Die Freiheit des Bürgers im schweizerischen Recht, bes. S. 53, 66.

[157] Zum Thema des „Status der aktiven Zivilität" vgl. G. Jellinek, System der subjektiven öffentlichen Rechte, S. 136ff.

[158] Vgl. dazu W. Schaumann, Der Auftrag des Gesetzgebers zur Verwirklichung der Freiheitsrechte, in: JZ 25 (1970) 48ff., bes. 49.

[159] Vgl. dazu P. Saladin, Die Funktion der Grundrechte in einer revidierten Verfassung, in: ZSR 1968 I, bes. 531, 539ff.

[160] Für die Anfänge eines solchen Grundrechtsverständnisses in der Weimarer Zeit vgl. W. Leisner, Grundrechte und Privatrecht, S. 90ff.

[161] Vgl. dazu P. Lerche, Übermaß und Verfassungsrecht, bes. S. 62.

[162] Vgl. dazu R. Bäumlin, Recht, Staat und Geschichte, S. 31.

[163] Vgl. dazu P. Lerche, Übermaß und Verfassungsrecht, S. 63f., 265ff.

[164] Vgl. P. Saladin, Die Funktion der Grundrechte in einer revidierten Fassung, S. 558ff.

sind nämlich so an das Ziel der Freiheitsrechte gebunden, daß sie dadurch die Freiheitsräume defensiv beachten und offensiv neu eröffnen, so daß die Verwirklichung der Freiheit möglich bleibt. Denn der Auftrag der Verfassung für Gesetzgeber und Verwaltung ist die Verwirklichung der größtmöglichen Freiheit für alle.

Dabei wird man zwar den Verfassungsauftrag aus den Freiheitsrechten für die einzelnen Freiheitsbereiche unterschiedlich beurteilen und entsprechend der Formulierung der einzelnen Rechte auslegen müssen. Das bedeutet aber, daß jedes Grund- und Freiheitsrecht über die Gesetzgebung und die Exekutive verwirklicht wird. Dabei sind diesen im Hinblick auf das jeweilige Grund- oder Freiheitsrecht die entsprechenden Schranken gezogen. Deshalb behält das Eingriffs- und Schrankendenken, dem vor allem von Häberle der Kampf angesagt wird,[165] bei der Verwirklichung der Freiheitsrechte durch Legislative und Exekutive seine Bedeutung.[166] Nur so bleibt formell der Vorrang der Verfassung garantiert, wobei gleichzeitig verhindert wird, daß materiell-rechtlich die Freiheitsrechte in einem einseitig institutionellen Grundrechtsdenken verstanden werden, wie das U. Scheuner in seinem Gutachten zu den Rechtsfolgen einer konkordatsrechtlichen Beanstandung tut. Denn damit würden die Grundrechte zu reinen Sozialfaktoren in der Hand des Gesetzgebers und der Verwaltung degradiert und ihrer vertikalen Funktion als Abwehrrechte gegen die Staatsgewalt, was sie ursprünglich sein wollen, beraubt. Die „Bindung und Begrenzung im Bereich grundrechtlicher Freiheit" wird sich dabei mehr oder weniger „über die Fälle konkretisierter, unter vielerlei Gesichtspunkten gestufter Gesetzesvorbehalte"[167] vollziehen. In welchem Maße das sein wird, wird allerdings letztlich vom Grad des Vertrauens oder Mißtrauens gegenüber dem jeweiligen Gesetzgeber abhängen.

Auf jeden Fall wird aber der Gesetzgeber an die formellen und materiellen Schranken der Verfassung gebunden bleiben. Denn nur diese Bindung ist die Voraussetzung für jede Grundrechtsverwirklichung durch sowohl die Legislative als auch Exekutive. Ansonsten wäre der Totalitätsanspruch eines Wohlfahrts- und Fürsorgedenkens, das einseitig Sozialfaktoren beachtet, nicht nur Gefahr, sondern Wirklichkeit. Dagegen wird die Grenze

---

[165] Vgl. P. Häberle, Wesensgehaltsgarantie des Art. 19 Abs. 2 GG, bes. S. 222ff.

[166] Vgl. dazu W. Knies, Schranke der Kunstfreiheit als verfassungsrechtliches Problem, bes. S. 33. Für die Gegenposition neben P. Häberle u. a. H. Huber, Die Garantie der institutionellen Freiheitsrechte, in: ZSR 1936, bes. S. 120ff.; H. Ehmke, Prinzipien der Verfassungsinterpretation, in: VVDStRL 20 (1963), bes. 82ff., beide insbesondere auch in der Stellungnahme gegen eine allgemeine Freiheit, wie sie heute vor allem vom BVerfG (BVerfGE 17, 306, 313f. = JZ 1964, 555f.; 20, 150, 159 = JZ 1966, 609, 610) im Sinne einer Freiheit von staatlichen Eingriffen ohne gesetzliche Grundlage vertreten wird.

[167] Vgl. W. Knies, Schranke der Kunstfreiheit als verfassungsrechtliches Problem, S. 49; W. Schaumann, Freiheitsrechte und Vorbehalt des Gesetzes im Bonner Grundgesetz, bes. S. 491, 495; D. Jesch, Gesetz und Verwaltung, S. 31ff.

gesetzt durch den „Wesensgehalt“ oder den „Kern“ eines jeden Grundrechtes. Mögen diese Metaphern insofern bedenklich sein, als hierbei weniger der Auftrag einer extensiven Grundrechtsverwirklichung durch die Legislative und Exekutive zum Ausdruck kommt, was deren eigentlicher Verfassungsauftrag ist. Diese Metaphern stellen jedoch klar, falls Legislative und Exekutive diesem Auftrag nicht nachkommen, daß das einzelne Freiheitsrecht eine Abwehrfunktion hat, falls Legislative oder Exekutive einen Angriff auf dieses richten.

Dieser Zusammenhang läßt sich so schildern: „Die Gesetzgebung muß in die Freiheit eingebettet bleiben; es genügt nicht, daß die Freiheit in die Gesetzgebung eingebettet wird.“[168] Anzumerken ist im Blick auf die vorliegende Arbeit nur, daß der offensive Eintritt für den Freiheitsraum des Bürgers seitens des Gesetzgebers durch die Exekutive vollzogen werden muß.

2. Die Fortgeltung des Kirchenvertragsrechts unter dem Grundgesetz

a) Das Kirchenvertragsrecht als Teil der verfassungsrechtlichen, d.h. staatlichen Rechtsordnung

Mit dem oben Ausgeführten sollte klargestellt werden, daß der Staat allein Herr der weltlichen Rechtsordnung ist. Vom Verfassungsauftrag des GG her ist es ihm geboten, seine Eigenständigkeit unvermischt zu bewahren. Danach stehen sich der religiös neutrale Staat und die Kirche als getrennte Rechtspersönlichkeiten gegenüber. Beide beanspruchen für sich eigene Rechtsmacht und gegenüber einander eine unabhängige Rechtsordnung. Vom Grundgesetz her ist der Staat gehalten, die Unabhängigkeit der Kirche zu respektieren,[169] da die Aufgaben der Kirche mit ihren spezifisch religiösen Aufgabengebieten außerhalb der staatlichen Zuständigkeit liegen.

Eine Berührung beider Rechtsbereiche ist jedoch wesentlich dadurch gegeben, daß ihre Glieder – wenigstens in der Bundesrepublik Deutschland – weitgehend identisch sind. So treffen sich beide Rechtsbereiche in ihren Rechtsgenossen als deren Träger. Es eröffnet sich damit die Frage nach der Lösung des „res mixtae“. Seit der Französischen Revolution ist deutlich geworden, daß sich Staat und Kirche eigenständig gegenüberstehen. Das heißt, daß man sich der Gefahr bewußt wurde, die dann entsteht, wenn sich der Staat entweder in die inneren Bereiche der Kirche einmischt oder andererseits sich durch allzu große Selbstaufgabe zum „advocatus Ecclesiae“

---

[168] Vgl. W. Schaumann, Der Auftrag des Gesetzgebers zur Verwirklichung der Freiheitsrechte, S. 54.

[169] Art. 140 GG iVm Art. 137 Abs. 3 WRV.

macht. Von seinem Selbstverständnis her mußte sich der pluralistische moderne Staat für religiöse und kirchliche Fragen unzuständig erklären.

Dies bedeutet jedoch nicht, daß religiöse und weltanschauliche Fragen nicht von „öffentlichem Interesse seien".[170] Von öffentlichem Interesse sind die religiösen und weltanschaulichen Fragen für den Staat immer insofern, als er aufgrund der weitgehenden Identität der Rechtsgenossen in beiden Rechtsbereichen daran interessiert sein muß, Spannungen und Streitigkeiten zwischen Verfassungsgebot und Verfassungsleben einerseits und religiöser Überzeugung andererseits zu vermeiden. Aufgrund des pluralistischen Charakters der modernen Gesellschaft ist es aber unmöglich, beide Bereiche zur Deckung zu bringen. Der für das Gemeinwohl allzuständige Staat, der über die Kompetenz einseitiger Rechtssetzungen verfügt, könnte die im pluralen Staat unvermeidlichen Reibungen dadurch lösen, daß er Unterwerfung verlangt. Der von Verfassungs wegen zur Freiheitsverteidigung aufgeforderte Staat kann diese Lösung ohne inneren Widerspruch mit sich jedoch dann nicht suchen, will er sich nicht mit sich in Widerspruch setzen. In den kritischen Rechtsbereichen – entsprechend seiner eigenen freiheitlichen Verfassungs- und Rechtsordnung – muß er vielmehr eine kooperative Lösung anstreben. Eine solche Lösung bietet das Staatskirchenvertragsrecht an. Sein Charakteristikum besteht darin, daß der Staat, der die Kompetenz zu einseitiger Rechtsetzung besitzt, davon keinen Gebrauch macht. Er versucht vielmehr, kooperativ in der Form des Vertrages mit den Betroffenen Regelungen bezüglich des anstehenden Rechtsbereichs zu treffen. Diese Regelungen bedürfen aber der moralischen Legitimation und werden deshalb entsprechend der vom Grundgesetz vorgesehenen Verfahren als Gesetze verabschiedet und verkündet. Ihr Vollzug wird damit verpflichtend. Aber diese Regelungen werden getroffen „im Bewußtsein der gemeinsamen Verantwortung", „geleitet von dem Wunsche, das freundschaftliche Verhältnis zwischen Land und Landeskirchen zu festigen und zu fördern", und dies unter Beachtung der „freiheitlichen Ordnung des Verhältnisses von Staat und Kirche".[171]

Die Staatskirchenverträge regeln folglich diejenigen Bereiche, wo sich kirchliche und staatliche Interessen überschneiden. Diese sind seit der Säkularisation vielfältig und in den Konkordaten seit dem 19. Jh. fast konstant dieselben. Dabei nehmen die Schul- und Bildungsfragen den wichtigsten Platz ein. So lassen die vertraglichen Abmachungen auch auf seiten des Staates ein besonderes Interesse an dem Ausbildungsniveau der Religionslehrer und der Geistlichen deutlich werden. Darum nehmen auch die Hoch-

---

[170] Vgl. zum Begriff „öffentlich" in diesem Sinne A. Hollerbach, Kirchen unter dem GG, S. 85f.

[171] Vgl. Präambel zum Loccumer Vertrag, abgedruckt bei W. Weber, Die deutschen Konkordate und Kirchenverträge, Bd. I, S. 212ff.

schulen und die theologischen Fakultäten einen zentralen Platz in den Abmachungen zwischen Staat und Kirche ein.

Wesen und Zielrichtung des Vertragskirchenrechts ist es deshalb, daß es – für den staatlichen Bereich gesprochen – das Verfassungsleben unter Beachtung des Rahmens der Verfassung auf den fremden Rechtsbereich abstimmt, um für eventuelle Gegensätze einen Ausgleich bzw. Wege für einen solchen zu finden. Das Bemühen um dieses abgewogene Verständnis kann man als Grundlage des Verhältnisses zwischen pluralem Staat und Kirche ansehen. So zielt die vertragliche Regelung des Verhältnisses zwischen Staat und Kirche auf Befriedigung und Vermeidung von Konfrontation. Zugleich führt sie aber auch zur Festschreibung und Bindung.

Gegenüber veränderten gesellschaftlichen Verhältnissen und einer veränderten Verfassungswirklichkeit stellt sich deshalb immer wieder die Frage nach der Souveränität des Verfassungs- und Gesetzgebers. Mit dem Vertragsschluß hat sich der staatliche Verfassungs- und Gesetzgeber nicht seiner Entscheidungsfreiheit hinsichtlich seiner Gesetzeskompetenz begeben. Aber der Verfassungsgeber hat durch Art. 123 Abs. 2 GG seine Vertragsbindung anerkannt. Der Gesetzgeber sieht sich dadurch in seiner legislatorischen Fähigkeit gebunden. Außerdem ist es heute unbezweifelte Selbstverständlichkeit des Völker- und Kirchenvertragsrechts, daß sich der Staat nicht einseitig durch einseitige Erklärung lösen darf, es sei denn von dem seltenen Fall eines äußeren Widerspruchs zum Staatswohl. Dabei kann der Staat aufgrund seiner souveränen Gesetzeskompetenz jederzeit Gesetze erlassen, die den Verträgen widersprechen. Für das zum innerstaatlichen Gesetz transformierte Vertragsrecht gilt ebenfalls der Grundsatz „lex posterior derogat legi anteriori“, wenn auch in diesem Fall die „lex posterior“ nicht fähig ist, den Vertrag aufzuheben. Sie verletzt ihn jedoch.

Das Vertragsrecht überprüft folglich das Maß des gesetzlichen Könnens am Maß des gesetzlichen Dürfens und Müssens. Doch ist beiden Vertragspartnern erlaubt zu überprüfen, ob die Rechtspflicht gerechtfertigt und zumutbar zu erfüllen ist. Aufgrund dieser Erkenntnis enthalten alle unter dem Grundgesetz geltenden Staatskirchenverträge eine dem Art. 35 Abs. 2 RK entsprechende „Freundschaftsklausel“,[172] worin sich die Vertragspartner verpflichten, „im gemeinsamen Einvernehmen eine freundschaftliche Lösung herbeizuführen“, falls „sich in Zukunft wegen der Auslegung oder Anwendung einer Bestimmung dieses Konkordates irgendeine Meinungsverschiedenheit“ ergibt. Die Frage, ob der Staatskirchenvertrag zum „concordatum“ oder zur „mater rixarum“ wird, hängt von der Bereitschaft beider Parteien ab, der Gesetzeskompetenz im Blick auf den Verfassungsauftrag des jeweiligen Partners nicht im Wege zu stehen.

[172] Darauf wird noch unten zurückzukommen sein.

b) Das Kirchenvertragsrecht in der veränderten konkreten Verfassungsordnung

Die voraufgehenden Überlegungen zielten letztlich auf eine Beantwortung der Frage nach dem Verhältnis von Vertragsrecht und verfassungsgebender Gewalt.[173] Mit A. Hollerbach ist hier eine sehr differenzierte Sicht geboten.[174] Danach kann weder die Gesetzgebungskompetenz des Staates noch die Verfassungsgewalt als so weitgehend gesehen werden, daß sie über die Eigenexistenz der Kirche verfügen. Wollte dies der Staat oder die verfassungsgebende Gewalt dennoch tun, dann könnten sie dies nur „um den Preis der totalitären Perversion seines weltlichen Wesens".[175] Soweit sich der Staat durch Vertrag mit den Kirchen selbst in seiner Allzuständigkeit begrenzt – im Blick auf das konfessionell gebundene Staatsamt geht es um Verzicht auf die Personalhoheit[176] –, ist dieser Verzicht auch für die verfassungsgebende Gewalt grundsätzlich einseitig nicht revidierbar. Solche Verträge geben deshalb der konkreten Verfassung wesentliche Gestalt und charakteristische Züge im Verfassungsleben. Die zum positiven Gesetz transformierten Verträge gestalten das Grundgesetz als Staatsverfassung konkret aus. Insofern sind die Verträge zwischen Staat und Kirche wie völkerrechtliche Verträge abhängig von der vorgegebenen verfassungsrechtlichen Grundlage. Tritt diese – aus welchen Gründen auch immer – etwa durch revolutionären Umsturz oder eine „debellatio"[177] und die in der Folge zu leistende Schaffung einer neuen Verfassung durch die verfassungsgebende Gewalt außer Kraft, so bleibt mit der Entscheidung über die grundlegenden Rechtsgüter und über die Ausgestaltung des Staates im Verfassungsleben das Verhältnis Staat-Kirche nicht unberührt. Sieht man die Staatskirchenverträge in diesem engen Zusammenhang mit der Verfassung und bedingt von dieser, so stehen die Staatskirchenverträge bei Verlust der Geltung der Verfassung der verfassungsgebenden Gewalt zur Disposition.[178]

Nach der herrschenden dualistischen Theorie[179] wird ein Staatskirchenvertrag ebenso wie ein völkerrechtlicher Vertrag erst durch die nach innerstaatlichem Recht vorgesehene Transformation als innerstaatliches Gesetzesrecht wirksam. Bleibt die Identität des staatlichen Vertragspartners erhalten, so kann die Gesetzeskompetenz des Staates nur das transformierte

[173] Dies ist das grundlegende Problem im Bereich des Staatskirchenrechts und des Themas der vorliegenden Arbeit.

[174] Vgl. A. Hollerbach, Verträge zwischen Staat und Kirche, S. 162f.

[175] Vgl. ebd., S. 168.

[176] Vgl. dazu H. Wolff, Verwaltungsrecht, Bd. II, bes. § 109 IIa. – Verdross / Simma, VR, S. 203; H. Quaritsch, Hans Küng, Tübingen und das Reichskonkordat, S. 86.

[177] Vgl. dazu Verdross / Simma, VR, S. 203, 483.

[178] Vgl. dazu die Auseinandersetzung zwischen W. Weber und U. Scheuner, in: Der Konkordatsprozeß, IV, S. 1397, 1404f., 1413, 1409.

[179] Vgl. dazu A. Hollerbach, Verträge, S. 152ff., mit der dort besprochenen Literatur.

Vertragsrecht berühren. Eine innerstaatliche „lex posterior" kann nach Völkerrecht nicht ipso facto die Rechtsgültigkeit des Vertrages als solche berühren.[180] Der vertragsrechtliche Grundsatz der Fortgeltung des Rechts kann nur durch die staatliche Neuwerdung und die damit gegebene Neugestaltung der staatlichen Verfassung und der dadurch weggefallenen Übereinstimmung von Vertragsrecht und Verfassungsrecht aufgehoben werden. Dabei „darf die innere Abhängigkeit von Verfassung und Vertragsverhältnis und dessen Zuordnung zum staatlichen Rechtsquellenbereich nicht so verstanden werden, als ob es sich um ein reines In-sich-Verhältnis handelte, bei dem die Tatsache der vertragsförmigen Begründung der staatlich-kirchlichen Normenordnung außer acht gelassen werden dürfte. Es ist deshalb zu fordern, daß die juristische Instanz, welche die verfassungsgebende Gewalt des Volkes repräsentiert, in einem förmlichen Akt – nicht nur einfach durch Setzung übereinstimmenden oder widersprechenden Rechts – dazu Stellung nimmt, ob sie das Vertragsrecht aufrechterhalten und damit neu demokratisch legitimieren oder ob sie es lösen wird. Darauf hat der kirchliche Partner Anspruch, denn er tritt auch dem Verfassungsgeber mit rechtlicher Eigenexistenz gegenüber, deren Achtung er erheischt. Nur dieses Postulat der Offenheit des Verfahrens ist auch dem demokratischen Prinzip angemessen."[181]

Das dabei verspürte „tiefe Unbehagen"[182] rührt von der Spannung her, die im Verhältnis zwischen der stabilisierenden Funktion des Rechts und der notwendigen Offenheit für ein fortschreitendes und fortgeschrittenes Rechtsbewußtsein liegt. Das fortschreitende Rechtsbewußtsein verlangt immer wieder die politisch-rechtliche Neugestaltung des Gemeinwesens. Das nach dem 2. Weltkrieg gewonnene Rechtsbewußtsein erlaubte dem Verfassungsgeber nicht mehr, das Grundgesetz entsprechend dem der Weimarer Reichsverfassung zugrundeliegenden Rechtsbewußtsein zu konzipieren. Es verlangte eine ganz andere Stellung und Beachtung der Grund- und Menschenrechte im Verfassungssystem und im Blick auf die Legislative, Exekutive und Judikative. Will man nun das fortgeschrittene Rechtsbewußtsein nicht unterdrücken und dem Recht allgemein eine rückschrittliche Funktion zuweisen, dann muß es selbstverständlich sein, dem Verfassungsgeber für die Neugestaltung des Gemeinwesens eine einseitige, d.h. vom Vertragspartner – hier der Kirche – unabhängige Verfügungsbefugnis zuzugestehen. Dabei wird der Verfassungsgeber darauf bedacht sein, der Verfassung eine integrative Kraft zu verschaffen. Bei der Neugestaltung der politischen Ordnung wird sich der Verfassungsgeber – dies haben die Väter des

---

180 Dies wäre allerdings für eine strenge Transformationslehre konsequent; vgl. zu diesem Problem E. Kaufmann, Normenkontrollverfahren; H. Mosler, Das VR in der Praxis der deutschen Gerichte, S. 13 - 18.

181 Vgl. A. Hollerbach, Verträge, S. 169f.

182 Vgl. ebd., S. 170.

Grundgesetzes versucht[183] – darum bemühen, mit gesellschaftlich bedeutsamen Gemeinschaften, wie es die Kirchen sind, einen Ausgleich und die Grundlage für ein möglichst konfliktfreies Miteinander zu finden. Ob angesichts eines Rechtsbewußtseins, das sich den Grund- und Menschenrechten verpflichtet weiß, die Alternative für den Verfassungsgeber nur heißen kann „Einigung oder Kulturkampf"[184], soll hier bezweifelt werden. Die Ebene, auf der diese Alternative überwunden wird, soll hier in den überpositiven und vorstaatlichen Grund- und Menschenrechten gesehen werden, deren Anerkennung – dies soll die These dieser Arbeit sein – dem Verfassungs- und Gesetzgeber, aber auch die vollziehende Gewalt dem kirchlichen Vertragspartner kompromißlos zumuten kann und muß.

[183] Etwa durch Art. 123 Abs. 2 GG und Art. 140 GG iVm Art. 136, 137, 138, 139 und 141 WRV.

[184] So K. Hesse, Rechtsschutz, wie schon mehrmals zitiert, und A. Hollerbach, Verträge, S. 170.

Dritter Teil

Der Bereich der beamtenrechtlichen Fürsorgepflicht

I. Die Theologischen Fakultäten und der Universitätstheologe als Staatsbeamter

1. Die Theologischen Fakultäten im Gefüge des Staatsrechts

a) Der Kultur- und Wissenschaftsauftrag des Staates

Durch den Kampf der Kirchen gegen den Nationalsozialismus war diesen nach dem 2. Weltkrieg ein „unabdingbarer Anspruch"[1] erwachsen, unbeschränkt frei und rechtlich geschützt über den rein innerkirchlichen Bereich hinaus in das gesamte bürgerliche, politische, soziale und kulturelle Leben im Sinne christlicher Grundsätze Einfluß zu nehmen.

Dieser Öffentlichkeitsanspruch hat in verschiedenen Landesverfassungen und in der staatlichen Gesetzgebung dadurch Anerkennung erlangt, daß der Staat in der christlichen Tradition seinen kulturstaatlichen Charakter und seine kulturstaatliche Verantwortung verwurzelt sieht. Die Kirche und die Religionsgemeinschaften werden als Träger des sittlichen Lebens des Volkes angesprochen. So heißt es z.B. in Art. 4 der Verfassung von Baden-Württemberg: „Ihre (der Kirche und Religionsgemeinschaften) Bedeutung für die Bewahrung und Festigung der religiösen und sittlichen Grundlagen des menschlichen Lebens wird anerkannt."[2] Die Kirchen werden als unmittelbar verantwortlich bei der Erziehung der Jugend[3] und als Bildungsträger[4] geachtet. Eine Reihe von Landesverfassungen erkennen ihre Schulen, Krankenhäuser und sonstigen sozialen Einrichtungen als gemeinnützig[5] an und garantieren ihr karitatives Wirken[6], worin die Familienpflege und Wohnungsfürsorge miteingeschlossen ist.[7] Durch die kirchliche Mitarbeit im staatlichen bzw. gesellschaftlichen Bereich, wie im Rundfunk und Fernsehen, durch ihre Vertretung in Ausschüssen und Beiräten des Schul-, Erzie-

---

[1] Vgl. dazu R. Smend, Staat und Kirche nach dem Bonner Grundgesetz, in: ZevKR 1 (1951) 10.

[2] Vgl. dazu auch Verf. NRW Art. 29; Verf. RhPf. Art. 41 Abs. 1.

[3] Vgl. Verf. Bay. Art. 127; Verf. NRW Art. 6 Abs. 3; Verf. RhPf. Art. 26.

[4] Vgl. Verf. Bay. Art. 133; Verf. RhPf. Art. 28.

[5] So z.B. Verf. Br. Art. 63; Verf. RhPf. Art. 46.

[6] Vgl. Verf. BW Art. 6.

[7] Vgl. Verf. NRW Art. 6 Abs. 3.

hungs- und Wohlfahrtswesens kommt den Kirchen wesentlicher Anteil an der Gestaltung der öffentlichen Ordnung zu. Sie werden dadurch mitverantwortlich an dem Gesamtschicksal des politischen Gemeinwesens und der Gesellschaft.[8]

Bei den Verfassungs- und Gesetzgebern der Zeit nach dem 2. Weltkrieg ist klar die Tendenz erkennbar, in Achtung vor der geschichtlichen Entwicklung und der moralischen und sozialen Bedeutung der Kirchen, die diese für das öffentliche Leben des Volkes besaßen, diesen die größtmögliche Freiheit des Wirkens in der Öffentlichkeit zu sichern und ihre öffentlich-rechtliche Stellung in vollem Umfang zu erhalten.

Diese Tendenz lag auch in bezug auf die intendierten staatskirchenrechtlichen Regelungen bei der Abfassung des Grundgesetzes vor. So kam beim Bemühen um eine staatskirchenrechtliche Neuordnung im Hauptausschuß des Parlamentarischen Rates ausdrücklich zur Sprache, daß sich das Gemeinschaftsleben in Deutschland historisch und kulturell von der christlichen Tradition nicht lösen lasse. Es gab deshalb Bestrebungen, auch im Grundgesetz für das Verhältnis zwischen Staat und Kirche eine einheitliche Regelung zu finden.[9] Eine Lösung fand der Parlamentarische Rat dadurch, daß die entsprechenden Bestimmungen der WRV in das Grundgesetz aufgenommen wurden.

Danach ist der Staat entsprechend Art. 137 Abs. 5 und Abs. 7 WRV grds. frei von der Kirche. Er ist religiös neutral, d.h. allen Religionsgesellschaften und Weltanschauungsvereinen gegenüber in einem Sinne paritätisch, daß eine Differenzierung nur nach der Bedeutung der Religionsgesellschaften für den Bereich des öffentlichen Lebens möglich ist.

Zugleich ist aber auch die Kirche frei vom Staat. Diese Freiheit bedeutet keine radikale Trennung in dem Sinne, daß die Kirchen in die Stellung privatrechtlicher Vereine gedrängt werden müßten. Vielmehr sollte dadurch die größtmögliche Freiheit des kirchlichen Wirkens in der Öffentlichkeit und die Bewältigung gemeinsamer Interessen und gemeinsamer Angelegenheiten garantiert werden.[10] Indem so z.B. der Staat durch Art. 7 Abs. 3 GG den Religionsunterricht aufgrund der kulturellen Tradition im Abendland, besonders in Deutschland, zu einem Pflichtfach an den öffentlichen Schulen erklärt, trifft er sich mit der Kirche in einem Bereich, den diese als „eigenen" versteht.[11] Ohne kooperatives Verhalten beider Rechtsgemeinschaften

---

[8] Vgl. dazu W. Weber, Die Gegenwartslage, in: VVDStRL 11 (1954) 171.

[9] Vgl. dazu den Antrag der Fraktionen von CDU/CSU, des Zentrums und der DP im Hauptausschuß des Parlamentarischen Rates am 8.12.1948. Sprecher Abg. Dr. Süsterhenn, abgedr. in JöR NF Bd. I (1951) S. 899ff.

[10] Vgl. dazu A. v. Campenhausen, Staatskirchenrecht, 17: Die gemeinschaftlichen Angelegenheiten, S. 105ff.

[11] Dies respektiert Art. 7 Abs. 3 S. 2 GG. Vgl. dazu F. Müller, Religionsunterricht als ordentliches Lehrfach; ders. Schulgesetzgebung und Reichskonkordat.

sind solche Staat und Kirche aufgegebenen Angelegenheiten nicht zu bewältigen.

Als solche gemeinsamen Angelegenheiten sind auch die theologischen Fakultäten an den staatlichen Universitäten und die von ihnen zu leistende wissenschaftliche Forschung und Lehre anzusehen. Wie oben schon aufgezeigt, haben die Staaten in Deutschland seit der Reformation in beiden Konfessionen ihren Einfluß auf die Ausbildung der Geistlichen durchgesetzt.[12] Andererseits gewannen die Kirchen einen Einfluß auf die Theologischen Fakultäten, besonders im Bereich der Personalhoheit des Staates, der sonst im modernen Staat von seinem Selbstverständnis her nicht mehr anzutreffen ist.

Der durch die Länderverfassungen und das Grundgesetz zu Freiheit und Toleranz verpflichtete Staat gestand den Kirchen diesen Einfluß zu, weil er bereit ist, die Existenz religiös-weltanschaulicher Wünsche und Bedürfnisse seiner Bürger zur Kenntnis zu nehmen. Dadurch wird die Zusammenarbeit zwischen Staat und Kirche unvermeidlich. Der durch Art. 140 GG iVm Art. 137 Abs. 1 WRV sanktionierte säkulare Charakter des Staates verhindert diese Kenntnisnahme und die daraus erwachsende Zusammenarbeit nicht. Der Staat ist vielmehr verpflichtet, die Freiheit seiner Bürger ernst zu nehmen und konfessionelle Wünsche zu berücksichtigen. „Ausgeschlossen ist durch Art. 137 Abs. 1 WRV aber auch eine klerikal-konfessionalistische Interpretation der Verfassung".[13] Denn bei der genannten Zusammenarbeit zwischen Staat und Kirche „handelt es sich – entgegen dem klerikalen Mißverständnis – nicht um die institutionelle Privilegierung des kirchlichen Apparates."[14] Den Rahmen der Zusammenarbeit können nur die konkrete Sachgesetzlichkeit und der Respekt vor dem Staatsbürger, der seine religiöse Überzeugung gefördert und entfaltet sehen will, und die vorstaatlichen Menschen- und Grundrechte, hier bes. Art. 5 Abs. 3 und 4 Abs. 1 GG, bilden.

Aufgrund des durch Art. 4 Abs. 1 GG gebotenen Respekts vor dem Bürger in Verbindung mit Art. 5 Abs. 3 GG ergibt sich der Kultur- und Wissenschaftsauftrag des Staates hinsichtlich der Theologischen Fakultäten.[15] Dabei stellt sich für den den Grundrechten verpflichteten Staat die Problematik gerade auch im Blick auf die Theologie, Wissenschaft zu fördern und zu schützen, ohne in den ihr durch die Verfassung garantierten Lebensbereich (Art. 5 Abs. 3 GG) einzugreifen zugunsten einer Privilegierung des

[12] Vgl. dazu K. Reppel, Der Staat und die Vorschriften über die Vorbildung der Geistlichen.

[13] Vgl. A. v. Campenhausen, Staatskirchenrecht, S. 81.

[14] Vgl. ebd.

[15] Vgl. dazu etwa W. Knies, Schranken der Kunstfreiheit, S. 212; M. Heckel, Staat – Kirche – Kunst, S. 126; A. Köttgen, Freiheit der Wissenschaft, S. 316; E. R. Huber, Zur Problematik des Kulturstaates, S. 13.

„kirchlichen Apparates". Zugleich entsteht das weitere Problem, einerseits die grundgesetzlich garantierte Freiheit durch staatlichen Schutz zu fördern, andererseits politische Mittel und Einflußnahmen in einem Bereich zu gestatten, der ein eigenes Daseins- und Entwicklungsgesetz in sich trägt und deshalb grundrechtlich geschützt ist.[16]

Durch die Pflege der Theologie in Forschung und Lehre an seinen eigenen Institutionen entspricht der Staat deshalb der Schutz- und Förderungspflicht seines grundgesetzlich verankerten Kulturauftrages als *eigener* Aufgabe und kommt dadurch nicht unter Verstoß gegen Art. 140 GG/Art. 137 Abs. 1 WRV vor allem kirchlichen Interessen entgegen. Inwieweit von der Sache her Theologie und Kirche zugeordnet sind, soll an dieser Stelle noch nicht diskutiert werden. Jedenfalls kann sich der Staat dieser Schutz- und Förderungspflicht der wissenschaftlichen Theologie nicht dadurch entziehen, daß er die Theologie in Forschung und Lehre den Kirchen als eigene Aufgabe gem. Art. 140 GG/137 Abs. 3 WRV zuweist. Aus der Freiheitsgarantie des Grundgesetzes für Wissenschaft, Forschung und Lehre kann der Staat die Theologie nicht bei den Kirchen monopolisiert sein lassen. Dies wird auch besonders durch die neuere Entwicklung der Grundrechtsdogmatik[17] und die höchstrichterliche Rechtsprechung[18] verdeutlicht.

Danach wird durch Art. 5 Abs. 3 GG nicht eine bestimmte Auffassung von Wissenschaft und eine bestimmte Wissenschaftstheorie geschützt. „Seine Freiheitsgarantie erstreckt sich vielmehr auf jede wissenschaftliche Tätigkeit, d.h. auf alles, was nach Inhalt und Form als ernsthafter und planmäßiger Versuch zur Vermittlung der Wahrheit anzusehen ist."[19] Der Theologie als methodischem Versuch, die Wahrheit des „Glaubens" zu vermitteln, kommt damit zweifellos der Schutz des Art. 5 Abs. 3 GG zu.[20] Der Wissenschaft „Theologie" mit ihrer eigenen Sachgesetzlichkeit gewährt der den Grundrechten verpflichtete Staat den positiven Freiraum wie allen anderen Wissenschaften. Dies gilt selbst dann, wenn man – im Gegensatz zu den klassischen Höhepunkten der theologischen Wissenschaft im Mittelalter –

---

[16] Vgl. E. R. Huber, Zur Problematik des Kulturstaates, S. 13.

[17] Vgl. dazu M. Lepa, Der Inhalt der Grundrechte, S. 125ff.; K. Hesse, Grundzüge des Verfassungsrechts der BRD, S. 164 - 166; B. Schlink, Das Grundgesetz und die Wissenschaftsfreiheit. Zum gegenwärtigen Stand der Diskussion zum Art. 5 Abs. 3 GG; in: Der Staat 10 (1971) 244 - 268; ders., Die Wissenschaftsfreiheit des BVerfG. Zur Entscheidung des BVerfG v. 29.5.1973, in: DöV 1973, 541 - 545; T. Bauer, Wissenschaftsfreiheit in Lehre und Studium. Zur Konkretisierung des Art. 5 Abs. 3 im geltenden Recht; R. Scholz, in: Maunz / Dürig / Herzog / Scholz, Grundgesetz, Mai 1977, Art. 5 Abs. 3, Rdnr. 1 - 15, 81 - 204 (bes. 181).

[18] Vgl. das schon genannte Hochschulurteil des BVerfG vom 29.5.1973, BVerfGE 35, 79 (112 - 116); vgl. auch BVerfGE 43, 242ff., bes. 267f.

[19] Vgl. BVerfGE 35, 79 (113).

[20] Vgl. dazu E.-L. Solte, Theologie an der Universität, S. 7 - 45; D. Lorenz, Wissenschaftsfreiheit, S. 20 - 29; J. Neumann, Die Theologischen Fakultäten an den staatlichen Universitäten nach dem GG der BRD, bes. 878.

mit der Neuscholastik die Theologie intensiv den Strukturen der verfaßten Kirche, bes. dem autoritativen Lehramt, zuordnet.[21]

Damit wird die Zugehörigkeit der institutionellen wie der individualrechtlichen Seite der Gewährleistung freier Wissenschaft deutlich. Diese Zusammengehörigkeit bringt das Bundesverfassungsgericht dadurch zum Ausdruck, daß es den Staat aufgrund des Grundrechtes gem. Art. 5 Abs. 3 GG verpflichtet sieht, einerseits „funktionsfähige Institutionen für einen freien Wissenschaftsbetrieb" bereitzustellen, andererseits den durch Art. 5 Abs. 3 GG Geschützten solche „staatliche Maßnahmen auch organisatorischer Art" zukommen zu lassen, „die zum Schutz seines grundrechtlich gesicherten Freiheitsraumes unerläßlich sind, weil sie ihm eine freie wissenschaftliche Betätigung überhaupt erst ermöglichen."[22]

Der Kultur- und Wissenschaftsauftrag des Staates bezüglich der wissenschaftlichen Theologie und sein Interesse am Erhalt der theologischen Fakultäten an staatlichen Universitäten findet auch seine Stütze in der Tatsache, daß wissenschaftliche Theologie seit 600 Jahren an deutschen Universitäten vertreten ist. Dabei spielt das Selbstverständnis der Theologie als Wissenschaft eine maßgebliche Rolle. Von ihrem Selbstverständnis her gesehen kann die wissenschaftliche Theologie die durch Art. 5 Abs. 3 GG gewährte Freiheitsgarantie auch, wie A. Hollerbach sicher mit Recht betont,[23] unter dem Aspekt von Art. 4 Abs. 1 GG für sich beanspruchen.

Art. 4 Abs. 1 GG verlangt vom Staat, dem religiösen Bekenntnis einen ungestörten Freiheitsraum zu geben. Zu Recht wird man Art. 4 Abs. 1 GG so verstehen müssen, daß er in seiner positiven Bedeutungsrichtung auch den Kirchen ein Grundrecht auf Nichtbeeinträchtigung der Integrität ihres Bekenntnisses gewährt.[24] Aber gemäß ihrer wissenschaftlichen Methode und ihrem Interesse: ‚Fides quaerens intellectum' hat sich auch die wissenschaftliche Theologie immer insofern als religiöses Bekenntnis verstanden, als sie sich zu dessen Dienst verpflichtet wußte. Dabei erhält einmal das Bekenntnis der „Fides" durch den „Intellectus" seine Prägung. Umgekehrt erhält der „Intellectus" von der „Fides" her seine Legitimation.[25]

So verwirklicht der moderne Kulturstaat Bundesrepublik Deutschland durch sein Interesse am Erhalt der Theologischen Fakultäten auch den ihm

---

[21] Wie schon oben erwähnt, kann man mit Recht die Summa Theologica des Thomas von Aquin in ihrer Gesamtheit als eine umfassende Darstellung der Ekklesiologie bezeichnen; so etwa M. D. Chenu, Das Werk des hl. Thomas von Aquin. Jedoch ist in der S.th. des Thomas ständig nur von der „congregatio fidelium" und ihrer Wanderung durch die Geschichte die Rede. Das „Lehramt", die „Hierarchie", Papst und Bischöfe haben für Thomas wie für die mittelalterlichen Theologen im allgemeinen eine so geringe theologische Bedeutung, daß von ihnen so gut wie nie die Rede ist.

[22] Vgl. BVerfGE 35, 79ff., bes. 115f.

[23] Vgl. A. Hollerbach, Die Theologischen Fakultäten, S. 75.

[24] Vgl. dazu E. W. Böckenförde, Der Fall Küng und das Staatskirchenrecht, in: NJW 1981, 2102.

[25] Vgl. dazu Anselm v. Canterbury, Proslogion, Kap. II.

durch das Grundgesetz aufgegebenen Kulturauftrag der Religionsfreiheit.[26] In einem gewissen Sinne kann man das konfessionell gebundene Staatsamt dann aber auch als eine Form (der grds. den Kirchen) grundrechtlich gewährten Religionsausübung verstehen.[27]

Die Existenz der Theologischen Fakultäten hat deshalb ein grundrechtliches Fundament in Art. 4 Abs. 1 GG und Art. 5 Abs. 3 GG. Ihr Erhalt und ihre Förderung entspricht mithin dem – neben dem durch historischen Einfluß und historische Fortwirkung begründeten – im Grundgesetz verankerten Kulturauftrag des Staates. Der Staat würde gegen seinen verfassungsmäßigen Kulturauftrag verstoßen, wollte er die wissenschaftliche Theologie prinzipiell aus dem Kreis der akademischen Wissenschaften und deren Freiheitsraum verbannen.

Schließlich sind Art. 4 Abs. 1 GG und Art. 5 Abs. 3 GG im Blick auf die Theologischen Fakultäten in einem engen Verhältnis zu sehen. Dieses Verhältnis ist so zu beschreiben, daß der Staat den Bereich der Wissenschaftsfreiheit vor jedem Einfluß von außen an seinen Institutionen abwehrt und dadurch das religiöse Bekenntnis vor intellektueller Unredlichkeit schützt. Denn Art. 5 Abs. 3 GG will gerade den Bereich der intellektuellen Redlichkeit geschützt wissen. Konzessionen in dieser Hinsicht sind dem Staat aus verfassungsrechtlichen Gründen verwehrt.

b) Der Status der Theologischen Fakultäten als staatliche Einrichtungen mit einem der Kirche zugestandenen Einfluß auf die staatliche Personalhoheit

In der Bundesrepublik Deutschland sind – wie oben gezeigt – die Theologischen Fakultäten Einrichtungen, die dem Verfassungsverständnis des freiheitlichen Kulturstaates entsprechen, mögen sie auch im Grundgesetz keine explizite Legitimation wie durch Art. 149 Abs. 3 WRV gefunden haben.[28] Als solche sind sie legitime Einrichtungen der Religions- und Wissenschaftsförderung, mit denen der Staat den religiösen Interessen seiner Bürger[29] und den Kirchen als gesellschaftlichen Größen im Staate Rechnung trägt.

Grundlage und Ausgangspunkt einer Beschreibung des Rechtsstatus der Theologischen Fakultäten ist ihre rechtliche Verankerung im Konkordats- und Staatskirchenrecht.[30] Danach sind die Theologischen Fakultäten Bestandteile der staatlichen Hochschulen. So spricht Art. 19 RK von den

[26] Vgl. zusammenfassend dazu M. Heckel, Die theologischen Fakultäten, S. 1ff.
[27] Vgl. J. Müller-Vollbehr, Staat, Kirche, Universität, S. 25.
[28] Vgl. dazu E. Th. Emde, Die theologischen Fakultäten, S. 377f.
[29] Vgl. dazu G. May, Die Hochschulen, in: GrNKirchR (1979), S. 654 - 669.
[30] Vgl. Art. 123 Abs. 2 GG.

„kath.-theologischen Fakultäten". Den gleichen Wortlaut verwenden die Länderkonkordate. Art. IX Badisches Konkordat spricht von „der theologischen Fakultät an der Universität".[31] Dadurch werden die Theologischen Fakultäten wie selbstverständlich als der staatlichen Organisationsgewalt unterliegend beschrieben, d.h. als staatliche Einrichtungen. Als solche unterliegen die theologischen Fakultäten aller rechtlichen, besonders grundgesetzlichen Bindung wie jede andere staatliche Einrichtung auch.[32]

Ihre Aufgabe ist auf die Lehre der Kirche insofern bezogen, als sie auch Religionslehrer und Geistliche ausbilden sollen. In bezug auf letztere ist dies konkordatär abgesichert.[33]

Im Anschluß an W. Weber und E.-L. Solte wurde oben schon dargelegt, daß die Pflege der wissenschaftlichen Theologie an staatlichen Universitäten der Verpflichtung des Staates entspricht, Kultur und Wissenschaft zu fördern. Das Interesse des Staates, die Lehre der Theologie als eigene Aufgabe zu sehen, findet ihre Rechtfertigung in dem kulturprägenden Einfluß der christlichen Weltanschauung für das abendländische Bewußtsein und der Theologie in bezug auf die anderen Wissenschaften.[34] Von daher ist es verständlich, wenn der Staat die wissenschaftliche Durchdringung der Theologie nicht ausschließlich kirchlichen Seminaren fern der Universität, außerhalb des Schutzbereiches von Art. 5 Abs. 3 GG überläßt, sondern aufgrund seines Kulturauftrages interessiert ist, die wechselseitige Befruchtung der Wissenschaft im Sinne der abendländischen Tradition zu fördern.[35]

Aufgrund des oben geforderten kooperativen Verhaltens zwischen Staat und Kirche bei den „res mixtae" darf der Staat der Kirche theologische Fakultäten nicht aufdrängen.[36] Umgekehrt darf sich aber die Kirche nicht ohne schwerwiegende Gründe gegen die Errichtung einer Theologischen Fakultät durch den Staat wehren. Denn von der Sache her kann die Kirche dem Staat grundsätzlich nicht verwehren, die Theologie als eigene Angelegenheit zum Gegenstand wissenschaftlicher Forschung und Lehre an staatlichen Universitäten zu machen. Wie der Staat grundsätzlich „eine Fakultät zur Erforschung des Marxismus einrichten könnte, kann er katholisch-theologische bzw. evangelisch-theologische Fakultäten errichten".[37]

---

[31] Vgl. dazu „Die Deutschen Konkordate und Kirchenverträge der Gegenwart", Bd. I, hrsg. von W. Weber.

[32] Vgl. dazu B. Schlink, Grundgesetz und Wissenschaftsfreiheit, S. 244, 259; R. Scholz, Rdnr. 128 zu Art. 5, Abs. 3, in: Maunz / Dürig / Herzog / Scholz, Kommentar zum Grundgesetz.

[33] Vgl. Art. 12 Abs. 1 PrK; vgl. dazu auch W. Weber, Theologische Fakultäten; U. Scheuner, Rechtsfolgen, S. 28.

[34] Vgl. W. Weber, Der gegenwärtige Status der theologischen Fakultäten, S. 97; E.-L. Solte, Theologie an der Universität, S. 115f.

[35] Vgl. U. Scheuner, Rechtsfolgen, S. 31f.

[36] Vgl. A. Hollerbach, Die Theologischen Fakultäten, S. 74.

[37] Vgl. E.-Th. Emde, Theologische Fakultäten, S. 373.

Die Theologischen Fakultäten nehmen nun zwar auch eine Aufgabe für die Kirche wahr, insofern sie – wie in den Konkordaten festgelegt – als wissenschaftliche Ausbildungsstätte der Geistlichen dienen. Diese Aufgabe für die Kirche führen die Fakultäten aber nicht unmittelbar als kirchliche aus, sondern nur soweit sie durch den Staat vermittelt wird. Denn aus der Perspektive des staatlichen Rechts sind die Theologischen Fakultäten Einrichtungen mit einer nur unmittelbar staatlichen Aufgabe. Die kanonische Anerkennung kann nur insoweit interessieren, als die staatliche Rechtsordnung das kanonische Recht in den Konkordaten für anwendbar erklärt und im parlamentarischen Verfahren zum innerstaatlichen Recht transformiert wurde.[38]

So kann die kirchliche Einflußnahme auf die theologischen Fakultäten nur mittelbar und begrenzt bleiben. Der staatlich vermittelte kirchliche Einfluß kann die theologischen Fakultäten in ihrem ausschließlich staatlichen Charakter nicht berühren bzw. sie aufgrund der rechtlichen Einflußnahme der Kirche nicht in einen „Doppelstatus" überführen. Schon gar nicht vermag dieser Einfluß die theologischen Fakultäten zu einem „Kondominium" von Staat und Kirche oder gar zu einer kirchlichen Einrichtung zu machen.[39]

Die Grenzen der geltenden kirchlichen Vorschriften sind durch Art. 19 S. 2 RK beschrieben „nach den einschlägigen Konkordaten unter Beachtung der einschlägigen kirchlichen Vorschriften." Welche dies sind, wird durch das Schlußprotokoll zu Art. 19 S. 2 deutlich. Zur Zeit des Konkordatsabschlusses war dies die Apostolische Konstitution „Deus Scientiarum Dominus"[40], die 1979 durch die Apostolische Konstitution „Sapientia Christiana" abgelöst wurde.[41]

---

[38] Vgl. dazu Art. 12 Abs. 1 S. 2 PrK; Art. IX BadK; Art. 4 § 1 BayK; Art. 19 S. 2 RK: „... nach den einschlägigen Konkordaten unter Beachtung der einschlägigen kirchlichen Vorschriften". Wie das Schlußprotokoll zu Art. 19 S. 2 RK erläutert, sind dies „zur Zeit des Konkordatsabschlusses die Apostolische Konstitution „Deus scientiarum Dominus" vom 24. Mai 1931 und die Instruktion vom 7. Juli 1932." – Diese Konstitution wurde 1979 abgelöst durch die Apostolische Konstitution „Sapientia Christiana", beide abgedruckt in: Nachkonziliare Dokumentation, Bd. 25, Trier 1974. – Vgl. dazu A. Hollerbach, Theologische Fakultäten, S. 70f.; E. Th. Emde, Theologische Fakultäten, S. 373.

[39] Vgl. dazu A. Hollerbach, Theologische Fakultäten, S. 77f.; E. Th. Emde, Theologische Fakultäten, S. 376: „Angesichts dieser Rechtslage von einer ‚kirchlichen Aufgabe' der theologischen Fakultät zu sprechen, leistet juristischen Fehldeutungen Vorschub: Den normativen Gehalt der ‚Staatsaufgabe' assoziierend, liegt es dann nahe, den Kirchen ein Verfügungsrecht über Existenz und Wirken der theol. Fakultäten einzuräumen und damit eine staatliche Veranstaltung, derer die Kirche sich bedienen kann, zu einer gemeinsamen Einrichtung, die in der Art des Kondominiums verwaltet wird, umzumünzen. Der Schritt zur Doppelstellung als juristischer Statusbeschreibung ist dann schnell getan und folgerichtig" – jedoch mit grundlegendem Verfassungsrecht nicht vereinbar.

[40] Abgedruckt in: Nachkonziliare Dokumentation, Bd. 25, 1974, S. 524ff.

[41] Abgedruckt ebd.

Eine weitere Beschreibung des Umfangs kirchlicher Einflußnahme enthalten die Länderkonkordate. So nimmt Art. 12 Abs. 1 S. 2 PrK Bezug auf die – staatlichen – Statuten, die für die theologischen Fakultäten in Bonn und Breslau gelten.[42] Art. 1 des Badischen Konkordates verlangt die Beachtung des Codex Iuris Canonici, der genannten Apostolischen Konstitution sowie die Übereinstimmung der Studienordnung mit den kirchlichen Vorschriften.[43] Art. 4 § 1 des Bayer. Konkordates fordert den Unterricht an den theologischen Fakultäten entsprechend den Bedürfnissen des priesterlichen Berufs nach Maßgabe der kirchlichen Vorschriften.

Die Übernahme des kirchlichen Rechts erfaßt jedoch nur Studiengang, Lehrplangestaltung und Prüfungsordnung.[44]

Weitergehende Rechte, wie z. B. eine Mitwirkung in Organisationsangelegenheiten, bei der Aufstellung der Prüfungs- und Promotionsordnungen werden weder vom Pr. Konkordat noch vom Bayer. Konkordat gedeckt. Auch Art. IX des Bad. Konkordates bringt trotz der festgelegten Beachtung des CIC und der Apostolischen Konstitution keine Erweiterung des kirchlichen Einflusses. „Sähe man in der Beachtung des Codex mehr als einen Gestaltungsvorschlag für das staatliche Recht, so wäre die strikte Regelung bezüglich der Studienordnung überflüssig."[45] Das badische Konkordat erhebt den CIC und die genannte Apostolische Konstitution nicht zum geltenden Recht der theologischen Fakultät an der Universität Freiburg. Ihnen wird nur – so wird man den Sinngehalt richtig charakterisieren – eine „gewisse Ausstrahlungswirkung"[46] auf das Fakultätsrecht zugebilligt.

Das geltende kirchliche Recht findet auch durch Art. 19 Abs. 2 RK im Bereich der theologischen Fakultäten keinen über den Bereich der Lehrplangestaltung und die Gestaltung der Studiengänge hinausgehenden Einfluß. Eine andere Auslegung aufgrund des scheinbar weiterreichenden Wortlautes ist angesichts der Entstehungsgeschichte des Art. 19 Abs. 2 RK, der Vertragspraxis wie angesichts rechtsdogmatischer Erwägungen nicht möglich. Denn die Folge wäre die, daß weite Teile des Hochschulrechtes außer Kraft gesetzt wären, die dem Sinn für den Abschluß eines Konkordates widersprächen.

Der Verweis des Art. 19 Abs. 2 RK auf das kirchliche Recht stellt deutlich einen Kompromiß dar.[47] Dabei muß Art. 19 Abs. 2 RK iVm dem Schluß-

---

[42] Vgl. dazu H. Mussinghoff, Theologische Fakultäten, S. 10 ff., 31 ff., 354 ff.

[43] Vgl. A. Hollerbach, Theologische Fakultäten, S. 77 f., Anm. 53.

[44] Vgl. dazu W. Thieme, Deutsches Hochschulrecht, S. 148; W. Weber, Der gegenwärtige Status, S. 97 ff.; E. Th. Emde, Theologische Fakultäten, S. 374; A. Hollerbach, Theologische Fakultäten, S. 78 ff.; a. A. H. Mussinghoff, Theologische Fakultäten, S. 457.

[45] Vgl. E. Th. Emde, Theologische Fakultäten, S. 374.

[46] Vgl. ebd.

protokoll gesehen werden. Im Schlußprotokoll zu Art. 19 Abs. 2 RK wird auf die Apostolische Konstitution „Deus Scientiarum Dominus" vom 24.5.1931[48] und auf die Instruktion vom 7. Juli 1932[49] verwiesen. Danach wird deutlich, daß aus der Sicht des kirchlichen Rechtes die Beziehungen zwischen katholischer Kirche und staatlichen Fakultäten gerade nicht nach kanonischem Recht geordnet werden können. Indem nämlich die genannte Instruktion die für kirchliche Hochschulen erlassene Konstitution für theologische Fakultäten an staatlichen Universitäten nicht voraussetzt und für diese abweichende Regelungen trifft, wird auch vom kirchlichen Recht der nur staatliche Charakter der theologischen Fakultäten in Deutschland akzeptiert. Auf diese Einfluß zu nehmen, sieht auch der kirchliche Rechtsbereich nur mittels der Konkordate als möglich an. Deshalb war der Inhalt der konkordatären Verhandlungen zentriert auf die Fragen der Studienordnung.

Beachtet man zudem, daß die Konstitution „Deus Scientiarum Dominus" nur durch staatliche Transformation innerstaatliche Geltung erlangen konnte, so zeigt sich aus der Sicht der staatlichen Rechtsdogmatik eine Beschreibung der theologischen Fakultäten als *auch* staatliche Einrichtungen oder als Einrichtungen mit „Doppelstatus" als mißverständlich.[50] Denn auch die der Kirche durch die Konkordate gewährte Einflußnahme auf Studienordnung und Lehrpläne begründen – mit Ausnahme Art. IX bad. Konkordat in bezug auf die theologische Fakultät der Universität Freiburg[51] – kein unmittelbares Kontrollrecht vergleichbar mit dem der staatlichen Verwaltung. Allein diese ist – auch bei den geltenden Konkordaten – zuständig für Lehrpläne, Studien- und Prüfungsordnungen. Nur die staatliche Verwaltung kann solche rechtswirksam erlassen. Dies mag unter Beachtung der kirchlichen Vorschriften[52] oder im Benehmen mit der Kirche geschehen.[53] Die rechtliche Geltung der von der staatlichen Verwaltung erlassenen Lehrpläne, Studien- und Prüfungsordnungen bleiben davon aber unberührt wie auch der Bestand der Theologischen Fakultäten von kirchlicher Anerkennung rechtlich unabhängig ist. Der Entzug kirchlicher Anerkennung hätte

---

[47] Vgl. dazu L. Volk, Das Reichskonkordat vom 20. Juli 1933, S. 49, 58, 65 und 170f.; vgl. dazu auch H. Mussinghoff, Theologische Fakultäten, S. 357f.

[48] Vgl. AAS 23 (1931) 241ff.

[49] Vgl. den nachträglichen Abdruck in dt. Sprache in: ArchKathKR 125 (1951/52) 262ff.

[50] So etwa W. Thieme, Hochschulrecht, S. 142; bes. aber U. Scheuner, Rechtsfolgen, S. 28; die Gegenmeinung wie hier vertritt E. G. Mahrenholz, Ev. Kommentare, S. 139ff.; E. Th. Emde, Theologische Fakultäten, S. 376.

[51] Vgl. dazu A. Hollerbach, Das badische Konkordat, S 297ff.

[52] Nach Art. 19 Abs. 2 RK iVm Schlußprotokoll zu Art. 19 Abs. 2 RK ist die Apostolische Konstitution „Deus Scientiarum Dominus" gemeint.

[53] Im Blick auf das Pr. Konkordat vgl. H. Mussinghoff, Theologische Fakultäten, S. 456.

zwar im Bereich des Kanonischen Rechtes Auswirkungen, wäre aber im staatlichen Recht ohne Wirksamkeit.

Es erscheint deshalb rechtsdogmatisch nicht möglich und begrifflich zweideutig, von einer „Doppelstellung" der theologischen Fakultäten zu sprechen.[54] Aus der Sicht des staatlichen Rechtes erscheint es auch dogmatisch unrichtig, davon zu sprechen, die theologischen Fakultäten erfüllten eine „kirchliche Aufgabe".[55] Jedenfalls kann dies nicht in einem unmittelbaren Sinne verstanden werden. Denn dann müßte man die theologischen Fakultäten tatsächlich zu einem „Kondominium" erklären mit allen verfassungsrechtlichen Schwierigkeiten. Es würde nämlich den Kirchen ein Verfügungsrecht über die theologischen Fakultäten eingeräumt, was mit Art. 137 Abs. 3 WRV nicht zu vereinbaren wäre. Angesichts des verfassungsrechtlich verankerten Status der katholischen Kirche als öffentlich-rechtlicher Körperschaft gem. Art. 140 GG iVm Art. 137 Abs. 5 WRV mag diese Sicht verkürzt erscheinen. Die Anerkennung des öffentlich-rechtlichen Charakters der Kirche durch den Staat relativiert jedoch nicht die verfassungsrechtliche Trennung von Staat und Kirche und kann schon gar nicht eine gegenseitige Inkorporation der Rechtsbereiche erlauben. Unter dem Blickwinkel des Grundgesetzes stellen sich die Kirchen auch als öffentlich-rechtliche Körperschaften, soweit Art. 140 GG nicht Ausnahmen zuläßt, als Adressaten grundrechtlicher Freiheit dar wie jeder Bürger und jede privatrechtliche Vereinigung. Jeder Staat hat verfassungsrechtlich die Pflicht, diesen Grundrechtsträgern unter dem Gleichheitsgebot zu begegnen. Begegnet nun der Staat den Kirchen als Körperschaften des öffentlichen Rechtes, ist es ihm dennoch nicht möglich, aufgrund eines organisationsrechtlichen Sonderstatus, Privilegien zu verankern, soweit das Grundgesetz dies nicht fordert oder zuläßt. So können auch aus diesem Grund an staatlichen Universitäten die Errichtung und der Betrieb der theologischen Fakultäten unmittelbar *nur* staatliche Veranstaltungen sein, die – wie jedes Handeln der öffentlichen Gewalt – der Bindung an das Grundgesetz unterliegen. Die vom Staat angebotene und ermöglichte Ausbildung der Geistlichen und Religionslehrer schafft keine Ausnahme von verfassungsrechtlichen Bindungen, denen der Staat unterliegt.

Hier stellt sich sofort die heikle Frage, inwieweit der Staat seine Einrichtungen partikulären Interessen in einer Ausschließlichkeit zur Verfügung stellen darf und inwieweit es dem Staat verfassungsrechtlich möglich ist, der Kirche Einflußrechte bezüglich der Einstellung und des Rechtsstatus eines Universitätstheologen einzuräumen.

---

[54] So aber U. Scheuner, Rechtsfolgen, S. 28.

[55] So Thieme, Hochschulrecht, S. 147; aber auch W. Weber, Der gegenwärtige Status, S. 97.

Diese Frage stellt sich besonders angesichts des tatsächlich bestehenden Einflusses der Kirche auch unter dem GG. Sie muß gesehen werden im Zusammenhang mit der Staatenbildung, dem Staatsverständnis und der Universitätstradition nach der Säkularisation. Im Zusammenhang mit den Verfassungs- und Universitätsgesetzen der neueren Geschichte ist das Zustandekommen der geltenden Konkordate zu sehen. Im modernen Verfassungs- und Staatsverständnis gehört aber die staatliche Personalhoheit zum Wesen des Staates. Diese erstreckt sich unbestritten auch auf die theologischen Fakultäten als staatliche Einrichtungen.

H. Quaritsch hat darauf hingewiesen, daß die durch die Konkordate der Kirche gewährten Einflußrechte auf die staatliche Personalhoheit[56] einmalig sind und diese in einer für das moderne Staatsrecht fremdartigen Weise einschränkt.[57] Hinsichtlich der kirchlichen Einflußrechte haben die bestehenden und für die Länder gültigen Konkordate einen gemeinsamen Regelungsgehalt. Die nach Art. 19 Abs. 2 RK anzuwendenden Vorschriften regeln zwei kirchliche Einflußbereiche: 1. Die kirchliche Mitwirkung bei der Ernennung eines Hochschullehrers sowie 2. die kirchliche Beanstandungsbefugnis und die Rechtsfolge ihrer Ausübung. Die Rechtsfolgen sollen erst unten angesprochen werden.

Für die Frage der kirchlichen Einflußnahme auf die staatliche Personalhoheit ist zunächst die Mitwirkung bei der Ernennung eines katholischen Universitätstheologen als eines konfessionell gebundenen Staatsbeamten von Bedeutung. Diese Mitwirkung hat folgende konkordatäre Regelungen gefunden:

1. Im bay. Konkordat: Ernennung erst dann, wenn vom zuständigen Diözesanbischof keine Erinnerung erhoben wird (Art. 3 Abs. 1).
2. Pr. Konkordat: Keine Anstellung oder Zulassung, wenn der zuständige Bischof gegen Lehre und Lebenswandel begründete Einwendungen erhebt (Schlußprotokoll zu Art. 12 Abs. 1 S. 2).
3. Bad. Konkordat: Keine Berufung, Zulassung oder Anstellung, wenn gegen Lehre, Lebenswandel oder Lehrbefähigung[58] Einwendungen erhoben werden (Art. 10 Abs. 1).

Diese Ausnahmen vom verfassungsrechtlichen Grundsatz der ausschließlich staatlichen Personalhoheit haben in der dt. Rechtsordnung keine Parallele. Diese Ausnahme besagt, daß eine nicht-staatliche (= gesellschaftliche) Organisation autonom und für den Staat nicht nachprüfbar entscheiden kann, ob jemand in ein staatliches Amt berufen wird oder nicht. Staatliche Personalhoheit besagt nämlich, daß ausschließlich staatliche Organe selbst

---

[56] Vgl. Art. 20, 28 GG; BVerfGE 9, 278ff.; H. Wolf, Verwaltungsrecht II, 109 II.

[57] Vgl. dazu H. Quaritsch, Hans Küng, Tübingen und das Reichskonkordat, S. 85.

[58] Letztere Bestimmung dürfte wohl verfassungswidrig sein. Vgl. dazu E.-L. Solte, Theologie, S. 155.

und in eigener Verantwortung entscheiden müssen. Die staatliche Ämterautonomie ist wesentlich Ergebnis des modernen Staates gegen gesellschaftliche, z.B. ständische, d.h. unter historischem Gesichtspunkt auch geistliche Einflußnahme. Die rechtliche Bedeutung der staatlichen Personalhoheit hat die diesbezügliche Rechtsprechung deutlich gemacht. Diese verteidigt bei ähnlichen Interessenlagen – wie bei Schulräten im Verhältnis zu Lehrern an Bekenntnisschulen oder Leitern christlicher Gemeinschaftsschulen – die Autonomie der staatlichen Ämterbesetzung kompromißlos.[59] Als einzige Ausnahme von diesem Prinzip der staatlichen Personalhoheit bilden die durch die Konkordate gewährten kirchlichen Befugnisse. Als solche müssen sie, will man ein gefährliches Vordringen einer gesellschaftlichen Organisation ins Verfassungsrecht des Staates vermeiden, in ihren Wirkungen auf *das* Maß beschränkt bleiben, das allein zur Normverwirklichung erforderlich ist.[60]

c) Status und Organisation der Theologischen Fakultäten und ihrer Lehrer innerhalb der Universitäten

In diesem Zusammenhang stellt sich die Frage, welcher Status den (katholisch-)theologischen Fakultäten innerhalb der Universität zukommt und welcher Organisation sie unterliegen.[61] Diese Fragestellung ist eng verbunden mit der Frage nach der Aufgabe dieser Fakultäten. Diese Frage verlangt eine Antwort aus dem Verfassungsrecht iVm dem Konkordatsrecht.[62] Dabei gilt es, die beiden Ebenen der staatskirchen-rechtlichen Argumentation, nämlich Verfassungsrecht und Konkordatsrecht, genau auseinanderzuhalten. Zwar ist es richtig, beide Ebenen auch in einer Gesamtbetrachtung zu sehen, da das Staatskirchenrecht in den Rahmen der Verfassung einbezogen und aus ihr heraus ausgelegt werden muß. Die Aufgabe zielt auf eine Konkordanz der beiden Rechtsbereiche.

Bei diesem Bemühen um eine Konkordanz bleibt es dennoch wichtig, beide Argumentationsebenen auseinanderzuhalten. Denn einmal läßt nur die Auslegung der Konkordatstexte die Vertragspflichten erkennen. Dann aber wirft die Auslegung der Verfassung die Frage auf, ob diese Konkordanz im Blick auf die Verfassung dazu nötigt oder verbietet, die genau verankerten Vertragspflichten intensivierend und konkretisierend auszudehnen oder vielmehr aufgrund verfassungsrechtlicher Sanktionen einzuschränken. Diese Frage ist wiederum eng verbunden mit der weiteren Frage, ob ein kirchlicher Einfluß über die in den Vertragstexten festgelegten kirchlichen

---

[59] Vgl. dazu Bayer. VerfGH, in: DÖV 1966, 715; VGH BW, in: DVBl. 1968, 257f.

[60] Vgl. dazu H. Quaritsch, Hans Küng, S. 86.

[61] Vgl. dazu W. Thieme, Deutsches Hochschulrecht, S. 185ff.; Wolff / Bachof, VerwR, II, S. 93; O. Kimminich, Wissenschaft (6. Aufl.), S. 877ff.; A. Hollerbach, Theologische Fakultäten, S. 78ff.; E. Th. Emde, Theologische Fakultäten, S. 371ff.

[62] Zum Bemühen um eine solche Konkordanz vgl. U. Scheuner, Rechtsfolgen, S. 28.

Vertragsansprüche hinaus auch unmittelbar auf die Fakultäten möglich ist. Ob dieser Einfluß durch die Erwähnung der „einschlägigen kirchlichen Vorschriften" im Regelungszusammenhang des Art. 19 RK staatlicherseits zugestanden ist, scheint – bleibt man auf dem Boden der möglichen Vertragsauslegung – vom Vertragstext, vom traditionellen institutionellen Zusammenhang und vom kirchlichen Selbstverständnis her nicht erkennbar zu sein. Denn durch den Abschluß eines Reichskonkordates sollten die einschlägigen Regelungen der Tendenz nach abschließend ihre Regelung finden.

Auf verfassungsrechtlicher Argumentationsebene stellt sich die Frage, welcher innerstaatliche Rechtsstatus einer (katholisch-)theologischen Fakultät verfassungsrechtlich gerade auch im Blick auf ihre Aufgaben zukommt. Läßt sich von ihrer Aufgabe her – so in der neueren Diskussion – rechtsdogmatisch begründen, die theologischen Fakultäten seien rechtlich durch eine „Doppelstellung" gekennzeichnet, da ihnen auch „ein kirchlicher Charakter" zukomme?[63] Läßt sich weiterhin eine solche Doppelstellung auch für ihre Ämter begründen unter der Voraussetzung, daß sie kirchlich gebundene Ämter sind?[64] Die Art der Beantwortung dieser Frage läßt schon die Richtung einer Antwort hinsichtlich der Rechtsfolgen im Falle der kirchlichen Beanstandung erkennen.

Der Weg zur Beantwortung der aufgeworfenen Fragen eröffnet sich durch den Blick auf die Errichtung und Organisation einer Universität und ihrer Teiluntergliederungen, der Fakultäten. Die Universitäten werden vom Staat nach staatlichem Recht errichtet und ausgestattet. Durch staatlichen Hoheitsakt erhalten sie ihren organisationsrechtlichen Status; davon sind die katholisch-theologischen Fakultäten nicht ausgenommen. Zwar trifft der Staat, bevor er eine theologische Fakultät errichtet, in der Regel mit der Kirche Abreden, u. a. um die Ausbildung des Priesternachwuchses und der Religionslehrer an den Fakultäten zu sichern und diese auch rentabel zu machen.[65] Diese Abreden beeinflussen aber die ausschließliche Organisationshoheit des Staates und den dadurch begründeten staatsrechtlichen Status der theologischen Fakultäten nicht.[66] Vor allem entsteht dadurch keine staatlich-kirchliche Gemeinschaftseinrichtung i.S. eines staatlich-kirchlichen Kondominiums oder einer Doppelstellung, die die ausschließliche Organisationshoheit des Staates einschränkte. Die den theologischen Fakultäten aufgegebene Aufgabe, nämlich die Erforschung und Lehre der katholischen Theologie, kann an diesem Rechtsstatus nichts ändern.

---

[63] Vgl. ebd., S. 28.

[64] Vgl. ebd., S. 35ff.

[65] Vgl. dazu das Schicksal der kath.-theologischen Fakultäten in Marburg und Gießen bei E.-L. Solte, Theologie, S. 119, 236.

[66] Vgl. dazu die ohne kirchliche Zustimmung eröffnete katholisch-theologische Fakultät an der Universität in Frankfurt, die bis heute voll funktioniert.

Der Forschungs- und Lehrauftrag der theologischen Fakultäten und ihrer Lehrer ist zwar bezogen auf die Glaubensüberzeugung und die Weltanschauung der katholischen Staatsbüger. Daran ist der katholische Universitätstheologe gebunden wie der Rechtswissenschaftler von seinem Lehrauftrag her an das Recht und das Grundgesetz des deutschen Volkes in der Bundesrepublik Deutschland gebunden ist. Insofern die (katholisch-)theologischen Fakultäten bzw. ihre Professoren auch den katholischen Priesternachwuchs und die katholischen Religionslehrer wissenschaftlich ausbilden, erfüllen sie damit mittelbar auch eine Aufgabe für die Kirchen, die diese kraft ihres Selbstbestimmungsrechtes (Art. 140 GG iVm Art. 137 III WRV) selbst ausüben könnten und teilweise auch selbst ausüben.[67]

Diese Besonderheit der Aufgabe der Theologieprofessoren führt zu besonderen Bedingungen, wie die Besonderheit der Aufgabe des Rechtslehrers diesen zu besonderen Bedingungen führt. Diese Besonderheit fordert, daß die Aufgabe bekenntnisorientiert erfüllt wird. Das Urteil über die Bekenntnismäßigkeit steht dem heute als weltanschaulich neutral verstandenen Staat nicht zu. Das Urteil wird von der religiösen Gemeinschaft kommen müssen, deren Bewußtsein durch die Theologie wissenschaftlich reflektiert, kritisiert und begründet werden soll. Dadurch lassen sich verfassungsrechtlich[68] Befugnisse der Kirche bezüglich des Urteils über die Lehre und damit indirekte Einwirkungsbefugnisse seitens der Kirche rechtfertigen. Hat der Staat bei Lehrbeanstandungen nach unserer Auffassung gegenüber der Kirche zwar das Recht, eine nachvollziehbare plausible Begründung zu fordern, so steht doch der Kirche allein das Bestimmungsrecht über die Bekenntnisgemäßheit der an der theologischen Fakultät vertretenen Lehre zu. Im Blick auf die Aufgaben der Fakultäten als einer Aufgabe auch für die Kirche, hat der Staat – verfassungsrechtlich unbedenklich – der Kirche in einem gewissen Sinn „eine geistliche Aufsicht“ über die an der Fakultät vertretenen Lehre zugestanden.[69]

Dementsprechend steht das Urteil, ob ein Theologe bezüglich seiner Forschung und Lehre im möglichen Rahmen des kirchlichen Bekenntnisses verbleibt, allein der kirchlichen Gemeinschaft zu. Auch kann der Theologe die Autorität, im Sinne der Kirche Theologie zu betreiben, nur von der Kirche ableiten. Im Blick auf die Priesterausbildung und die Religionslehrer hat der Staat so autorisierte Professoren in den Fakultäten konkordatsrechtlich

[67] So z.B. in den kirchlichen Hochschulen bzw. theologischen Fakultäten in der BRD zur Ausbildung des Priester- und Ordensnachwuchses in Frankfurt (St. Georgen), Fulda, München (Fakultät SJ), Paderborn, Trier.

[68] Art. 4 Abs. 1 GG; Art. 140 GG iVm Art. 137 Abs. 3 WRV.

[69] Die – staatlichen – Statuten für die Theologischen Fakultäten in Bonn (1834) und Breslau (1840) räumen diese „geistliche Aufsicht“ zum zuständigen Ortsbischof ausdrücklich ein. Vgl. dazu H. Mussinghoff, Theologische Fakultäten, S. 28; 38. Gem. Art. 12 Abs. 1 PrK regelt sich das Verhältnis der Fakultäten zur kirchlichen Behörde nach diesen Statuten, so daß diese Aufsichtsbefugnis im Geltungsbereich des Pr. Konkordates und, soweit diese Regelung von der Verweisbestimmung des Art. 19 RK ergriffen wird, auch darüber hinaus fortbesteht.

zugesagt. Um dies zu garantieren, hat der Staat die Berücksichtigung des „Nihil obstat“ bei Beginn der Lehrbeauftragung und das später mögliche kirchliche Beanstandungsrecht zugesichert.

So werden zwar die Prüfungen und akademischen Grade, die eine theologische Fakultät abnimmt bzw. verleiht, nur kraft staatlichen Hoheitsaktes verliehen bzw. finden dadurch ihre staatsrechtliche Anerkennung. Sie liefern jedoch den Nachweis und die Befähigung in einer bekenntnisbezogenen Wissenschaft. Soweit sie auch kirchliche Anerkennung finden sollen, ist es deshalb rechtsdogmatisch konsequent, daß an ihrer Abnahme bzw. Verleihung nur kirchlich autorisierte Hochschullehrer mitwirken und daß die Verleihung des Dr. theol. oder die theologische Habilitation die insofern kirchliche Zustimmung voraussetzt, zumal diese akademischen Grade auch im kanonischen Recht ihre Bedeutung haben.[70]

Die genannte auch kirchenbezogene Aufgabe der theologischen Fakultäten erfordert aber weder eine rechtliche Doppelstellung der theologischen Fakultäten noch kann diese Aufgabe eine solche Doppelstellung aus sich heraus bewirken. Denn mögen die strikt aufgabenbezogenen Einwirkungsbefugnisse der Kirche – andere sind unter dem Gesichtspunkt der Trennung von Staat und Kirche rechtlich nicht möglich – notwendig sein, um die Bekenntnisbezogenheit der theologischen Lehre und Forschung sicherzustellen, so genügen sie dafür hinreichend. Die rechtliche Notwendigkeit zur Herausnahme eines beanstandeten Theologen oder seines Lehrstuhls (der ihm beamtenrechtlich auf jeden Fall verbleibt) aus der Fakultät ergibt sich jedoch weder aus sachlichen Gründen noch aus dem Konkordatsrecht. Denn eine personelle Integrität im Sinne der Kirche innerhalb der Fakultät garantieren die Konkordate gerade nicht. Hingegen ist unter dem Grundgesetz auch der Theologischen Fakultät und deren Professoren die Lehr- und Forschungsfreiheit garantiert. Ob deshalb eine Entfernung unter dem Gesichtspunkt des Verfassungsrechtes überhaupt möglich ist, soll noch unten eingehender reflektiert werden.

Es mag nun dem beanstandeten Theologen nach einer kirchlichen Lehrbeanstandung hinsichtlich seines Status wenig mehr als ein „nudum ius“ verbleiben.[71] Abgesehen davon, daß sich dieses „nudum ius“ außerhalb der Fakultät zu einem „nudius ius“ steigerte, führte eine Entfernung eines Universitätstheologen aus der Fakultät zu einer ganz erheblichen Beschneidung seiner Wirkungsmöglichkeiten in Forschung und Lehre. Auf die Frage, ob eine Entfernung verfassungs- und beamtenrechtlich möglich ist, sofern und weil ein Universitätstheologe seine Rechte aus Art. 5 Abs. 3 GG oder Art. 6 Abs. 1 GG in Anspruch nimmt, soll noch unten eine Antwort zu finden versucht werden.

---

[70] Vgl. dazu E.-L. Solte, Theologie, S. 155, 233 ff.

[71] Vgl. A. Hollerbach, Theologische Fakultäten, S. 93.

2. Der rechtliche Charakter des konfessionell gebundenen Staatsamtes und die kirchlichen Einflußrechte auf das Amt eines katholischen Universitätstheologen

a) Die Frage nach der verfassungsrechtlichen Begründung des konfessionell gebundenen Staatsamtes und der Rechtsstellung des katholischen Universitätstheologen

Es ist unbestritten, daß der Theologieprofessor – auch nach kirchlicher Beanstandung – verfassungsrechtlich und beamtenrechtlich Lebenszeitbeamter mit der damit einerseits von ihm geforderten Treuepflicht gegenüber dem Staat, andererseits mit dem ihm gegebenen Fürsorgeanspruch dem Staate gegenüber ist.[72] Dabei wird die Rechtsstellung des konfessionell gebundenen Staatsbeamten von zwei unterschiedlichen Grundentscheidungen des Grundgesetzes bestimmt. Einmal steht der Universitätstheologe unter dem Schutz der Grundrechte, die der Staat ihm zu gewähren hat. Dann aber ist der Staat verpflichtet, die Freiheit der Religionsgesellschaften zu gewährleisten und diese ihre Angelegenheiten selbständig innerhalb der für alle geltenden Gesetze selbst ordnen und verwalten zu lassen.[73]

Dabei wird man die Rechtsstellung des Universitätstheologen einerseits angesichts einer langen Rechtstradition, andererseits aber auch angesichts des konkreten Verfassungstextes beurteilen müssen.

So hat der Verfassungstext des Grundgesetzes die Möglichkeit eines konfessionell gebundenen Staatsbeamten in der Stellung eines Universitätstheologen *ausdrücklich* nicht bestätigt. In der staatsrechtlichen Diskussion sieht man sich demnach in einem „Legitimationsdilemma" hinsichtlich des Universitätstheologen als konfessionell gebundenen Staatsbeamten. Versuchte nun Th. Maunz durch einen Rückgriff auf die „Natur der Sache" dieses Dilemma zu lösen,[74] so hat E.-L. Solte diesen Rückgriff als Aporie aufgezeigt.[75] Denn aus der „Natur der Sache" kann zwar gefolgert werden, daß der konfessionell gebundene Staatsbeamte einer bestimmten Konfession angehört.[76] Die „Natur der Sache" eröffnet aber keine dogmatische Begründung, ob und in welchem Falle das Grundgesetz konfessionell gebundene Staatsämter zuläßt. Aber auch Soltes eigene[77] und im Anschluß an ihn U. Scheuners (in „Rechtsfolgen") Begründung können verfassungsrechtlich

---

[72] Hinsichtlich der speziellen Frage nach der Stellung des auf Zeit beamteten Universitätstheologen siehe bei A. Hollerbach, Theologische Fakultäten, S. 81ff.

[73] Art. 4 Abs. 1 u. 2; Art. 140 iVm Art. 137 Abs. 3 WRV.

[74] Vgl. Th. Maunz, in: Komm. zum GG, Rdnr. 28 zu Art. 33; U. Scheuner, Rechtsfolgen, S. 33f.

[75] Vgl. E.-L. Solte, Theologie, S. 133.

[76] Wie Th. Maunz so auch R. Scholz, Komm. zum GG, Rdnr. 181 zu Art. 5 Abs. 3 GG.

[77] Vgl. ebd., S. 133.

nicht überzeugen. Denn aus der – hier nicht bezweifelten – verfassungsrechtlichen Zulässigkeit einer Förderung kirchlichen Wirkens durch den Staat kann – angesichts der verfassungsrechtlich gebotenen Trennung von Staat und Kirche – nicht gefolgert werden, der Staat dürfe dies auch in seinen Institutionen tun. Schon gar nicht darf gefolgert werden, diese unterlägen nicht der grundgesetzlichen, besonders der grundrechtlichen Bindungen.

Zur verfassungsrechtlichen Legitimation des konfessionell gebundenen Staatsamtes ist die historische Argumentation im Blick auf die Genese des Grundgesetzes noch am überzeugendsten. Diese Genese läßt nämlich keine Anzeichen erkennen, daß der Parlamentarische Rat den theologischen Fakultäten und der Ausgestaltung ihrer Lehrstellen als konfessionell gebundene Staatsämter die verfassungsrechtliche Legitimation entziehen wollte. So kann diese Argumentation immerhin Art. 123 Abs. 2 GG zu ihrer Stütze heranziehen. Dementsprechend wird die verfassungssystematische Interpretation des Grundgesetzes zu dem Ergebnis führen, daß das Grundgesetz das konfessionell gebundene Staatsamt eines Universitätstheologen als Institution mit langer deutscher Rechtstradition nicht beseitigen wollte. Der Verfassungsgeber hat in dieser Richtung keinerlei Absichten bekundet. Dies wäre auch nur in Konfrontation zu den Kirchen möglich gewesen. Denn für diese wird nie akzeptabel sein, daß die künftigen Religionslehrer und Geistlichen von konfessionsfremden Hochschullehrern ausgebildet werden.

Es kann deshalb aufgrund der verfassungssystematischen Interpretation davon ausgegangen werden, daß Art. 33 Abs. 3 GG es nicht verbietet, die Konfessionszugehörigkeit als Zugangskriterium für das Amt eines katholischen Theologieprofessors an staatlichen Universitäten zu berücksichtigen.[78] Dennoch kann nach der Rechtsprechung des BVerfG[79] – dies ist für die vorliegende Arbeit von entscheidender Bedeutung – auch Art. 123 Abs. 2 GG die Fortgeltung von Vertragsrecht nur insoweit anorden, als es dem Grundgesetz, besonders den Grundrechten, nicht widerspricht.

So kann ein katholischer Theologieprofessor wie jeder Hochschullehrer – auch nach kirchlicher Beanstandung – sich gegenüber staatlichen Maßnahmen auf seine spezifischen Beamtenrechte aus Art. 33 Abs. 3 GG sowie auf die verfassungsrechtlich garantierten Grundrechte gem. Art. 3; 5 Abs. 3; 6 Abs. 1 GG berufen. Nach kirchlicher Beanstandung wird die Entfernung eines Professors aus der Fakultät bzw. die Beschneidung seiner Mitgliedschaftsrechte nur dann möglich sein, soweit sie mit den Vorschriften des Grundgesetzes vereinbar sind.

Die Stellung des beamteten Universitätsprofessors – natürlich ohne Unterschied auch des Theologieprofessors – läßt sich als eine Stellung spe-

---

[78] Vgl. dazu A. Hollerbach, Theologische Fakultäten, S. 75f.

[79] Vgl. BVerfGE Bd. 6, 309ff., 347.

zieller Grundrechtsprägung kennzeichnen. Denn dem Universitätsprofessor kommt nicht nur der beamtenrechtliche Schutz vor Entzug seiner Beamtenstellung, sondern auch ein Recht auf sein konkretes funktionelles Amt zu.[80] Dieser Tatsache trägt z.B. § 61 Abs. 5 UG BW Rechnung, der die Versetzung eines Universitätsprofessors von seiner Zustimmung abhängig macht.[81]

Die Entfernung eines durch die Kirchenleitung beanstandeten beamteten Universitätstheologen aus seiner Fakultät bzw. die Beschneidung seiner Fakultätsrechte sind zweifellos Nachteile, die im Widerspruch zu seinen Grundrechten gem. Art. 4 Abs. 1 GG und gem. Art. 5 Abs. 3 GG bzw. Art. 6 Abs.1 GG stehen. Eine noch gewichtige Anzahl der Rechtslehrer sieht hierin dennoch keinen Verstoß gegen Art. 33 Abs. 3 GG und Art. 140 GG iVm Art. 136 Abs. 2 WRV. Art. 33 Abs. 3 GG könne für Theologieprofessoren nicht gelten, da er ein konfessionell gebundenes Staatsamt innehabe.[82]. Diese Argumentation ist stark historisch und entstehungsgeschichtlich geprägt. Dem Verfassungsgeber sei das konfessionell gebundene Staatsamt bekannt gewesen und hätte es nicht abgeschafft. Durch Art. 7 Abs. 3 u. 4 GG sowie Art. 140 GG iVm Art. 141 WRV hätten die Väter des Grundgesetzes bezüglich der Lehrer an Bekenntnisschulen und bezüglich der Religionslehrer sowie der Militärseelsorger das konfessionell gebundene Staatsamt ausdrücklich ins Grundgesetz übernommen.

Dies wird man aber in dieser Weise nicht sagen können. Richtiger ist, daß das Grundgesetz die Schaffung oder Beibehaltung des konfessionell gebundenen Staatsamtes lediglich nicht ausgeschlossen hat. Ob aber die genannten Verfassungsvorschriften die Einrichtung eines konfessionell gebundenen Staatsamtes erfordern oder gar unter Abweichung von Art. 33 Abs. 3 GG erlauben, ist von der Verfassungsinterpretation her sehr fraglich. Denn den genannten Verfassungsvorschriften wäre auch dann Genüge getan, Beauftragten der Kirche zu gestatten, die grundgesetzlich garantierten Aufgaben wahrzunehmen, ohne ihnen einen Beamtenstatus zu geben. Aber selbst dann, wenn man das konfessionell gebundene Staatsamt bei Religionslehrern, Gefängnis- und Militärseelsorgern bejaht, kann dieses nicht vergleichbar auf das grundrechtlich geschützte Staatsamt der Universitätstheologen übertragen werden. Man kann nicht in der Weise der Begriffsjurisprudenz aus der rechtsdogmatischen Kategorie „Konfessionell gebundenes Staatsamt“ einen normativen Gehalt herleiten, der eine Abweichung von der Verfassung rechtfertigt. Es soll nun in dieser Arbeit – wie oben dargelegt – davon ausgegangen werden, daß Art. 33 Abs. 3 GG es nicht verbietet, die Konfessionszugehörigkeit als Zulassungskriterium für das

[80] Vgl. dazu Wolff / Bachof, VR, § 110 VI a, c.

[81] Vgl. § 61 Abs. 5 UG BW: „Beamtete Professoren können nur mit ihrer Zustimmung abgeordnet oder versetzt werden.“

[82] So E.-L. Solte, Theologie, S. 131 mwN; Th. Maunz, Komm. zum GG, Rdnr. 28 zu Art. 33; U. Scheuner, Rechtsfolgen, S. 33f.

Amt des Theologieprofessors an staatlichen Universitäten zu berücksichtigen. Gerade deshalb aber ist der Theologieprofessor Staatsbeamter, der dem Staate gegenüber zur Treue verpflichtet ist, der andererseits aber auch einen entsprechenden Schutz- und Fürsorgeanspruch gegenüber dem Staat in der Weise hat, daß dessen Maßnahmen, die den Rechtsstatus eines kirchlich beanstandeten Theologieprofessors berühren, mit den Verfassungsvorschriften, vor allem den Grundrechten der Verfassung, in Einklang stehen.

b) Die beamtenrechtliche Schutz- und Fürsorgepflicht des Staates in bezug auf die Grundrechte

Das Beamtenverhältnis ist nicht nur ein Dienst-, sondern auch ein Treueverhältnis. Dabei entspricht der Treuepflicht des Beamten zum Dienstherrn eine Schutz- und Fürsorgepflicht der zuständigen Organverwalter des Dienstherrn zum Beamten.[83] Der Schutz- und Fürsorgepflicht des Dienstherrn entspricht der Schutz- und Fürsorgeanspruch des Beamten. „Es ist das grundlegene (Auffang-)Recht des Beamten."[84] Aufgrund dieses Rechtes hat der Beamte neben den Vermögensrechten wesentlich den Anspruch, daß der Dienstherr im Verhältnis zum Beamten die gesetzlichen – vor allem auch verfassungsrechtlichen Bestimmungen – einhält und ihn in seiner amtlichen Tätigkeit und in seiner Stellung als Beamten schützt.[85] Diese Schadensabwendungspflicht umfaßt auch die Abwehr von Einflußnahmen „außenstehender Stellen",[86] was für den Universitätsprofessor im Hinblick auf Art. 5 Abs. 3 GG von besonderer Bedeutung ist.[87]

Dieser in den Beamtengesetzen positivierte und konkretisierte Schutz- und Fürsorgeanspruch gegenüber dem Dienstherrn[88] gehört zu den hergebrachten Grundsätzen des Berufsbeamtentums i.S.v. Art. 33 Abs. 5 GG, die vom Dienstherrn wie vom Gesetz- und Ordnungsgeber zu beachten sind. Zwar ist es sicher, daß nicht jede auf dem Fürsorge- und Schutzgedanken beruhende Regelung verfassungskräftig abgesichert ist. Das BVerwG stellt in diesem Zusammenhang darauf ab,[89] ob die Anwendung der generellen – in Gestalt der Verwaltungsvorschriften vorgeprägten – Regelung die Fürsorge- und Schutzpflicht in ihrem Wesenskern verletzen würde. So ist nur

[83] Vgl. dazu Wolff / Bachof, VR, § 116; H. Schnellenbach, Beamtenrecht, S. 72ff.

[84] Vgl. Wolff / Bachof, VR, § 116 II a/b.

[85] Vgl. die dem GG Rechnung tragende Regelung für den Universitätsprofessor in § 61 Abs. 5 UG BW.

[86] Vgl. dazu Scheerbarth / Höffken, BR, § 17 III 3 b; H. Lecheler, ZBR 72, 129, bes. 140; H. Schnellenbach, Beamtenrecht, Rdnr. 193.

[87] Vgl. dazu § 98 S. 3 BG BW; vgl. dazu auch BGH, ZBR 55, 51.

[88] Vgl. dazu bes. § 79 BBG, § 48 BRRG als Auffangform, Ausdruck eines Rechtsprinzips und lex generalis. Vgl. dazu Schnellenbach, Beamtenrecht, 4. Teil, II; Plog / Wiedow / Beck, BBG, § 79, Rdnr. 1.

[89] Vgl. dazu Buchholz 232 § 79 BBG Nr. 35; weiter BayVGH, DÖD 81, 59; vgl. auch BVerwG, DÖD 75, 184; ZBR 77, 184f.; DÖD 78, 226 und DÖD 79, 91.

der tradierte Kernbestand an Fürsorge- und Schutzprinzipien durch Art. 33 Abs. 5 GG auf die Verfassungsebene gehoben.[90] Ohne Zweifel gehört aber zu diesem Kernbestand, daß der Dienstherr im Verhältnis zum Beamten die gesetzlichen – zumal verfassungsrechtlichen, besonders grundrechtlichen – Bestimmungen nicht nur einhält, sondern im Blick auf den Beamten unter gebührender Berücksichtigung von dessen wohlverstandenen Interessen auch verteidigt.[91] So gehören zum tradierten Kernbestand des Schutz- und Fürsorgeanspruchs i.S.v. Art. 33 Abs. 5 GG ohne Zweifel die Bindung des Dienstherrn an das Gleichheitsgebot gem. Art. 3 GG,[92] der Schutz von Ehe und Familie des Beamten[93] und speziell für den Hochschullehrer Art. 5 Abs. 3 GG.

c) Die konkordatären Grundlagen des kirchlichen Beanstandungsrechtes und der beamtenrechtliche Schutz- und Fürsorgeanspruch des katholischen Universitätstheologen

aa) Die Beanstandungsklauseln und ihre Rechtsquellen

Seit dem Konkordatsurteil des Bundesverfassungsgerichtes besteht kein Zweifel, daß das 1933 abgeschlossene Reichskonkordat über Art. 123 Abs. 2 GG unter den Bedingungen des Grundgesetzes seine weitere Geltung hat.[94] Die entscheidende Rechtsquelle für die theologischen Fakultäten findet sich in Art. 19 RK. Art. 19 S. 2 RK ordnet für die theologischen Fakultäten an, daß sich ihr Verhältnis zu den kirchlichen Behörden nach den einschlägigen Länderkonkordaten richtet.

Mit dem Verweis des Art. 19 S. 2 RK sind die dem Reichskonkordat vorangegangenen Konkordate zwischen dem Hl. Stuhl und Bayern (1924), Preu-

[90] Vgl. dazu BVerfGE 46, 97; auch das Sondervotum der Bundesverfassungsrichter Niebler und Wand, BVerfGE 43, 177 zu BVerfGE 43, 154.

[91] Vgl. BVerfGE 43, 154; BGHZ 21, 256; HVGH, DVBl. 60, 238; ferner BVerwGE 19, 252; BVerwG Buchholz 232 § 23 BBG Nr. 16 sowie Buchholz 232 § 79 BBG Nr. 30; OVG Bremen, DÖD 77, 117.

[92] Vgl. dazu Plog / Wiedow / Beck, BBG, § 79 Rdnr. 5ff.; Scheerbarth / Höffken, BR, § 17 III 2; E. Schütz, BR, Rdnr. 7ff. zu § 85 BG NW.

[93] Vgl. BVerwGE 54, 248; BVerwG, Buchholz 238. 90; BVerwGE 44, 72; BVerwG, ZBR 76, 184; BVerG, ZBR 79, 309; BVerGE 41, 84; 44, 72; 54, 248.

[94] Zum Text des Reichskonkordates vgl. W. Weber, Die deutschen Konkordate, Bd. I; zum Urteil des BVerfG vgl. BVerfGE 6, 309, bes. 338; zur weiteren Geltung des Reichskonkordates neben den Länderkonkordaten vgl. U. Scheuner, Rechtsfolgen, S. 12f.; H. Quaritsch, Hans Küng, Tübingen und das Reichskonkordat, in: BWVerwPr. 4 (1981), 82ff.; E.-W. Böckenförde, Der Fall Küng und das Staatskirchenrecht, in: NJW 1981, 2101ff., sowie die unveröffentlichten Gutachten der Prof. Hekkel, Tübingen; Link, Göttingen; Obermayer, Erlangen, Quaritsch, Speyer; Scholder, Tübingen; Willoweit, Tübingen; vgl. dazu weiter W. Weber, Theologische Fakultäten, S. 373ff., bes. 379/383; E.-L. Solte, Theologie, S. 145; G. May, Das Verhältnis der kath.-theologischen Fakultäten ... zu dem Diözesanbischof, in: FS Arnold, S. 174; H. Flatten, Das bischöfliche Nihil obstat, S. 201; W. Thieme, Deutsches Hochschulrecht, S. 144; a.A. K. Scholder in FAZ v. 5.1.1980.

ßen (1929) und Baden (1932) gemeint. Die Nachkriegskonkordate[95] sind von diesem Verweis nicht betroffen, da die Vertragspartner beim Abschluß des Reichskonkordates der Überzeugung waren, daß nach dessen Abschluß keine weiteren Länderkonkordate abgeschlossen würden. Dafür dürften auch Art. 2 Abs. 1 S. 2 und Abs. 2 Reichskonkordat ein Beleg sein. Die Folge ist, daß die Bezugnahme auf die „einschlägigen (Länder-)Konkordate" nicht als dynamische Verweisung mit nicht vorhersehbarem Inhalt verstanden werden kann. Soweit das Reichskonkordat auf die Länderkonkordate verweist, wollte es die rechtlichen Beziehungen zwischen dem Deutschen Reich und dem Hl. Stuhl reichseinheitlich regeln und Geltung verschaffen.

Das bayerische Konkordat als zeitlich erstes Länderkonkordat regelt die Folgen einer kirchlichen Beanstandung in Art. 3 § 2. Darin verpflichtet sich der Freistaat Bayern im Falle einer „ernstlichen Beanstandung" eines Universitätstheologen für Ersatz zu sorgen.[96]

---

[95] Vgl. dazu W. Weber, Die deutschen Konkordate, Bd. II.

[96] Abgedruckt bei W. Weber, Die deutschen Konkordate, Bd. I. Die entscheidenden Texte lauten:

Art. 3 Bayer. Konk.: „§ 1. Die Ernennung oder Zulassung der Professoren oder Dozenten an den theologischen Fakultäten der Universitäten und an den philosophisch-theologischen Hochschulen sowie der Religionslehrer an den höheren Lehranstalten wird staatlicherseits erst erfolgen, wenn gegen die in Aussicht genommenen Kandidaten von dem zuständigen Diözesanbischofe keine Erinnerung erhoben worden ist. § 2. Sollte einer der genannten Lehrer von dem Diözesanbischofe wegen seiner Lehre oder wegen seines sittlichen Verhaltens aus triftigen Gründen beanstandet werden, so wird die Staatsregierung unbeschadet seiner staatsdienerlichen Rechte alsbald auf andere Weise für einen entsprechenden Ersatz sorgen."

Schlußprotokoll zu Art. 12 I 2 Preuß. Konk.: „Bevor an einer katholisch-theologischen Fakultät jemand zur Ausübung des Lehramts angestellt oder zugelassen werden soll, wird der zuständige Bischof gehört werden, ob er gegen die Lehre oder den Lebenswandel des Vorgeschlagenen begründete Einwendungen zu erheben habe. Die Anstellung oder Zulassung eines derart Beanstandeten wird nicht erfolgen.

Die der Anstellung (Abs. 1) vorangehende Berufung, d.h. das Angebot des betreffenden Lehrstuhls durch den Minister für Wissenschaft, Kunst und Volksbildung, wird in vertraulicher Form und mit dem Vorbehalt der Anhörung des Diözesanbischofs geschehen. Gleichzeitig wird der Bischof benachrichtigt und um seine Äußerung ersucht werden, für die ihm eine ausreichende Frist gewährt werden wird. In der Äußerung sind die gegen die Lehre oder den Lebenswandel des Vorgeschlagenen bestehenden Bedenken darzulegen; wie weit der Bischof in dieser Darlegung zu gehen vermag, bleibt seinem pflichtmäßigen Ermessen überlassen. Die Berufung wird erst veröffentlicht werden, nachdem der Bischof dem Minister erklärt hat, daß er Einwendungen gegen die Lehre und den Lebenswandel des Berufenen nicht zu erheben habe.

Sollte ein einer katholisch-theologischen Fakultät angehöriger Lehrer in seiner Lehrtätigkeit oder in Schriften der katholischen Lehre zu nahe treten oder einen schweren oder ärgerlichen Verstoß gegen die Erfordernisse des priesterlichen Lebenswandels begehen, so ist der zuständige Bischof berechtigt, dem Minister für Wissenschaft, Kunst und Volksbildung hiervon Anzeige zu machen. Der Minister wird in diesem Fall, unbeschadet der dem Staatsdienstverhältnis des Betreffenden entspringenden Rechte, Abhilfe leisten, insbesondere für einen dem Lehrbedürfnis entsprechenden Ersatz sorgen."

Art. X Bad. Konk.: „1. Bevor an der katholisch-theologischen Fakultät der Universität Freiburg i. Br. jemand zur Ausübung des Lehramtes berufen, zugelassen oder angestellt wird, muß der Erzbischof, bei Erledigung des Erzbischöflichen Stuhles der Erzbistumsverweser gehört werden, ob gegen die Lehre oder den Lebenswandel oder

Das preußische Konkordat (abgedruckt ebd.) regelt die Folgen einer kirchlichen Beanstandung in Art. 12 Abs. 1 S. 2. Art. 12 Abs. 1 S. 2 PrK nimmt hinsichtlich der Regelung des Verhältnisses zwischen katholisch-theologischer Fakultät und den kirchlichen Behörden auf die vom preußischen König für die theologischen Fakultäten der Universitäten Bonn und Breslau 1834 bzw. 1840 erlassenen Statuten Bezug.[97] Art. 12 Abs. 1 S. 2 PrK wurde konkretisiert durch das einen „integralen Bestandteil des Konkordates bildende" Schlußprotokoll. Danach ist der Wissenschaftsminister verpflichtet, im Falle einer bischöflichen Beanstandung eines Universitätstheologen „unbeschadet der dem Staatsamt des Betreffenden entspringenden Rechte, Abhilfe zu leisten, insbesondere für einen dem Lehrbedürfnis entsprechenden Ersatz zu sorgen." Diese Formulierung ist eine teilweise wörtliche Übernahme von § 48b der Breslauer und von § 4 Zf. 2 der Bonner Statuten. Art. 12 Abs. 1 S. 2 PrK ist jedoch gegenüber dem Text der Statuten insofern erweitert, als darin die Verpflichtung des Staates aufgenommen ist, für Ersatz zu sorgen.

In Art. X Abs. 2 des 1932 geschlossenen bad. Konkordates[98] verpflichtet sich der Staat ebenfalls, für Ersatz zu sorgen, der – wie im preußischen Konkordat – den Lehrbefugnissen entsprechen muß.[99] Betrachtet man nun Art. 19 S. 2 RK bzw. desen Verweis auf die Länderkonkordate, so ergibt sich ein übereinstimmender Regelungsgehalt, nämlich „für einen, den Lehrbefugnissen entsprechenden Ersatz zu sorgen." Das preußische Konkordat enthält zusätzlich die Verpflichtung des Staates, „Abhilfe zu leisten". Wichtig für die Auslegung dieser Formulierung wird sein, ob sie den Staat über die Ersatzgestellungsklausel hinaus vertraglich verpflichtet.[100] Dann würde der Verweis des Art. 19 S. 2 RK auf die Länderkonkordate eine Kumulierung der kirchlichen Rechte bedeuten. Oder – so stellt sich die Frage –, will Art. 19 S. 2 RK nur auf den gemeinsamen Regelungsgehalt der Länderkonkordate verweisen?[101] Letztere Überzeugung – das sei hier vorweggenommen – scheint die am meisten begründete zu sein. Dieser Überlegung muß aber die grundsätzliche Frage vorweggenommen werden, ob die Auslegung der Abhilfeklausel des preußischen Konkordates überhaupt eine weiter-

---

die Lehrbefähigung des Vorgeschlagenen unter Angabe des Grundes Einwendungen erhoben werden. Im Falle einer derartigen Beanstandung wird die Berufung, Zulassung oder Anstellung nicht erfolgen. 2. Dementsprechend wird die Staatsregierung im Falle einer seitens des Erzbischofs bzw. Erzbistumsverwesers erfolgten ernstlichen Beanstandung der Lehre oder des Lebenswandels oder der Lehrbefähigung eines an der katholisch-theologischen Fakultät angestellten Lehrers im Einvernehmen mit dem Erzbischof für einen den Lehrbedürfnissen entsprechenden Ersatz sorgen."

[97] Zu diesen Statuten vgl. H. Mussinghoff, Theologische Fakultäten, S. 10ff., 31ff.

[98] Zum Text vgl. W. Weber, Die deutschen Konkordate.

[99] Vgl. dazu A. Hollerbach, Das badische Konkordat, S. 298.

[100] So H. Mussinghoff, Theologische Fakultäten, S. 438; U. Scheuner, Rechtsfolgen, S. 15/39.

[101] So H. Quaritsch, Hans Küng, S 82f.

gehende Einschränkung der Rechtsstellung des kirchlich beanstandeten Beamten zur Konsequenz hat.

bb) Die Beanstandungsklauseln und ihre Auslegung nach den Grundsätzen völkerrechtlicher Verträge

Mit Recht hat A. Hollerbach darauf hingewiesen,[102] daß Konkordate unter rechtsdogmatischem Gesichtspunkt – soweit sie rein innerstaatliche Angelegenheiten zwischen Staat und Kirche regeln – keine völkerrechtlichen Verträge seien. Danach sind Verträge zwischen Staat und Kirche, soweit sie nicht das Recht der Nuntiaturen u. ä. regeln, Verträge sui generis zwischen zwei – allerdings innerstaatlichen – autonomen Rechtsordnungen. Da es sich aber bei den so verstandenen Konkordaten jedenfalls um Verträge zweier autonomer Vertragsparteien handelt, können für die Vertragsauslegung nicht die Kriterien der Auslegung eines öffentlich-rechtlichen Vertrages herangezogen werden, sondern es sind die Auslegungskriterien für die Auslegung völkerrechtlicher Verträge anzuwenden.[103] Soweit diese allgemein akzeptiert sind, sind sie niedergelegt in Art. 31 und 32 der Wiener Konvention.[104] Danach sind die philologische, teleologische und historische Auslegungsmethode für das Verständnis eines Textes heranzuziehen. Grundlegend ist die philologische Auslegung des Wortlautes.[105] Ergänzt wird sie durch die Frage nach dem Sinn und Zweck des Vertrages sowie durch die Vorgeschichte und die Anwendungspraxis.[106]

(1) Wortlaut und vertraglicher Kontext

Das badische und das bayerische Konkordat verpflichten den Staat, im Falle kirchlicher Beanstandung eines Universitätstheologen „für Ersatz" zu sorgen. Vom Wortlaut her verpflichten diese Konkordate den Staat nicht, den Beanstandeten aus der Fakultät zu entfernen.[107] Für Ersatz hat der Staat dann gesorgt, wenn er einen von der Kirche gebilligten Universitätstheologen mit dem entsprechenden Lehrauftrag betraut. Vom Wortsinn der Ersatzgestaltung her ist damit dem kirchlichen Interesse Genüge getan. Ein Ausscheiden aus der Fakultät umfaßt die „Ersatzgestellung" vom Wortsinn her nicht. Die Formel von der „Abhilfe" im pr. Konkordat erlaubt vom

[102] Vgl. A. Hollerbach, Verträge zwischen Staat und Kirche, S. 96f.

[103] So mit Recht auch U. Scheuner, Rechtsfolgen, S. 21.

[104] Abgedruckt bei Müller / Wildhaber, Praxis des Völkerrechts, S. 581ff.

[105] Vgl. dazu Menzel / Ipsen, Völkerrecht, S. 321.

[106] So auch U. Scheuner, Rechtsfolgen, R. Bernhardt, Die Auslegung völkerrechtlicher Verträge, S. 88f., S. 109f., 126f.

[107] Vgl. dazu auch W. Weber, Das Nihil obstat, S. 60; A. Koeniger, Die neuen deutschen Konkordate, S. 178; W. Thieme, Deutsches Hochschulrecht, S. 251; ebenso wohl auch U. Scheuner, Rechtsfolgen, S. 22.

Wortsinn her keine Auslegung, die eine Zwangsentfernung des Beanstandeten aus der Fakultät als Vertragspflicht des Staates zur Folge hätte. Zwar legt die Abhilfeformel des Art. 12 Abs. 1 S. 2 PrK nahe, daß sich der Staat im Vergleich zu den beiden anderen Konkordaten stringenter verpflichtet hat, dem kirchlichen Interesse entgegenzukommen. Mit der Formel „Abhilfe leisten“ und der Formel „insbesondere Ersatz besorgen“ sind aber gerade nicht irgendwelche Maßnahmen gegen den Beanstandeten als Vertragspflicht einbegriffen. Eine Zwangsentfernung mag sich der Staat, falls dies ihm seine Rechtsordnung erlaubt, um des Friedens mit der Kirche willen offenhalten. Als Vertragspflicht läßt sich dies jedoch vom Wortlaut her nicht ableiten.

Art. 19 RK iVm Abs. 3 des Schlußprotokolls steht in vertraglichem Kontext mit Art. 12 Abs. 1 S. 2 Prk.[108] Dabei steht die Beanstandungsregel des Abs. 3 in sachlichem Zusammenhang mit der konkordatären Pflicht des Staates, die Übernahme eines Universitätstheologen in das Beamtenverhältnis von der Erteilung des Nihil obstat abhängig zu machen (Abs. 1 S. 2 Schlußprotokoll). Konkordatär ist damit die Pflicht der katholischen Geistlichen anerkannt, staatliche Ämter nur nach dienstrechtlicher Freigabe durch die Kirche anzutreten.[109] Jedoch kann dadurch eine Zwangsentfernung des Beanstandeten aus der Fakultät seitens des Staates nicht abgeleitet werden. Denn der bischöfliche Widerruf des Nihil obstat gegenüber dem zuständigen Kultusminister oder der nur kirchenrechtlich bedeutsame Entzug der missio canonica[110] kann weder die beamtenrechtliche Stellung des Beanstandeten eo ipso berühren noch den Staat – womöglich gegen seine Rechtsordnung – zur Zwangsentfernung aus der Fakultät verpflichten. Denn Art. 19 S. 2 RK iVm Abs. 3 des Schlußprotokolls zu Art. 12 Abs. 1 S. 2 prK regelt die Form der Entziehung der kirchlichen Lehrbefugnis als auch die Vertragspflichten des Staates abschließend. Die Form der Beanstandung vollzieht sich durch Anzeige des Widerrufs des Nihil obstat und des Entzugs der „missio canonica“ gegenüber dem Kultusminister, was rechtlich nur innerkirchlich bedeutsam und daher nur deklaratorischen Charakter haben kann. Diese Deklaration hat allerdings die vertragliche Pflicht des Staates zur Folge, Abhilfe zu leisten, insbesondere für Ersatz zu sorgen. Die Einflußrechte der Kirche auf die Personalhoheit des Staates, wie sie bei einer Neueinstellung eines Universitätstheologen gegeben sind, sind bei einem

---

108 Vgl. zu seiner (des Kontextes) Maßgeblichkeit auch für die Auslegung einer einzelnen Vertragsbestimmung Verdross / Simma, Universelles Völkerrecht, S. 390.

109 Vgl. Art. 7 RK. Dabei ist jedoch zu beachten, daß diese Vorschrift als allgemeine Regelung des Nihil obstat gegenüber Art. 12 PrK subsidiär ist.

110 Vgl. dazu E.-L. Solte, Theologie, S. 147ff.; W. Weber, Das Nihil obstat, S 47f., S. 62; H. Mussinghoff, Theologische Fakultäten, S. 419; vgl. dazu auch ad II Nr. 3 der Instruktion zur Durchführung der Apostolischen Konstitution „Deus scientiarum Dominus“ an den theologischen Fakultäten der dt. Universitäten vom 7.7.1932, abgedr. in: Nachkonziliare Dokumentation Bd. 25 (1974) 524.

bereits beamteten Universitätslehrer vertraglich gerade nicht zugestanden. Hätte dies der Staat getan, so hätte er sich seiner Personalhoheit – zumindest im Bereich der theologischen Fakultäten – begeben.[111] Denn wollte man den beamtenrechtlichen Status eines Universitätstheologen vom Entzug der kirchlichen Lehrerlaubnis abhängig machen, wäre der beamtete Universitätstheologe von kirchlichen Alleingängen ganz und gar abhängig gemacht. Gerade das wollen und sollen die Konkordate jedoch verhindern. Denn die gegenseitigen Konkordatspflichten der jeweiligen Vertragsparteien sollen gerade zwischen staatsrechtlichen und kirchenrechtlichen Interessen die Balance schaffen.[112] Dieses Interesse ist auch vom kirchlichen Vertragspartner als solches anerkannt, weshalb der CIC in Canon 3 den Konkordaten als partikularem Kirchenrecht Vorrang vor dem Codex als allgemeinem kirchlichem Recht einräumt.[113] Diese konkordatären Rechtspflichten sind auch seitens des Hl. Stuhles dadurch erfüllt worden, daß in der Instruktion von 1932 festgelegt worden ist, daß die Erteilung und Entziehung der missio canonica nach den Vorschriften der Konkordate zu erfolgen habe.[114] Sowohl der bischöfliche Widerruf des Nihil obstat als auch der Entzug der missio canonica sind konkordatsrechtlich, bes. staatsrechtlich ohne Bedeutung. Sie sind rein innerkirchliche Maßnahmen, die ohne förmliche Beanstandung wirkungslos wären. Sie können als solche keine eigenen Rechtsfolgen erzeugen.

(2) Entstehung und historische Praxis

Für die Auslegung der Beanstandungsklauseln und die staatlichen Vertragspflichten ist ohne Zweifel auch die historische Praxis heranzuziehen.[115] Ein Blick auf diese belegt, daß das Ausscheiden des beanstandeten Universitätstheologen aus der Fakultät in der Mehrzahl der Beanstandungsfälle zutrifft.[116] Jedoch liefert die historische Praxis dafür, daß die Beanstandungsklauseln in dem Sinn ausgelegt werden müßten, daß die Zwangsentfernung staatliche Pflicht sei und der Staat diese auch anerkannt habe, gerade keinen Beleg. Vielmehr beweist sie gerade das Gegenteil. Denn die

---

[111] Vgl. dazu Art. 20, 28 GG. Die staatliche Personalhoheit der Ämterbesetzung wird auch durch die Rechtsprechung strikt gewahrt; vgl. dazu BVerfGE 9, 278ff.; BayVerfGH, in: DÖV 1966, 715; VGH BW, in: DVBl. 1968, 255ff.; BayVGH, in: ArchkathKR 130, 192; OVG Münster, OVGE 20, 511; BVerwGE 17, 267ff.; 19, 252ff.

[112] Vgl. dazu W. Weber, Das Nihil obstat, S. 47f./S. 62; H. Mussinghoff, Theologische Fakultäten, S. 419/436; E.-L. Solte, Theologie, S. 151.

[113] Vgl. dazu K. Mörsdorf, Lehrbuch des Kirchenrechts, S. 75ff.

[114] Vgl. dazu ad II Nr. 3 der Instruktion von 1932, in: Nachkonziliare Dokumentation a.a.O.

[115] Vgl. dazu U. Scheuner, Rechtsfolgen, S. 39.

[116] Vgl. dazu E. R. Huber, Deutsche Verfassungsgeschichte, Bd. II, S. 217ff.; Bd. IV, S. 645ff., 679 - 685, 936f., 943f., 962ff. und – im Hinblick auf Preußen – H. Mussinghoff, Theologische Fakultäten, Teil I.

Konflikte in dem Dreiecksverhältnis Staat – Kirche – Universitätstheologe wurden teils einvernehmlich, öfters zu Lasten der Kirche und nur ein einziges Mal über den Kopf des Beanstandeten hinweg zu seinen Lasten gelöst.[117]

Wie schon oben in den Eingangskapiteln gezeigt wurde, hatte die katholische Kirche nach der Säkularisation keinen rechtlich gesicherten Einfluß auf die Besetzung der theologischen Lehrstühle. Ein solcher Einfluß wurde ihr erst durch die Bonner (1834) und dann Breslauer Statuten (1840) insofern eingeräumt, als sich der preußische Staat – von sich aus und nicht vertraglich – bereit erklärte, im Falle einer Beanstandung einzuschreiten und Abhilfe zu schaffen. Die Art der Abhilfe war gerade nicht festgelegt. Der preußische Kultusminister Eichhorn hatte lediglich zugesichert, Vorschläge der Kirche zur Berufung neuer Professoren „gern entgegenzunehmen und nach Möglichkeit zu berücksichtigen".[118] Gleichzeitig betonte er jedoch, daß sich eine eventuelle Entfernung eines Beanstandeten aus der Fakultät nach den Gesetzen des Staates richte. Damit wollte er klarstellen, daß die Rücknahme der „missio canonica" nicht zugleich die Amtsenthebung des betreffenden Hochschullehrers von selbst zur Folge habe. Dieser Rechtsstandpunkt und diese Rechtslage entsprachen denen in den anderen deutschen Staaten. Sie vollzogen sich in der Praxis reibungslos dort, wo der Beanstandete freiwillig aus der Fakultät ausschied.[119] Beharrte jedoch ein beanstandeter Professor der Theologie auf seinem Verbleiben in der Fakultät aufgrund seines beamtenrechtlichen Status, so kam es regelmäßig zu Konflikten zwischen Staat und Kirche. Sie endeten – mit einer einzigen Ausnahme[120] – gerade nicht mit einer Zwangsentfernung des kirchlich Beanstandeten aus seiner Fakultät. Im Hermesianismusstreit wurde den Bonner Professoren Braun und Achterfeldt 1834/44 zwar das Recht genommen, an den Fakultätsgeschäften teilzunehmen und Vorlesungen abzuhalten. Sie behielten aber Lehrstuhl und Fakultätsmitgliedschaft.[121]

Auch der beanstandete Breslauer Theologe Baltzer behielt bis zu seinem Tode seine Fakultätsmitgliedschaft und seinen Lehrstuhl.[122] Nach dem I. Vaticanum waren die kirchlichen Beanstandungen gegenüber Professoren besonders zahlreich, als diese sich den Altkatholiken anschlossen. Der preu-

---

117 Nämlich im Falle des Münchner Kirchenhistorikers Friedrich, s. unten.

118 Vgl. dazu H. Mussinghoff, Theologische Fakultäten, S. 61.

119 Dies erfolgte durch Emeritierung wie 1926 im Falle des Breslauer Theologen Wittig (vgl. dazu H. Mussinghoff, Theologische Fakultäten, S. 160); durch Wohnsitzwechsel wie 1912 im Falle des Braunsberger Kirchenhistorikers H. Koch (vgl. H. Mussinghoff, a.a.O., S. 216) oder – wie in Baden im Falle des Freiburger Theologen Reichlin-Meldegg praktiziert –, durch Versetzung in die philosophische Fakultät; vgl. dazu E.-L. Solte, Theologie, S. 167; H. Maas, Geschichte der katholischen Kirche in Baden, S. 50f.

120 Darauf weist E.-L. Solte, Theologie, S. 167 Fn. 192 hin: Der Münchner Kirchenhistoriker Friedrich sei zwangsweise in die philosophische Fakultät versetzt worden.

121 Vgl. H. Mussinghoff, Theologische Fakultäten, S. 63.

122 Vgl. ebd., S. 75.

ßische Staat ließ die Beanstandungen unbeachtet. Das war zwar einer der Gründe, die zum Kulturkampf führten. Die Annäherung zwischen preußischem Staat und der katholischen Kirche vollzog sich aber in der Weise, daß der preußische Staat Ersatzprofessoren für die mit Altkatholiken besetzten Lehrstühle schuf, jedoch deren Fakultätsrechte in keiner Weise einschränkte.[123] So verpflichtete sich zwar der Staat in der Konvention zwischen Deutschem Reich und Hl. Stuhl über die Reichsuniversität Straßburg, im Falle einer kirchlichen Beanstandung alsbaldigen Ersatz zu leisten und die Betätigung der Betroffenen an den Geschäften der Fakultät zu unterbinden. Er verpflichtete sich jedoch gerade nicht, dem Beanstandeten die Fakultätsmitgliedschaft zu entziehen.[124]

So sah sich auch im Falle Straßburgs die Kirche einem Staat gegenüber, der sich an seine verfassungs- und beamtenrechtlichen Rechtsgrundlagen gebunden sah. Die Heranziehung der historischen Praxis, die auf dem Hintergrund der Konkordate und deren Beanstandungsklauseln zu sehen ist, ist gerade ein beredtes Zeugnis dafür, daß der Staat sich nicht über das oben dargelegte Ergebnis der philologischen Auslegung der Konkordatstexte hinaus verpflichten wollte.

Zu einem anderen Ergebnis führt auch nicht die Anwendungspraxis der Konkordate selbst. Die seit 1949 bekanntgewordenen Beanstandungsfälle endeten regelmäßig mit einem freiwilligen Ausscheiden aus der Fakultät. Sie können folglich nicht als Beleg für die Anerkennung einer Rechtspflicht seitens des Staates zur Zwangsentfernung eines Beanstandeten dienen.[125] Vielmehr belegt die im Schlußprotokoll des bayerischen Änderungs- und Ergänzungskonkordates von 1974 aufgenommene Regelung,[126] daß ein Beanstandeter aus der Fakultät ausscheidet, die Tatsache, daß beide Vertragsparteien davon ausgingen, daß die Zwangsentfernung des Beanstandeten aus der Fakultät keine Vertragspflicht des Staates sei.[127]

---

[123] Vgl. ebd., S. 81f.

[124] Vgl. ebd., S. 104f.; U. Scheuner, Rechtsfolgen, S. 38f.; zutreffend hebt H. Mussinghoff hervor, daß das Reich um seiner politischen Ziele willen in der Straßburger Konvention dem Vatikan weitergehende Rechte eingeräumt hat, als er sie bezüglich der übrigen katholisch-theologischen Fakultäten besaß. Um so bezeichnender ist es für die allgemeine Rechtslage, daß auch bezüglich Straßburg der Vatikan seine Forderungen, ein Beanstandeter müsse aus der Fakultät ausscheiden, nicht durchsetzen konnte.

[125] Art. 19 S. 3 RK, der die Reichsregierung verpflichtete, eine einheitliche Beanstandungspraxis herzustellen, ist in diesem Zusammenhang ohne Bedeutung; die nach der grundgesetzlichen Kompetenzverteilung zuständigen Länderorgane haben keine Beschlüsse oder Abreden zur Sicherung einer einheitlichen Praxis gefällt.

[126] Vgl. Bayer. Gesetz- und Verordnungsblatt 1974, S. 541ff., bes. 548.

[127] So hatte sich im Falle des Münsteraner Kirchenrechtlers Hermann der nordrhein-westfälische Kultusminister in einem von U. Scheuner auszugsweise zitierten Schreiben an das Kommissariat der Bischöfe in NRW bereit erklärt, den Beanstandeten notfalls gegen seinen Willen aus der Fakultät zu entfernen. Die von Scheuner zitierte Passage bietet, darauf weist E. Th. Emde, Theologische Fakultäten, S. 362f., mit Recht hin, aber keinen Anhaltspunkt dafür, daß der Kultusminister hiermit eine

(3) Die Frage nach Sinn und Zweck der Konkordate

Sinn und Zweck der Konkordate ist einerseits, die wissenschaftliche Ausbildung der zukünftigen Geistlichen und Religionslehrer i.S.d. Kirche zu garantieren,[128] andererseits aber auch das staatliche Interesse davor zu schützen, die katholisch-theologischen Fakultäten der Bestimmungsmacht des Staates zu entziehen und der Kirche zu unterstellen. Die Konkordate sollen somit sicherstellen, daß die theologischen Fakultäten eine gleichermaßen nach staatlichem wie nach kanonischem Recht anerkannte Ausbildung vermitteln. Die Konkordate sollen diese Synchronizität dadurch sichern, daß sie die Tätigkeit des Hochschullehrers sowohl von einer staatlichen als auch kirchlichen Anerkennung abhängig machen. Dadurch ist aber die personelle Integrität der Fakultät im kirchlichen Sinne nicht zum Sinn und Zweck der Konkordate gemacht.

Die Durchbrechung der personellen Integrität i.S.d. Kirche würde nur dann gegen Sinn und Zweck der Konkordate sein, wenn sie zu einer konkordatswidrigen Normvereitelung hinsichtlich der theologischen Fakultäten führen würde.[129] Unter den gegebenen rechtlichen Bedingungen kommt jedoch eine solche Funktionsvereitelung nicht in Betracht. Sie wären nur denkbar, wenn die Kirche keine anderen autonomen Möglichkeiten hätte, ihre Studenten vor der Lehre des beanstandeten Hochschullehrers zu schützen. Dies ist aus vielerlei Gründen nicht der Fall. Mit der Forderung nach Ersatzgestellung eines von ihr gebilligten Hochschullehrers ist die Forderung und die Ausbildung der Studenten in der Lehre der Kirche gesichert. Außerdem kann die Kirche aufgrund der Konkordate auf die Lehren innerhalb der theologischen Fakultäten in vielfältiger Weise Einfluß nehmen. So verweist Art. 19 S. 2 RK hinsichtlich des Verhältnisses der katholisch-theologischen Fakultäten zur Kirche auf die „einschlägigen kirchlichen Vorschriften“. Weiter kann die Kirche nach kanonischem Recht ihren Studenten Hörverbote erteilen. Sie übt die geistliche Aufsicht über die Vorlesungen der Hochschullehrer aus. Der Erwerb der akademischen Grade ist von ihrer Zustimmung abhängig.[130] Diese Häufung kirchlicher Einwirkungsmöglich-

---

konkordatäre Rechtspflicht anerkannt hat. Ein außerhalb der Vertragspflicht liegendes Entgegenkommen auf die Wünsche des Vertragspartners erweitert die Vertragspflichten nicht. Ob eine solche Zwangsentfernung verfassungswidrig oder noch verfassungsrechtlich zu rechtfertigen gewesen wäre, soll hier noch dahingestellt bleiben; dieselbe Frage stellt sich hinsichtlich der Regelung des bayerischen Ergänzungskonkordates.

[128] Vgl. W. Weber, Theologische Fakultäten, S. 375.

[129] Vgl. dazu U. Scheuner, Rechtsfolgen, S. 59. U. Scheuner hält bereits eine Funktionserschwerung für eine Konkordatsverletzung. Dabei verkennt er jedoch, daß der Staat – wie die vage Regelung der Beanstandungsfolgen zeigt – keine theologische Konformität zusicherte, sondern mit dem kirchlichen Vertragspartner eine durchaus konfliktsträchtige Regelung getroffen hat: Concordatum fons rixarum. Dieser Tatbestand darf nicht durch das Unterschieben von Funktionsoptimierungsgarantien verwischt werden.

keiten zusammen mit der kirchlichen Zustimmung als Bedingung bei Neueinstellungen und zusammen mit der Ersatzgestellung machte eine Funktionsvereitelung undenkbar und – wie noch zu zeigen sein wird – den staatlichen Schutz bezüglich Forschung und Lehre für die Kirchen zumutbar. Denn wie gerade die Geschichte des 19. Jh. zeigt, besteht unter den genannten Bedingungen eine substantielle Gefahr für die theologischen Fakultäten nicht. Deshalb ist das Ergebnis einer teleologischen Auslegung der Konkordate kein anderes als das der philologischen Auslegung. Der Wortlaut hält bewußt die Möglichkeit des Verbleibs eines Beanstandeten in der Fakultät offen. Zusammen mit der Ersatzgestellung ist damit aber sowohl dem staatlichen Interesse an der Wahrung der weltlichen Rechtsordnung auch innerhalb der theologischen Fakultäten als auch dem kirchlichen Interesse an der Integrität ihrer Lehren Rechnung getragen.

Auf die Wahrung der staatlichen Rechtsordnung auch innerhalb der theologischen Fakultäten zielt das eigentlich staatliche Interesse am Abschluß der Konkordate. Und von diesem Zweck her soll eine staatliche Verpflichtung der Zwangsentfernung eines Staatsbeamten aus der Fakultät gerade verhindert werden. So wird man im Blick auf die Auslegung der staatlichen Konkordatspflichten, nämlich einen „den Lehrbefugnissen entsprechenden Ersatz zu besorgen", hinsichtlich des Rechtsstatus des Universitätstheologen zu einer teleologischen Reduktion kommen müssen.[131] Dementsprechend wird man von der teleologischen Auslegung der Beanstandungsklauseln her folgern müssen, daß ein Beanstandeter vom Sinn und Zweck der Konkordate her Mitglied der Fakultät bleiben darf, vom verfassungsrechtlichen Gesichtspunkt her sogar bleiben muß, wenn der Beamte nicht freiwillig ausscheidet. Der Beanstandete wird sicher keine Lehraufgaben der Fakultät mehr wahrnehmen dürfen, soweit es sich um Pflichtvorlesungen für künftige Geistliche und Religionslehrer und auch Prüfungen handelt, die die kirchliche Zustimmung erfordern. Die teleologische Auslegung der Konkordatstexte hindert aber gerade daran, dem Beanstandeten überhaupt das Recht zur Abhaltung von Lehrveranstaltungen abzusprechen. Denn die Konkordatstexte verlangen lediglich, daß die wissenschaftliche Ausbildung der Geistlichen und der Religionslehrer durch Hochschullehrer garantiert ist, die von der Kirche gebilligt sind. Sie zielen aber nicht auf eine staatliche Vertragsverpflichtung, eine Funktionsoptimierung der Fakultät im kirchlichen Sinne so sicherzustellen, daß jeder Hochschullehrer, mit dessen wissenschaftlicher Forschung und Lehre die derzeitige kirchliche Leitung nicht übereinstimmt, an Forschung und Lehre gehindert wird. Wie schon angedeutet und wie noch weiter aufzuzeigen sein wird, macht das weitere wissenschaftliche Arbeiten eines kirchlich Beanstandeten die theologische

---

130 Vgl. E.-L. Solte, Theologie, S. 233ff.

131 Vgl. dazu H. Quaritsch, Hans Küng, S. 88.

Fakultät nicht funktionsunfähig im Hinblick auf ihren konkordatären Sinn und Zweck. Denn solange Ersatz durch einen kirchlich autorisierten Theologen gestellt wird und die Kirche die Möglichkeit hat, den Beanstandeten von Prüfungen mit auch kanonischer Anerkennung fernzuhalten, ist der Zweck gewährleistet, daß die Fakultät ihren Auftrag, kirchlich autorisierte Theologie zu lehren, erfüllt. Die Frage, ob die Studenten auch von der derzeitigen Kirchenleitung abweichende Überzeugungen hören können, kann kein konkordatäres Problem sein. Dies ist vielmehr eine Frage der Freiheit in Forschung und Lehre, der akademischen Freiheit der mit dem Zeugnis der Reife ausgestatteten Studenten, die zu beschneiden die Verfassung des Staates gerade verbietet.

Die bei völkerrechtlichen Verträgen anerkannten Auslegungsmethoden erbringen folglich keine überzeugenden Argumente, die konkordatären Rechtspflichten des Staates über den Wortlaut hinaus zu erweitern. Die Auslegungsmethoden vermögen auf konkordatärer Ebene eine Rechtspflicht des Staates zur Zwangsentfernung des Beanstandeten nicht zu begründen. Ob der Staat nach innerstaatlichem Recht bzw. nach Verfassungsrecht eine Zwangsentfernung überhaupt vornehmen darf, ist ein Problem, das noch unten zu behandeln sein wird.

II. Staatliche Grundrechtsverteidigung und kirchliche Beanstandung

1. Die Frage nach dem Verhältnis der individuellen Verfassungsgarantien des Universitätstheologen und Art. 4; 140 GG iVm Art. 137 Abs. 3 WRV

a) Die konkordatären kirchlichen Beanstandungsrechte im Verhältnis zur verfassungsrechtlichen Problemlage

Die Frage einerseits nach den konkordatären Grundlagen des kirchlichen Beanstandungsrechtes und andererseits nach der Schutz- und Fürsorgepflicht des Staates bezüglich des beamteten Universitätstheologen gegen Angriffe „von außen“ auf seine Stellung zwingt wiederum zu einem Blick auf die staatskirchenrechtliche Problemlage. Dabei ist es notwendig, die beiden Ebenen staatskirchenrechtlicher Argumentation, nämlich die konkordatsrechtliche und innerstaatlich-verfassungsrechtliche, auseinanderzuhalten.[132] So stehen sich einerseits die konkordatsrechtlich vereinbarten Rechte und Pflichten von Staat und Kirche gegenüber. Diese sind nach Vertragsgrundsätzen, d.h. eng auszulegen und strikt zu erfüllen. Andererseits gibt es verfassungsrechtlich eine doppelte Bindung und Begrenzung der

[132] Vgl. dazu U. Preuß, Kommentar zu Art. 140 GG, in: Alternativkommentar zum GG, Bd. II, S. 1349ff., bes. Rdnr. 43.

staatlichen Gewalt. Diese ist nämlich begrenzt hinsichtlich religiös-weltanschaulicher Angelegenheiten, dann aber auch durch die grundrechtlichen Freiheits- und Autonomieansprüche als Verfassungsgarantien.[133] Dabei sind Träger und Umfang dieser Ansprüche zu ermitteln. Denn es steht nicht von vornherein fest, daß den objektiv-rechtlichen Bindungen und Begrenzungen des Staates subjektiv-rechtliche Ansprüche der einzelnen oder der Religionsgesellschaften voll korrespondieren. Auch sind die konkordatsrechtlichen Positionen und verfassungsrechtlichen Bindungen bzw. Gewährleistungen nicht notwendig deckungsgleich. Sie können auseinanderfallen und müssen je für sich festgestellt und interpretiert werden.

Diese Fragen beziehen sich darauf, ob und inwieweit ein katholischer Theologieprofessor nach erfolgter kirchlicher Beanstandung in seinem theologischen Fach weiter lehren und forschen, Prüfungen abnehmen und an Promotionen und Habilitationen mitwirken darf. Weiterhin, ob er seiner bisherigen Fakultät ferner angehört oder ob dies rechtlich gesehen ein Ende finden muß. Schließlich berührt diese Frage das Verhältnis von Staat und Kirche in grundsätzlicher Art und Weise. Nämlich, inwieweit bei der verfassungsrechtlich gebotenen Trennung von Staat und Kirche bereichsweise verbleibende institutionelle Verbindungen bei gleichzeitiger staatlicher Gewährleistung von freier Wissenschaft möglich ist.[134] Es ist ein Bündel von grundsätzlichen Fragen, die hier wie in einem Brennspiegel zusammenlaufen.

Dabei ist es wichtig zu erkennen, daß der Verweis auf Aufgabe und Stellung der (katholisch-)theologischen Fakultäten bereits die eigentlich konkordatsrechtliche Argumentation überschreitet.[135] Man ist mit diesem Ver-

---

133 Vgl. ebd.

134 Vgl. dazu ebd.

135 Vgl. dazu ebd., S. 1382: „ ... Es gibt keine verfassungsrechtlichen Bedenken gegen eine Institutionalisierung der Theologie an den Universitäten ... obwohl der säkulare Staat bei der Institutionalisierung der theologischen Ausbildung allein *sein* Interesse an der Ausbildung kirchlicher Amtsträger zu berücksichtigen hat ... Daß die authentische katholische Lehre stets nur die Lehre der Kirche (als Institution) sein kann, ist ein katholisches Problem, das sich der weltanschaulich neutrale Staat nicht zu eigen machen darf, indem er einer Kirche seine Hoheitsbefugnisse verleiht (z.B. in Prüfungen; abzulehnen daher M. Heckel, in: ZevKR 20 (1975) 398, 403f.) Auch die begriffliche Konstruktion des konfessionellen Staatsamtes des katholischen Theologieprofessors findet im GG keine Grundlage. Eine Lösung des Konflikts zwischen der Konfessionsgebundenheit der Theologie als Wissenschaft und der Säkularität der staatlichen Institutionen liegt in Art. 5 Abs. 3, der ja gleichfalls ein Verbot an den Staat erhält, sich in die unmittelbar wissenschaftlichen Fragen von Lehre und Forschung einzumischen (vgl. BVerfGE 35, 79, 112ff.); aus diesem Grunde haben die Fakultäten/Fachbereiche eine starke Stellung bei der Ergänzung des Lehrkörpers und können in aller Regel einen Octroi ausschließen. Die Selbstergänzung des Lehrkörpers an den theologischen Fakultäten nach den für die anderen Fakultäten/Fachbereiche geltenden Regeln berücksichtigt einerseits die sachliche Eigenart der Theologie als Wissenschaft, ohne eine durch Art. 137 Abs. 1 verbotene institutionelle Verbindung von Staat und Kirche herzustellen (in diesem Zusammenhang sei daran erinnert, daß Anschütz für die Verhältnisse unter der preußischen Verfassung von 1850

weis schon in eine verfassungsbezogene staatskirchenrechtliche Gesamtbetrachtung eingetreten. Die konkordatären Verpflichtungen sind nämlich als Teilelement in diese einbezogen und nur von ihr aus können ihre Folgen interpretiert werden.

Bei dieser Vorgehensweise gilt es, eine vorwiegend institutsbezogene Sicht zu vermeiden. Zwar ist sicher richtig, die jeweiligen Einzelfragen in größere Zusammenhänge einzufügen.[136] Das auf Konkordanz und harmonischen Ausgleich zwischen Staat und Kirche zielende juristische Denken darf aber die individuellen Verfassungsgarantien im Bereich der Grundrechte nicht überspielen. Deshalb bleibt die Frage, ob die angesprochene Gesamtschau aus sich heraus Konkordatspflichten, die genau vereinbarte Vertragspflichten sind, zu intensivieren, auszudehnen oder ausfüllend zu konkretisieren vermag. Dann müßte man auf dem Boden der Vertragstexte über die genau festgelegten kirchlichen Ansprüche hinaus auch ein kirchliches Recht auf die Fakultäten selbst, sei es in ihrem hergebrachten institutionellen Zusammenhang, sei es nach kirchlichem Selbstverständnis, erkennen können. Daß hierzu die Erwähnung der „einschlägigen kirchlichen Vorschriften" im Regelungszusammenhang des Art. 19 RK ausreicht, erscheint mehr als fraglich.[137] Durch die Zwangsentfernung des beanstandeten Universitätstheologen könnte zunächst die individuelle Verfassungsgarantie der Wissenschaftsfreiheit des beanstandeten katholischen Theologen verletzt sein. Fraglich ist dabei, ob von einem beanstandeten Theologen gesagt werden kann, er verändere dadurch den Gegenstand seiner Wissenschaft, daß er nach Auffassung der Glaubensgemeinschaft, deren Lehren er wissenschaftlich zu erarbeiten und darzustellen hat, aus der Bindung zu dieser herausgetreten sei und dadurch eine neue – in sich durchaus legitime – wissenschaftliche Fragestellung aufnehme. Folglich gelte die individuelle Verfassungsgarantie des Art. 5 Abs. 3 GG für ihn in seiner Stellung als katholischer Theologe nur, solange er auch diese Wissenschaft „im Rahmen der immanenten Bindungen" betreibe.[138]

Zum anderen ist zu fragen, wie die Verbindung individualrechtlicher und objektivrechtlich-institutioneller Momente in der Garantie des Art. 5 Abs. 3 GG zu sehen ist. Dabei gilt es wieder der Gefahr zu begegnen, die individualrechtliche Garantie eher in die objektivrechtlich-institutionelle Gewährleistung einzufügen und dadurch zu begrenzen als umgekehrt. Die Antwort auf die Frage nach den Rechtsfolgen einer kirchlichen Beanstandung wird dementsprechend unterschiedlich sein. Wesentlich für die Frage-

---

die Anstellung eines Nichtchristen als Professor der Theologie als de jure nicht ausgeschlossen gehalten hatte). Die zwangsweise Entfernung eines von der katholischen Kirche beanstandeten Theologieprofessors aus der Theologischen Fakultät verletzt daher Art. 5 Abs. 3.

[136] So das Bemühen U. Scheuners, Rechtsfolgen.

[137] Vgl. Preuß, Art. 140 GG.

[138] Vgl. dazu U. Scheuner, Rechtsfolgen, S. 56f.

stellung dieser Arbeit ist, wieweit es zulässig ist, den Schutzbereich des Art. 5 Abs. 3 GG aus einer Bindung der katholischen Theologie an das derzeitige kirchliche Lehramt zu beschränken. Art. 5 Abs. 3 GG – als Freiheitsrecht – soll ja gerade den Wissenschaftler vor staatlichen Eingriffen in seinem Selbstverständnis als Wissenschaftler schützen, unabhängig davon, ob dies der – gegebenfalls sich schnell verändernden – herrschenden Meinung und Methode der außerwissenschaftlichen Bindungen der wissenschaftlichen Disziplin entspricht. Andernfalls wird nämlich das individuelle Freiheitsrecht des Art. 5 Abs. 3 GG den institutionellen Verfestigungen des Wissenschaftsprozesses einfachhin untergeordnet, ohne seinerseits diesen Prozeß aus der Freiheitsgewähr heraus zu prägen und zu bestimmen. Ist dann aber noch der Wesensgehalt von Art. 5 Abs. 3 GG gewahrt? Oder handelt es sich dann nicht nur um eine bloße kirchliche Organisationslehre, die zwar nicht unter den Schutzbereich des Art. 5 Abs. 3 GG fällt, die dann aber auch nicht an der Universität ihre Berechtigung hätte? Es handelt sich um Fragen, die über den Bereich der Theologie hinaus von Bedeutung sind.

Sie können an dieser Stelle noch nicht beantwortet werden. Sie sollen aber schon hier mit Nachdruck gestellt werden. Geht man nämlich von einer positiven Antwort aus, so bedeutet das keineswegs schon, daß die Herausnahme eines beanstandeten Theologen aus der theologischen Fakultät eo ipso grundrechtswidrig wäre. Es bedeutet zunächst nur – was aber nicht unwichtig ist –, daß dessen Wissenschaftsfreiheit dadurch betroffen ist und er sich solchen Maßnahmen gegenüber auf sie berufen könnte. Ob und unter welchen Voraussetzungen Art. 5 Abs. 3 GG dadurch verletzt wäre, muß sich aus einer genauen dogmatischen Bestimmung seines Gewährleistungsinhaltes und seiner Grenzen ergeben. Dabei kommt es einmal darauf an, wieweit Art. 5 Abs. 3 GG neben der Freiheit, nach eigener wissenschaftlicher Überzeugung zu forschen und zu lehren, auch ein Recht auf Verbleib in dem konkret funktionellen Amt einschließlich der kooperativen Mitwirkungsrechte in der konkreten wissenschaftlich so ausgerichteten Fakultät umfaßt. In einem gewissen Rahmen wäre die Wissenschaftsfreiheit beim Verbleib einer angemessenen wissenschaftlichen Ausstattung und Arbeitsmöglichkeit zwar innerhalb der Universität, aber außerhalb der Fakultät gegeben. Dies würde aber ohne Zweifel eine Begrenzung bedeuten. Jedoch stellt sich die Frage, wie weit das Recht aus Art. 5 Abs. 3 GG Begrenzungen und staatlichen Regelungsmöglichkeiten, so z.B. um die Arbeits- und Funktionsfähigkeit der Fakultät zu gewährleisten, unterliegt. Nicht alle Gewährleistungen im Rahmen von Art. 5 Abs. 3 GG müssen ja von gleicher Intensität sein.[139]

---

[139] Dieses Recht einschließlich seiner möglichen Begrenzung ist nicht an die Interpretation des Art. 5 Abs. 3 GG als Teilhaberecht gebunden, wie sie das BVerfG in seinem Hochschulurteil (BVerfGE 35, 79, bes. 112ff. = NJW 1973, 1176) zugrunde gelegt hat. Auch von der Auffassung des Art. 5 Abs. 3 GG als liberales Freiheitsrecht, das auf die Abwehr staatlicher Eingriffe zielt, läßt es sich begründen.

Diese Fragen stellen sich nun angesichts der Rechtsposition der Kirche aus Art. 140 GG iVm Art. 137 Abs. 3 WRV, Art. 4 Abs. 1 GG. Zu ihr gehört der Schutz der Integrität des eigenen Bekenntnisses gegenüber staatlichen Eingriffen.[140] Solche wären ohne Zweifel dadurch gegeben, daß durch einen staatlich bestellten wissenschaftlichen Theologen bzw. eine staatlich-theologische Fakultät Anschauungen und Lehren als Theologie des kirchlichen Bekenntnisses vertreten und vorgetragen werden, die dies nach Auffassung der Kirche nicht mehr sind. Diese Rechtsposition steht derjenigen des beanstandeten Theologen gegenüber, und beide müssen gegeneinander abgegrenzt und miteinander zum Ausgleich gebracht werden.

Dabei ist dann aber wieder von Bedeutung, daß die Kirche vertragsrechtlich Anspruch darauf hat, daß ihre Theologie nur von auch kirchlich anerkannten Wissenschaftlern gelehrt, geprüft etc. wird, nicht jedoch darauf, daß die staatlich-theologischen Fakultäten (auch) kirchliche Einrichtungen werden, die organisatorisch kirchlichen Vorstellungen entsprechen.

b) Die Einwirkungen der Religionsartikel des Grundgesetzes auf die theologischen Fakultäten

Die Ausbildung des Priesternachwuchses und der Religionslehrer ist eine ureigene Angelegenheit der Kirche.[141] Sind nun die theologischen Fakultäten berufen, auch diese kirchlichen Angelegenheiten in einer staatlichen Einrichtung zu erfüllen, so muß dies im Einklang stehen mit Art. 4 und Art. 140 GG iVm Art. 137 Abs. 3 WRV. Aufgrund ihres Selbstbestimmungsrechtes ist die Kirche berechtigt, eigene Ausbildungsstätten zu unterhalten. Sieht man nun die Errichtung der theologischen Fakultäten als eine grundgesetzliche Verpflichtung oder nur als freiwilliges Leistungsangebot des Staates an, so muß doch jedes Unternehmen des Staates mit dem Grundgesetz in Einklang stehen, somit auch mit Art. 4 und Art. 140 GG iVm Art. 137 Abs. 3 WRV als negativer Kompetenzbestimmung.[142]

Nun erfüllen die theologischen Fakultäten – wie oben schon betont – als staatliche Institutionen zuerst eine staatliche Aufgabe.

Diese kann – verfassungsrechtlich – ebensowenig wie die staatliche Bereitstellung des organisatorischen und finanziellen Potentials die kirchliche Autonomie, der die Ausbildung des Priesternachwuchses und der Religionslehrer eigen ist, einschränken oder gar aufheben. So kann die staatliche Form der Ausbildung der Geistlichen nichts an ihrem inhaltlichen Charakter ändern. Da diese kirchliche Angelegenheit ist, wird sie deshalb von der Freiheitsgewährleistung des Grundgesetzes geschützt.

140 Vgl. dazu Bonner Komm. zum GG Art. 4 Rdnr. 57.
141 Das ergibt sich aus Art. 140 GG iVm Art. 137 Abs. 3 WRV.
142 Vgl. dazu K. Hesse, Grundzüge des Verfassungsrechtes, § 9 II 3.

Andererseits kommt dem Universitätslehrer, dem die wisenschaftliche Ausbildung des Priesternachwuchses und der Religionslehrer aufgetragen ist, aufgrund seines staatlichen Auftrages an einer staatlichen Institution ein grundrechtlicher Schutz des Staates hinsichtlich der Wissenschaftsfreiheit zu. Auf diese Tatsache hat sich die Kirche durch das Festhalten an den Konkordaten unter den Bedingungen des Grundgesetzes eingelassen.

Angesichts der Tatsache, daß die Ausbildung der Geistlichen und Religionslehrer seitens des Staates als eigene Angelegenheit der Kirche anerkannt wird und er dieser zugesteht, daß die Ausbildung durch von ihr gebilligte Hochschullehrer geschieht, stellt sich zunächst die Frage, welche Verfassungsgarantien diesen kirchlichen Freiraum gewähren.

Dieser Freiraum kann nicht als durch ein einheitliches Grundrecht der Religionsfreiheit garantiert gesehen werden. Ein solches einheitliches Grundrecht der Religionsfreiheit kennt das Grundgesetz nicht. Das Grundgesetz kennt vielmehr den Schutz verschiedener Ausprägungen der Religionsfreiheit und dies in unterschiedlicher Weise und Intensität.[143] Letzteres zeigt sich durch die Stellung in der Verfassung. In Frage kommen hier vor allem Art. 4 Abs. 1 und Abs. 2 GG innerhalb des Grundrechtskataloges, dann Art. 140 GG iVm Art. 137 WRV. In diesen Artikeln hat das Grundgesetz die religiösen Einzelfreiheiten, ihre Grenzen und Schranken konkretisiert. Das Grundgesetz kennt somit keine einheitliche Verfassungsgarantie, an der der Freiraum jeglichen religiösen Tuns zu messen wäre.

So enthält Art. 4 Abs. 1 GG nur ein individuelles Grundrecht.[144] Es kann zur Begründung des Freiraums für die Regelung der rein innerkirchlichen Angelegenheiten nicht herangezogen werden. Art. 4 Abs. 1 GG will vielmehr grundrechtlich die Freiheit garantieren, religiöse Überzeugungen überall in der Öffentlichkeit zu vertreten. Gleichzeitig garantiert dieses Grundrecht dadurch gerade nicht, für sich in Anspruch zu nehmen, als einziger Interpret einer Glaubensüberzeugung auftreten zu können. Dementsprechend garantiert Art. 4 Abs.1 GG der kirchlichen Leitung nicht, für sich die Bezeichnung „katholisch" ausschließlich in Anspruch nehmen zu dürfen

[143] Vgl. dazu v. Mangoldt / Klein, Komm. zum GG, Anm. 2 zu Art. 4; K. Hesse, Grundzüge, § 12 I 4; a. A. W. Hamel, in: Die Grundrechte, Bd. 4, 1. Hbd., S. 37/62; J. Listl, in: HdbStKR, 1. Bd., S. 363/381, sowie BVerfG 24, 236/245 f., die ohne nähere Begründung diese bereits während der Geltung der WRV hM aufgeben. Das BVerfG hat sich allerdings in einer späteren Entscheidung unter ausdrücklichem Hinweis auf Hesse (vgl. BVerfGE 42, 312 ff., bes. 322) korrigiert.

[144] Vgl. dazu K. Hesse, in: HdbStKR, 1. Bd., S. 409/413; v. Mangoldt / Klein, Komm. zum GG, Anm. 2 zu Art. 4, sowie G. Anschütz, in: Handbuch des deutschen Staatsrechts, 2. Bd., S. 675/681 f.; a. A. W. Hamel, in: Die Grundrechte, Bd. 4, 1. Hbd., sowie BVerfGE 24, 236/245 f., die die Freiheit der Religionsausübung als in der Bekenntnisfreiheit enthalten sehen und letztere auch Kollektiven zubilligen. Sie bieten jedoch keine überzeugende Begründung für diese Deutung des Schutzbereichs von Art. 4 Abs. 1 GG. Die methodisch verfehlte Rumpelkammerentscheidung des BVerfG (E 24, 236) bleibt im Ergebnis aber doch auf dem Boden der hM, indem sie kollektive religöse Akte letztlich doch Art. 4 Abs. 2 GG zuordnet.

und einem anderen abzusprechen. Durch das Verbleiben eines beanstandeten Theologen in der theologischen Fakultät, der seiner Überzeugung nach katholische Theologie lehrt, kann das Selbstbestimmungsrecht der Kirche nicht berührt sein.

Ebensowenig kann der Schutzbereich von Art. 4 Abs. 2 GG durch das Verbleiben eines beanstandeten Theologen in der Fakultät verletzt sein. In Anlehnung an Art. 135 Abs. 2 WRV wird der Schutz des Art. 4 Abs. 2 GG in der Freiheit der Kultusausübung gesehen, d.h. im Schutz der Gottesdienste, Prozessionen etc.[145] Unter ausdrücklichem Verweis auf K. Hesse[146] nähert sich das Bundesverfassungsgericht den traditionellen Abgrenzungskriterien zu Art. 137 Abs. 3 WRV. Danach gewährleistet Art. 4 Abs. 2 GG die ungehinderte Ausübung von Bekenntnis und Kult, während andere religionsbezogene Betätigungen durch Art. 140 GG iVm Art. 137 Abs. 3 WRV geschützt sind. In Frage steht somit, ob das Verbleiben eines Beanstandeten den Schutzbereich von Art. 4 Abs. 2 GG oder von Art. 140 GG iVm Art. 137 Abs. 3 WRV betrifft.[147]

---

[145] Vgl. dazu K. Hesse, in: HdbStKR, 1. Bd., S. 413; G. Anschütz, Kommentar zur Reichsverfassung, S. 620. Unter den Begriff der Kultusausübung fällt die Ausbildung der Geistlichen und Religionslehrer zweifellos nicht. Art. 4 Abs. 2 GG schützt die Kirche diesbezüglich vor staatlichem Einfluß nicht. Dieses Verständnis von Art. 4 Abs. 2 GG scheint zunächst mit der Rechtsprechung des Bundesverfassungsgerichtes nicht übereinzustimmen. In seinem 24. Bd. (vgl. BVerfGE 24, 246) sieht das Bundesverfassungsgericht die religiöse Erziehung „sowie andere Äußerungen des religiösen Lebens" im Schutzbereich von Art. 4 Abs. 2 GG. Aber in einer späteren Entscheidung stellt das Bundesverfassungsgericht seine Überzeugung klar (vgl. BVerfGE 42, 312ff., bes., 322).

[146] Vgl. dazu K. Hesse, in: HdbStKR, 1. Bd., S. 413.

[147] Diese Fragestellung enthält die unausgesprochene Prämisse, daß Art. 4 Abs. 2 GG und Art. 137 Abs. 3 WRV verschiedene Regelungsgegenstände haben, somit nicht teilidentisch sind und letzterer auch nicht als bloße Deklaration des nach Ansicht von Hamel, in: Die Grundrechte, Bd. 4, 1. Hdb., u.a. in Art. 4 GG enthaltenen Grundrechtes der korporativen Religionsfreiheit anzusehen ist (so aber J. Listl, in: HdbStKR, 1. Bd., S. 405). Diese Prämisse ist in der Literatur umstritten (vgl. dazu K. Hesse, in: HdbStKR, 1. Bd., S. 412f.). Ihre Richtigkeit wurde jedoch von K. Hesse überzeugend nachgewiesen. Er begründet sie mit dem unterschiedlichen Wortlaut der beiden Grundrechtsnormen, ihrer unterschiedlichen Bedeutung in der WRV und mit dem methodischen Prinzip, Verfassungsbestimmungen nach Möglichkeit so auszulegen, daß jeder ein eigener Regelungsgehalt zukommt (ebenso F. Müller, Die Privatschulfreiheit nach dem Grundgesetz, S. 73). Damit Art. 137 Abs. 3 WRV nicht leer läuft, ist auch für das Bundesverfassungsgericht zur Abgrenzung zwischen Art. 4 Abs. 2 GG und Art. 137 Abs. 3 WRV ausschlaggebend, ob der jeweilige Sachverhalt eine unmittelbar kultische oder religiöse Handlung darstellt, zumindest sich aber dazu komplementär verhält oder ob es sich um eine Handlung der institutionellen Organisation handelt, die den Rahmen der eigentlich religiösen Handlung bilden. Setzt man dieses Unterscheidungskriterium an, das innere Organisationsangelegenheiten der Kirche von religiösem Kult unterscheiden will, so fällt die Ausbildung des Priesternachwuchses und der Religionslehrer nicht in den Schutzbereich von Art. 4 Abs. 2 GG. Mag man in einer gewissen Hinsicht die religiöse Erziehung und damit auch die wissenschaftliche Lehrtätigkeit als Akt der Religionsausübung bzw. des religiösen Bekenntnisses (Professor = Bekenner) ansehen (vgl. dazu A. Hollerbach, Theologische Fakultäten, S. 75), so dient die wissenschaftiche Ausbildung der Theologiestudenten doch zur Ordnung der inneren Organisation der Kirche, um religiöse Tätigkeit i.S.d.

Art. 137 Abs. 3 WRV will das Selbstbestimmungsrecht der Kirche dadurch schützen, daß er sie bezüglich ihrer inneren Organisation und Selbstverwaltung vor staatlichen Eingriffen schützt. Denn kirchliche Hochschulen genießen den Schutz des Art. 137 Abs. 3 WRV voll und ganz. Das kann aber für die theologischen Fakultäten an staatlichen Universitäten so nicht zutreffen. Sie sind zwar auch für die obengenannten kirchlichen Zwecke eingesetzt. Sie sind aber staatliche Einrichtungen und erfüllen eine staatliche Aufgabe.[148] Sie erfüllen deshalb grundsätzlich keine eigenen Angelegenheiten der Kirche i. S. d. Art. 137 Abs. 3 WRV, sondern, indem der Staat die theologischen Fakultäten auch für kirchliche Zwecke bereitstellt, erfüllen sie eine gemeinsame Angelegenheit von Staat und Kirche.[149] Dies entspricht auch der Beurteilung des Sachverhaltes durch Staat und Kirche. Aus diesem Grunde schließen sie diesbezügliche Regelungen hinsichtlich der theologischen Fakultäten vertraglich ab durch die Konkordate.[150] Der Schutzbereich des Art. 137 Abs. 3 WRV kann deshalb nur relativ gelten, d. h. nur für die speziell religiösen Elemente des Lehrprogrammes. Im übrigen bleibt das staatliche Recht voll in Geltung.[151] So werden die Anforderungen an die Anerkennung der wissenschaftlichen Qualifikation, Besoldungs-, Arbeitszeit- und Ruhestandsregelung rechtlich ohne Berücksichtigung kirchlicher Interessen geregelt. Andererseits hat die Bereitstellung der theologischen Fakultäten für die Ausbildung der Geistlichen und Religionslehrer zur Folge, daß die Regelung, wer lehrt, was der Lehrinhalt ist und wer die Ausbildungsziele erreicht hat, in den Schutzbereich von Art. 137 Abs. 3 WRV fällt.[152]

Das hat zur Konsequenz, daß der Staat, soweit die Ausbildung des Priesternachwuchses und der Religionslehrer betroffen ist, kein Einwirkungsrecht auf den Lehrinhalt und den Forschungsgegenstand hat. Ob die an den theologischen Fakultäten vorgetragenen Lehren bekenntnismäßig sind, fällt allein in die Entscheidungskompetenz der Kirche. Der weltanschaulich neutrale Staat hat diese Entscheidungskompetenz der Kirche durch Art. 19 S. 2 RK vertraglich insofern garantiert, als Art. 19 S. 2 RK der Kirche Einfluß auf die Studienordnungen gibt und in theologischen Angelegenheiten der Kirche eine geistliche Aufsicht zugesteht.[153]

Art. 4 Abs. 2 GG vorzubereiten. Die Theologenausbildung wird folglich durch Art. 137 Abs. 3 WRV geschützt. (Ebenso K. Hesse, a.a.O., S. 441; U. Scheuner, Rechtsfolgen, S. 56; E.-L. Solte, Theologie, S. 101.)

148 Was sich aus Art. 140 GG iVm Art. 137 WRV ergibt.

149 Vgl. dazu K. Hesse, in: HdbStKR, 1. Bd., S. 441; E.-L. Solte, Theologie, S. 90.

150 Vgl. die Bestimmungen der Konkordate über den staatlichen Charakter der theologischen Fakultät, ihre staatliche Garantie und die Ernennung der Hochschullehrer als staatlichen Akt.

151 Vgl. K. Hesse, in: HdbStKR, 1. Bd., S. 441; A. Hollerbach, Theologische Fakultäten, S. 75, 78ff.

152 Vgl. dazu E.-L. Solte, Theologie, S. 239f.

153 Was allerdings nur im Rahmen der Verfassung Beachtung finden kann.

Weiter ist nach dem oben Gesagten selbstverständlich, daß die den theologischen Fakultäten übertragene wissenschaftliche Ausbildung der Geistlichen und Religionslehrer nur durch kirchlich anerkannte Lehrer erfolgen kann. Es gehört zum Wesen der Regelung der eigenen Angelegenheiten, daß die Kirche selbst bestimmt, wer geeignet ist, die wissenschaftliche Interpretation der Glaubensüberzeugung zu leisten. Das hat im Falle einer kirchlichen Beanstandung eines Universitätstheologen zur Folge, daß der Beanstandete die Ausbildungsaufgaben für den Priesternachwuchs und die Religionslehrer nicht mehr wahrnehmen kann.

Weiter unterliegt die Anerkennung von Prüfungen und akademischen Graden dem kirchlichen Selbstbestimmungsrecht, soweit sie sowohl vom staatlichen wie auch kirchlichen Recht anerkannt werden. Prüfungen und akademische Grade zielen ja auf den Nachweis einer bekenntnisgebundenen Wissenschaft.[154] Dazu dienen die kirchlichen Zustimmungsvorbehalte in den Promotions- und Habilitationsordnungen der theologischen Fakultäten wie auch die Möglichkeit der Verweigerung des Nihil obstat bei der Besetzung von Prüfungsausschüssen. Dabei können sich aber die dargestellten Bestimmungsrechte der Kirche nur auf die spezifisch religiösen Elemente der „gemeinsamen Angelegenheiten" der theologischen Fakultäten beziehen. Diese betreffen ohne Zweifel die Entscheidung, ob ein Beanstandeter bei der Ausbildung der Geistlichen und Religionslehrer mitwirkt. Jedoch findet die durch Art. 140 GG iVm Art. 137 Abs. 3 WRV garantierte Selbstbestimmung dadurch ihre Schranken, daß jede Religionsgesellschaft ihre Angelegenheiten selbständig „innerhalb der Schranken des für alle geltenden Gesetzes" ordnet und verwaltet.[155]

Ein für alle geltendes Gesetz in diesem Sinne ist zunächst die Verfassung, vor allem ihre Grundrechtsartikel, dann aber auch Art. 33 Abs. 5 GG und die entsprechenden Universitäts- bzw. Beamtengesetze, so z.B. § 61 Abs. 5 UG BW, der das Verbleiben des Beanstandeten fordert. So erklärt § 61 Abs. 5 UG BW die Versetzung und Abordnung eines Hochschullehrers ohne seine Zustimmung für rechtswidrig. Auf die Frage, ob durch § 61 Abs. 5 S. 1 UG BW, der somit Art. 137 Abs. 3 WRV einschränkt, das Verbleiben eines kirchlich beanstandeten Hochschullehrers in der theologischen Fakultät gefordert ist, wird unten noch zurückzukommen sein.

2. Die kirchliche Beanstandung und die staatliche Grundrechtsverteidigung

Hat nun das GG eine dem Art. 149 Abs. 3 WRV entsprechende Garantie der theologischen Fakultäten nicht übernommen, so gibt es jedoch grund-

[154] Vgl. dazu E.-L. Solte, Theologie, S. 239f.

[155] Vgl. dazu W. Weber, „Allgemeines Gesetz" und „für alle geltendes Gesetz", S. 340ff.

sätzlich keine verfassungsrechtlichen Bedenken gegen eine Institutionalisierung der Theologie an den Universitäten,[156] solange man die Grundentscheidungen des GG als Rahmen und Vorbedingungen dafür ansieht: Diese sind einmal der Schutz der Grundrechte des Universitätstheologen, zum anderen die Verpflichtung des Staates, die Religionsfreiheit zu gewährleisten und den Religionsgemeinschaften die Regelung ihrer eigenen Angelegenheiten selbst zu überlassen.[157]

Wenn man nun das GG so interpretiert, katholische Theologie dürfe an staatlichen Fakultäten unter allen Umständen nur in Übereinstimmung mit der katholischen Kirchenleitung gelehrt werden, so hätte dies aufgrund Art. 140 GG iVm Art. 137 WRV nicht die Pflicht des Staates zur Zwangsentfernung eines beanstandeten Theologen zur Konsequenz, sondern die Beendigung einer Kooperation von Staat und Kirche in den katholisch-theologischen Fakultäten. Denn der Staat darf sich nicht dadurch, daß er – ohne verfassungsrechtlich dazu verpflichtet zu sein – dem einen Grundrechtsträger (der Kirche) einen besonderen Raum der Grundrechtsausübung zur Verfügung stellt (nämlich die staatlich-theologische Fakultät), in einen verfassungsrechtlichen Widerspruch insofern manövrieren, als er es sich unmöglich macht, die Grundrechte anderer (nämlich der beanstandeten katholischen Universitätstheologen) zu wahren. Demnach müssen staatliche Leistungen an „Private“ so ausgestaltet sein, daß sie keinen der beteiligten Grundrechtsträger in seinen verfassungsmäßigen Rechten verletzen. Ist dies nicht möglich, etwa wenn man die uneingeschränkte Selbstbestimmung der Kirche bezüglich der Ausbildung der Geistlichen und Religionslehrer als durch Art. 4 Abs. 2 GG geschützt ansieht, so kann die einzig verfassungsmäßige Konsequenz nur lauten: Rückzug des Staates aus dem betreffenden Lebensbereich.[158] Die Ausbildung der Geistlichen müßte dann der katholischen Kirche selbst überlassen werden, während den theologischen Fakultäten ausschließlich der Wissenschaftsauftrag bliebe, ohne dabei den Zweck im Auge zu behalten, die berufliche Tätigkeit der Geistlichen und Religionslehrer vorzubereiten, indem sie diesen die wissenschaftlichen Erkenntnisse vermitteln.

Die Schwierigkeit einer Lösung des Problems der „gemeinsamen Angelegenheiten“ liegt darin, daß sich hier zwei Rechtsordnungen von fundamentaler Unterschiedenheit begegnen. Dabei sind als Lösungen nur drei Möglichkeiten denkbar:

---

[156] Vgl. dazu Preuß, Art. 140, Rdnr. 43 – dies im Gegensatz zu Fischer, Trennung von Staat und Kirche, S. 290ff.

[157] Vgl. Art. 4 Abs. 1 u. 2 GG, Art. 140 GG iVm Art. 137 Abs. 3 WRV.

[158] Dabei entfällt die Möglichkeit eines Grundrechtsverstoßes nicht bereits deshalb, weil der Staat selbst nicht die Wissenschaftsfreiheit beschneidet. Er ist vielmehr darüber hinaus verpflichtet, das einfache Recht so auszugestalten, daß die Grundrechte effektiv zur Geltung gelangen können und nicht durch private Einflüsse ausgehöhlt werden, BVerfGE 52, 263/296.

1. Die für das deutsche Volk unzumutbare Aufgabe der fortschrittlichen Verfassung.
2. Die Aufkündigung der Verträge zwischen Staat und Kirche.
3. Die als Rahmen der Verfassung geltenden Grund- und Menschenrechte im Sinne des Grundgesetzes der Kirche zuzumuten und die vorkonstitutionellen Verträge zwischen dem Staat und der Kirche in diesem Rahmen auszulegen.

a) Im Bereich von Art. 3 GG

aa) Die Fakultas zur Lehre der Theologie von Nichtklerikern und Klerikern nach dem kanonischen Recht

Hier soll die Rechtsordnung untersucht werden, die sich die Kirche für die wissenschaftliche Ausbildung ihrer Geistlichen geschaffen hat.

Die Notwendigkeit einer Untersuchung der kirchlichen Rechtsordnung ergibt sich nicht zuletzt aus der Tatsache, daß im Recht der theologischen Fakultäten als Folge der staatlichen Neutralitätsverpflichtung staatliches und kirchliches Recht eng miteinander verknüpft sind und eine Vielzahl von Rechtsbegriffen der staatlichen Rechtsordnung nur unter Berücksichtigung von Theologie und Recht der Kirchen interpretiert werden kann.

Die kanonische Rechtsordnung nimmt das Recht der Ausbildung derer, die sich auf das Priesteramt vorbereiten, als ausschließliche Befugnis der Kirche in Anspruch: „Ecclesiae est ius proprium et exclusivum eos instituendi qui ecclesiasticis ministeriis sese devovere cupiunt."[159] Die Ausbildung des Geistlichen soll grds. in Seminaren erfolgen. Jeder Bischof ist deshalb verpflichtet, in seiner Diözese ein Seminar zu seiner Verfügung zu haben, in dem eine ausreichende Zahl von Bewerbern für den Priesterberuf die entsprechende Vorbildung erhalten kann.[160]

Neben den Seminaren kennt das kanonische Recht auch katholische Universitäten und Fakultäten. Die Universitäten und Fakultäten des kanonischen Rechtes dienen nicht der eigentlichen Ausbildung der Geistlichen, sondern der Vertiefung der theologischen Studien und der Erlangung der akademischen Grade in der katholischen Theologie.

---

[159] Vgl. c. 1352 CIC. Bzgl. der Fragen nach dem Verhältnis der Priesterausbildung des Lehramtes im kanonischen Recht liegt ein kodifiziertes System von Normen vor, das aus sich selbst heraus verständlich ist. Verwiesen wird auf Haring, Das Lehramt der katholischen Theologie; E. Hegel, Die Organisationsformen der diözesanen Priesterausbildung in Deutschland, S. 645ff.; G. May, Die Ausbildung des Weltklerus in Deutschland, in: ThQSchr. 144 (1964) 170ff.; K. Mörsdorf, Art. Lehramt II. Katholisch, in: EvStL Sp. 1234.

[160] c. 1354 § 1 CIC.

Ihre Errichtung ist ein Reservatsrecht des Hl. Stuhles,[161] der die Satzungen der Universität oder Fakultät genehmigt und ihnen das Recht gewährt, akademische Grade zu verleihen. In der BRD gibt es zwei kirchliche theologische Fakultäten. Im Jahre 1950 wurde durch Dekret der Studienkongregation vom 5. 6. 1950 (abgedruckt in: TrThZ 60 (1951) 130) in Trier eine Theologische Fakultät errichtet, die mit dem Promotions- und Habilitationsrecht ausgestattet wurde. Neben der theologischen Ausbildung des Priesternachwuchses ist es Aufgabe dieser Fakultät, die theologische Wissenschaft zu pflegen und geeignete Kräfte heranzubilden für den Religionsunterricht an höheren Schulen und für die akademische Lehrtätigkeit und Forschungsarbeit.[162]

Eine zweite kirchliche theologische Fakultät wurde durch Dekret der Studienkongregation vom 11. 6. 1966 in Paderborn errichtet (vgl. AAS 58 (1966) 1195). Wie die übrigen kirchlichen Hochschuleinrichtungen in Deutschland, dienen auch diese beiden Fakultäten trotz ihrer Rangerhöhung weiter der Priesterausbildung. Ihr Status unterscheidet sich von dem der übrigen kirchlichen Hochschuleinrichtungen vor allem durch den Besitz des Rechts zur Verleihung kirchlicher akademischer Grade.[163]

Das kirchliche Hochschulrecht des Codex Iuris Canonici ist in seinen Einzelheiten ausgestaltet worden durch die Apostolische Konstitution „Deus Scientiarum Dominus“ über die kirchlichen Universitäten und Fakultäten[164] und die Ausführungsbestimmungen zu dieser Konstitution.[165] Die Konstitution ist einer Revision unterzogen worden und durch die Instruktion der Kongregation der Seminare und Universitäten zur Durchführung der Apostolischen Konstitution an den theologischen Fakultäten und Universitäten vom 7. 7. 1932.[166] Die Konstitution erhebt ihren Geltungsanspruch ausdrücklich auch für die katholisch-theologischen Fakultäten an den weltlichen Universitäten.[167]

Während der Status der beiden kirchlichen Fakultäten in Deutschland sich weitgehend nach den Normen der Konstitution richtet,[168] sind die theologischen Fakultäten an den staatlichen Universitäten völlig anders strukturiert. Es war deshalb der Erlaß einer Durchführungsverordnung für die Theologischen Fakultäten an den deutschen Universitäten erforderlich, in

---

[161] c. 1376 CIC.

[162] Vgl. Art. 1 der Satzung, abgedr. bei Baldus, Die philosophisch-theologischen Hochschulen, S. 221.

[163] Hinsichtlich der rechtlichen Anerkennung dieser akademischen Grade seitens des Staates vgl. E.-L. Solte, Theologie, S. 233 ff.

[164] Vgl. AAS 1931, 241 ff.

[165] Vgl. AAS 1931, 263 ff.

[166] Die deutsche Übersetzung der Instruktion findet sich in ArchKathKR 125 (1951/52) 262 ff.

[167] Vgl. Art. 11 der Apostolischen Konstitution.

[168] Vgl. dazu Baldus, Der philosophisch-theologischen Hochschulen, S. 82 u. 90.

der das kirchliche Recht den Gegebenheiten der staatlichen theologischen Fakultäten angepaßt wurde. Die Bezeichnung Magnus Cancellarius soll nicht geführt werden, um die Rechte der Fakultäten nicht zu beeinträchtigen. Das Recht der akademischen Grade wird unter Verzicht auf das kanonische Bakkalaureat dem staatlichen Recht angenähert. Für die Erteilung und Rücknahme der Missio Canonica wird auf die Konkordate verwiesen.

Nach katholischer Auffassung ist es die Aufgabe des kirchlichen Lehramtes, das der Kirche von Christus anvertraute Glaubensgut zu bewahren und zu entfalten.[169] Rechtliche Bedeutung für den Gläubigen erlangt dieses Glaubensgut, wenn es von dem Inhaber der kirchlichen Lehrgewalt als die offenbarte Wahrheit verbindlich vorgelegt wird.[170] Die Lehrgewalt steht kraft göttlichen Rechtes dem Papst und in Verbindung mit ihm dem Kollegium der Bischöfe zu. Dem einzelnen Bischof kommt keine eigene Lehrgewalt zu. Seine Aufgabe ist es, den kirchlichen Glauben zu verbreiten und über die Verkündigung des Glaubens in seiner Diözese zu wachen.[171]

Eine wichtige Stellung bei der Erfüllung der Lehraufgabe nehmen die Inhaber des theologischen Lehramtes an den kirchlichen und staatlichen Hochschuleinrichtungen wahr, die der Unterweisung in der kirchlichen Lehre dienen. Voraussetzung für die Übernahme des theologischen Lehramtes ist die kirchliche Sendung, die vom Ortsbischof erteilt wird.[172]

Für die Professoren der kirchlichen Universitäten und theologischen Fakultäten macht c. 1406 § 1 8° weiter die Ablegung des Glaubensbekenntnisses (professio fidei) zur Voraussetzung für die Wahrnehmung des theologischen Lehramtes. Diese Bestimmung gilt auch für die Theologen an den staatlichen Fakultäten. So ist z.B. in der Satzung der katholisch-theologischen Fakultät der Universität Bonn ausdrücklich vorgesehen, daß jeder neu in die Fakultät eintretende planmäßige Professor und jeder neu zugelassene Privatdozent, bevor er seine Vorlesungen beginnt, vor dem Dekan die „professio fidei" gemäß den kirchlichen Vorschriften abzulegen hat.[173]

Die Inhaber von Professuren in den katholisch-theologischen Fakultäten waren früher im Gegensatz zu heute ausnahmslos ordiniert, obwohl, wie J. Neumann und W. Steinmüller nachgewiesen haben, die Ordination kirchenrechtlich keine Voraussetzung zur Zulassung zur Habilitation oder für

---

[169] c. 1322 CIC.

[170] K. Mörsdorf, Art. Lehramt II, kath., in: EvStL Sp. 1234; K. Holböck, Handbuch des Kirchenrechtes, Bd. 2 s., 828; G. May, Die Funktion der Theologie in Kirche und Gesellschaft, S. 291.

[171] vgl. c. 1327 § 1 CIC.

[172] Vgl. Art. 21 Nr. 5 der Konstitution. Zu den kirchenrechtlichen Fragen, die die Überwachung der theologischen Lehrtätigkeit aufwirft, vgl. J. Neumann, Zur Problematik lehramtlicher Beanstandungsverfahren, in: ThQSchr. 149 (1969) 259.

[173] § 3 Abs. 1 der Satzung der kath.-theologischen Fakultät der Universität Bonn.

die Berufung an eine Fakultät ist.[174] Art. 21 der Apostolischen Konstitution „Deus Scientiarum Dominus" schreibt zwar vor, daß derjenige, der in ein „Professorum Collegium" aufgenommen werden soll, den Doktorgrad besitzen muß. Da die Ordination heute aber keine Voraussetzung für den Erwerb eines akademischen Grades in der katholischen Theologie ist, kann aus dieser Bestimmung nicht der Schluß gezogen werden, daß die Klerikereigenschaft Voraussetzung für die Ausübung des Lehramtes ist.[175]

bb) Die Verfassungswidrigkeit einer Differenzierung zwischen Nichtklerikern und Klerikern

Art. 3 Abs. 1 GG bestimmt, daß alle Menschen vor dem Gesetz gleich sind. Dieses Gleichheitsgebot gilt einmal für den Gesetzgeber selbst, insofern Art. 3 Abs. 1 GG eine Rechtssetzungsgleichheit gebietet. Dann richtet sich Art. 3 Abs. 1 aber auch – und dies ist in unserem Zusammenhang von größerer Bedeutung – an die Verwaltung, indem er eine Rechtsanwendungsgleichheit vorschreibt.

Art. 3 Abs. 1 GG gebietet folglich die gleiche Behandlung aller durch die Hoheitsgewalt. Das Gleichheitsrecht garantiert folglich ein bestimmtes, sachlich gleich zu behandelndes Verfahren bei der Ausübung der staatlichen Macht.[176]

---

[174] Vgl. J. Neuman, Kirchenrechtliche Stellungnahme, inwieweit Nichtordinierte zur Habilitation an katholisch-theologischen Fakultäten zugelassen oder als Professoren an sie berufen werden können, in: K. Rahner, Zur Reform des Theologiestudiums, S. 99ff., und W. Steinmüller, Gutachten, S. 111ff. – Ob man – so J. Neumann – die Ordination mit der Funktion der Pflege der Theologie und der Ausbildung der Geistlichen in einem inneren Zusammenhang und damit von Relevanz für den staatskirchenrechtlichen Status des katholischen Universitätstheologen sehen muß, soll hier dahinstehen. Unter historischem Gesichtspunkt sicher nicht. Aufgrund der heute üblich gewordenen „Laien"-Habilitation ist das unter rechtlichem Aspekt sicher auch nicht der Fall. Ob dies allerdings unter dem Aspekt eines säkularen Freiheitsbegriffes (vgl. J. Neumann, a.a.O., S. 109: „Unter der Ordnung des Grundgesetzes ... ist es der Kirche verwehrt, mit kirchlichen Mitteln die staatlich garantierte Freiheit der Lehre vertraglich bindend einzuschränken") begründet werden kann, ist fraglich. Dann müßte auch das Nihil obstat und die Beanstandungsbefugnis generell als ein wissenschaftsfremdes Moment angesehen werden.

[175] Vgl. J. Neumann, Kirchenrechtliche Stellungnahme, S. 100. Daß auch dem Nichtordinierten die Möglichkeit der Habilitation gegeben ist, folgt schon aus der Tatsache, daß es keinen Satz des Kirchenrechtes gibt, der diese Möglichkeit ausschließt. Ob das staatliche Verfassungsrecht einem Rechtssatz entgegenstehen würde, der allein Kleriker zur Wahrnehmung des theologischen Lehramtes und zur wissenschaftlichen Ausbildung der Geistlichen zuließe, soll hier offen bleiben. Jedenfalls unterliegen die religiösen Aspekte des konfessionellen Staatsamtes – soweit sie die Ausbildung der Geistlichen betrifft – der alleinigen Regelungszuständigkeit der Kirche. Ob die verfassungsrechtliche Struktur des konfessionellen Staatsamtes von W. Steinmüller, Gutachten, S. 119 verkannt wird, wenn er ein Verbot der Laienhabilitation am Maßstab des Art. 3 Abs. 3 GG mißt, soll hier ebenfalls offen bleiben. Ebenfalls die Frage, ob die für das kanonische Recht grundlegende Unterscheidung zwischen Klerus und Laien für den zur Neutralität verpflichteten Staat unbeachtlich ist.

Notgedrungen muß aber die Gleichbehandlung oft durchbrochen werden. Da die Menschen in verschiedenen Lebenslagen vom Gesetzgeber oder der Verwaltung betroffen werden, ist eine Ungleichbehandlung gleichsam notwendige Folge. Im Unterschied zu den absoluten Gleichheitsrechten in Art. 3 Abs. 2 u. 3 GG kann man den Rechtssatz des Art. 3 Abs. 1 GG insofern als relativen Gleichheitssatz bezeichnen, als das Gleichbehandlungsgebot nur in Relation zu einem sachlichen Grund besteht.

Soweit nun der Exekutive bei der Rechtsanwendung kein Entscheidungsspielraum bleibt, sie folglich bei der Gesetzesanwendung gebunden ist, ist das Gebot gleicher Rechtsanwendung gleichzusetzen mit dem Gebot, das Gesetz richtig anzuwenden. So entspricht die richtige Anwendung des Gesetzes, das mit Art. 3 GG in Einklang steht, immer dem Gleichheitssatz gem. Art. 3 Abs. 1 GG.[177]

Die wesentliche Bedeutung – auch in der vorliegenden Arbeit im Zusammenhang mit dem Berufungsverfahren zum Universitätsprofessor – erhält Art. 3 Abs. 1 GG jedoch erst im Bereich der Gesetzesanwendung, wenn Normen unbestimmte Rechtsbegriffe enthalten oder eine Ermessensausübung vorsehen und der Gesetzesanwender einen Entscheidungsspielraum hat.

Im Blick auf unsere Arbeit ist von Bedeutung, unter welchen Gesichtspunkten die Behörde – sei es die theologische Fakultät bzw. Universität bei der Erstellung einer Berufungsliste, sei es das Ministerium bei der Auswahl des zum Professor zu Berufenden – diesen bei der Erstellung der Liste bzw. bei der Auswahl aus der von der Universität vorgelegten Berufungsliste[178] oder aufgrund eines seit dem Hochschulrahmengesetz vom 26. Januar 1976 möglichen Sondervotums[179] auswählt. Im Rahmen ihres Ermessens ist die Behörde gehalten, gleichliegende Fälle gleich zu behandeln. Eine dahingehende Ermessensbindung ergibt sich aus Art. 3 Abs. 1 GG. Allgemein wird man deshalb den materiellrechtlichen Gehalt des Art. 3 Abs. 1 GG so zum Ausdruck bringen können: Es ist geboten, sachlich wesentlich gleiche Fälle gleich zu behandeln und sachlich wesentlich ungleiche Fälle ungleich zu behandeln. Es ist verboten, sachlich wesentlich gleiche Fälle ungleich und sachlich wesentlich ungleiche Fälle gleich zu behandeln. Für die Prüfung des Gleichheitssatzes gem. Art. 3 Abs. 1 GG ist deshalb folgendes zu bedenken: Es ist zu ermitteln, wo Ungleich- oder Gleichbehandlungen vorliegen

---

[176] Vgl. dazu etwa VVerfG NJW 1975, 2340; BVerwG NJW 1975, 1899; A. Podlech, Gehalt und Funktion des allgemeinen verfassungsrechtlichen Gleichheitssatzes, bes. S. 105 - 107 mwN; G. Dax, Das Gleichbehandlungsgebot als Grundlage positiver subjektiv-öffentlicher Rechte; F. Müller, Die Positivität der Grundrechte, die Ausführungen zu Art. 3 GG.

[177] Vgl. dazu Podlech, Gehalt und Funktion des allgemeinen verfassungsrechtlichen Gleichheitssatzes, S. 135.

[178] Vgl. dazu § 45 Abs. 2 HRG, § 66 Abs. 3 UG BW.

[179] Vgl. dazu § 45 Abs. 2 S. 3.

und dann zu fragen, ob die geregelten Fälle sachlich gleich behandelt werden müssen oder ungleich behandelt werden dürfen.

Um unsere Fragestellung zu beantworten, ist der Tatbestand der zu prüfenden Norm zu untersuchen und festzuhalten, auf welche Personengruppen die Berufung zum Professor einer staatlich theologischen Fakultät an einer Universität angewandt wird. Betroffen sind danach klerikale und nichtklerikale habilitierte Hochschullehrer der Theologie. Beide Gruppen trifft die Norm, da beide von den Rechtsfolgen erfaßt werden.

Ist nun eine Differenzierung beider Gruppen durch sachliche Gründe gerechtfertigt?

Die sachlichen Gründe ergeben sich hauptsächlich aus den Zielen und Zwecken, die der Gesetzgeber mit der Errichtung und dem Unterhalt einer Universität und mit dem durch die Universitätsgesetze geregelten Berufungsverfahren verfolgt. Diese Ziele unterscheiden den geregelten Fall von anderen. Diese Differenzierungsziele müssen dabei für sich gesehen verfassungsmäßig sein, so z.B., daß sie im Blick auf Art. 5 Abs. 3 GG nicht sachfremd sind. Dabei müssen die angewandten Differenzierungskriterien geeignet sein, die Differenzierungsziele zu erreichen.

Die gesetzten Ziele, die bei einer Berufung zum Universitätsprofessor zu beachten sind, sind z.B. in § 2 Abs. 1 u. 2 HRG – ähnlich in den entsprechenden Universitätsgesetzen der Länder, so in § 38 UG BW – so ausgedrückt: „1. Die Hochschulen dienen entsprechend ihrer Aufgabenstellung der Pflege und der Entwicklung der Wissenschaften und der Künste durch Forschung, Lehre und Studium. Sie bereiten auf berufliche Tätigkeiten vor, die die Anwendung wissenschaftlicher Erkenntnisse und wissenschaftlicher Methoden oder die Fähigkeit zu künstlerischer Gestaltung erfordern. 2. Die Hochschulen fördern entsprechend ihrer Aufgabenstellung den wissenschaftlichen und künstlerischen Nachwuchs."

Nach staatlichem Recht genügt einer diesem Ziel, wenn er sich durch besondere Qualifikation, gewöhnlich durch die Habilitation, als geeignet für diese Zielverwirklichung ausgewiesen hat und seinen ihm übertragenen staatlichen Lehrauftrag annimmt und erfüllt.

Durch seine konkordatäre Bindung hat der Staat in bezug auf Professoren an einer staatlichen katholisch-theologischen Fakultät in gewisser Hinsicht Einwendungen des zuständigen Ortsbischofs im Blick auf dessen Bedenken gegenüber einem zum Professor zu Berufenden oder gegenüber einem berufenen Professor Rücksicht zu nehmen. Dies ist oben schon ausführlich dargelegt worden.[180]

---

[180] Wobei immer wieder auf die verfassungsrechtlichen Bedenken verwiesen werden muß. Vgl. dazu Preuß, Art. 140 GG, Rdnr. 43, S. 1383: „Konkordatslehrstühle – Professoren, deren Inhaber vom Staat erst ernannt werden, wenn vom zuständigen

Hinsichtlich jedoch der Frage, ob ein Kleriker oder Nichtkleriker auf einen Lehrstuhl berufen wird, bestehen weder vertragliche Bindungen des Staates noch können Differenzierungskriterien, die die Rechtsdogmatik mit Art. 3 Abs. 1 GG vereinbar hält, geltend gemacht werden. Denn der klerikale Status ist ein allein für den innerkirchlichen Raum und das religiöse Tun der Kirche von Bedeutung. Deshalb kann er nicht als besondere Voraussetzung und Geeignetheit für die in § 2 HRG oder auch § 38 UG BW aufgestellten Ziele gesehen werden. Denn die dort genannte Pflege der Wissenschaft durch Forschung, Lehre und Studium kann nicht davon abhängen, inwieweit einer innerkirchlich für religiöses Tun als geeignet angesehen wird oder dem kanonischen Recht unterworfen ist. Daß die Ordination bzw. der Klerikalstatus auch nach kanonischem Recht keine Voraussetzung für die Habilitation bzw. für die Berufung zum Universitätsprofessor ist, wurde oben gezeigt und ist auch in der kirchlichen Praxis eine Zeitlang nur nicht geduldet, sondern – besonders in der Bundesrepublik Deutschland – auch gefördert worden.

Geht die kirchliche Einflußnahme jedoch heute dahin, Berufungen von Nichtklerikern zu verhindern, und nimmt die staatliche Behörde – sei es die theologische Fakultät oder das zuständige Ministerium – auf diese Einflußnahme Rücksicht – was z.B. ständige Praxis des ehemaligen bayerischen Kultusministers Hans Meier war –, dann liegt ein eklatanter Verstoß gegen das Gebot der Rechtsanwendungsgleichheit vor, die durch Art. 3 Abs. 1 GG vorgeschrieben ist.

cc) Die Zumutbarkeit einer Anerkennung des Rechtes gem. Art. 3 GG durch die Kirche

Konkordatsrechtlich sind dem kirchlichen Vertragspartner von seiten des Staates im Blick auf den Universitätstheologen zwei Möglichkeiten gegeben, diesen als „persona non grata“ zu erklären, nämlich – wie oben schon dargelegt – wenn der kirchliche Vertragspartner durch eine plausible Begründung ernsthafte Bedenken in Hinsicht auf Glaubens- und Sittenfragen vorzutragen vermag. Andere rechtliche Möglichkeiten, gegen die Berufung eines Bewerbers auf einen theologischen Lehrstuhl das Einvernehmen zu verweigern, sind dem kirchlichen Vertragspartner nicht gegeben.

Jedoch weiß jeder, der im wissenschaftlichen Bereich der katholisch-theologischen Fakultäten tätig ist, daß kirchliche Stellen seit etwa zehn Jahren

Diözesanbischof keine Einwendungen gegen die Person erhoben werden – sind daher nicht nur für nichttheologische Wissenschaften (Soziologie, Pädagogik, allgemeine Philosophie), sondern auch für die Theologie mit Art. 140 GG 137 Abs. 1 WRV unvereinbar.“ – Vgl. dazu auch F. Müller, Jenseits der Verfassung, S. 178ff.; a.A. für die bayerischen Konkordatslehrstühle BayVGH BayVBl. 1980, 462 m. abw. Meinung, S. 466. Eine differenzierende Meinung dazu A. Hollerbach, Verträge, S. 145ff.; Solte, Theologie an der Universität, S. 216ff.

ständig durch vielfache Einflußnahmen versuchen, sogenannten „Laientheologen" die Berufung auf einen theologischen Lehrstuhl unmöglich zu machen. Das kann dadurch geschehen, daß kirchliche Autoritäten sich direkt an den zuständigen Kultusminister wenden. Im Falle des bayerischen Kultusministers Hans Meier war das ständig der Fall, wobei die kirchlichen Stellen bei diesem auch immer trotz der schwerwiegenden verfassungsrechtlichen Bedenken gehorsame Gefolgschaft fanden. Dies kann aber auch dadurch geschehen, daß die kirchlichen Stellen die klerikalen Professoren bei der Aufstellung der Berufungslisten in ihrem Sinne zu beeinflussen suchen.

Die verfassungsrechtlichen Bedenken dieser Einflußnahme wurden zu Anfang dieser Arbeit schon hervorgehoben.

Denn hier wird ein Vorstoß in das Verfassungsleben unternommen, der das Fundament der Verfassung berührt.

Aufgabe der Universitäten und der staatlich-theologischen Fakultäten ist, der Wissenschaft i.S.d. Art. 5 Abs. 3 GG als in systematischer Methode erarbeitete Erkenntnis der Wahrheit zu dienen. Weiterhin ist ihnen aufgetragen, die Ergebnisse ihrer so erlangten Erkenntnisse zu vermitteln, um dadurch auf die berufliche Tätigkeit vorzubereiten.[181]

Von staatlicher Sicht aus ist demjenigen der Zugang zum Amt des Theologieprofessors zu eröffnen, der sich entsprechend Art. 33 Abs. 2 GG durch fachliche Leistung für dieses Staatsamt als geeignet und befähigt erwiesen hat. Ein kirchenrechtlicher Klerikalstatus ist dabei jedoch ohne Interesse.

Eine Berufung auf einen theologischen Lehrstuhl, bei der der Klerikalstatus das entscheidende Berufungskriterium wäre, wäre aus staatlicher Sicht aufgrund sachfremder Kriterien ergangen, die eine Ungleichbehandlung i.S.d. allgemeinen Gleichheitssatzes gemäß Art. 3 Abs. 1 GG nicht rechtfertigten. Sie wäre deshalb verfassungswidrig.

Fraglich ist nun, inwieweit der allgemeine Gleichheitssatz gem. Art. 3 Abs.1 GG der Kirche im Blick auf die Verwirklichung gemeinsamer Angelegenheiten zuzumuten ist.

Zuzumuten ist der Gleichheitssatz i.S.d. Art. 3 Abs. 1 GG – und der des Art. 33 Abs. 2 GG – dann, wenn der kirchliche Vertragspartner – hier im Blick auf die Berufung des Theologieprofessors – nicht geltend machen kann, daß diesbezüglich in seine innere Selbstbestimmung eingegriffen wird. Und dies ist zu verneinen.

Der kirchliche Vertragspartner hat nie geltend gemacht, daß die „Laienhabilitation" gegen seine Lehre verstöße. Er hat sie vielmehr geduldet und im Umfeld des II. Vatikanum sogar immer wieder befürwortet.

---

[181] Vgl. den schon oben zitierten § 2 HRG.

Wie oben schon dargelegt, ist es auch dem kanonischen Recht bis heute fremd, die Ordination als Voraussetzung für die Habilitation oder für die Berufung auf einen theologischen Lehrstuhl zu fordern. Dementsprechend hat das kanonische Recht bei den theologischen Fakultäten keine speziell geistliche Aufgabe gesehen, sondern die Vertiefung der theologischen Studien zur Erlangung der akademischen Grade.[182] In dieser Zielrichtung stimmen staatlicher und kirchlicher Vertragspartner überein. Der staatliche Auftrag der theologischen Fakultäten, wie er etwa in § 2 HRG formuliert ist, zielt ganz besonders auf die wissenschaftliche Ausbildung der Geistlichen und der Religionslehrer. Läßt der Staat diese Aufgabe durch nichtklerikale Professoren erfüllen, so greift er damit nicht in die inneren Angelegenheiten der Kirche i.S.d. Art. 137 Abs. 3 WRV ein. Der konkordatäre Zweck, die wissenschaftliche Ausbildung des Priesternachwuchses und der Religionslehrer als gemeinsame Angelegenheit zu garantieren, ist damit sichergestellt. Damit ist aber auch gesichert, daß der staatliche Partner den von ihm als in seiner Verfassung als Grundrecht anerkannten allgemeinen Gleichheitssatz dem kirchlichen Partner zumuten kann. Da aber der Staat des Grundgesetzes entsprechend seiner Verfassung (Art. 140 GG iVm Art. 137 Abs. 33 WRV) die innere Ordnung der Kirche zu respektieren verpflichtet ist, so muß er aber auch von der Kirche – sollen die konkordatären Freundschaftsklauseln ernst genommen werden – den Respekt vor der eigenen Verfassungsordnung abverlangen, zumal – wie festgestellt – diese dem kirchlichen Partner zuzumuten ist.

b) Im Bereich von Art. 5 Abs. 3 GG bei kirchlichen Lehrbeanstandungen

Die obengenannten Konkordate haben – wie oben schon dargelegt – durch die nach Art. 19 RK anzuwendenden Vorschriften zwei Tatbestände: 1. Die kirchliche Mitwirkung bei der Ernennung eines Hochschullehrers wie dann 2. die kirchliche Befugnis zur Beanstandung eines Hochschullehrers gegenüber dem Kultusminister. Im Blick auf Art. 5 Abs. 3 GG soll der Versuch einer Antwort auf die möglichen Rechtsfolgen einer solchen Beanstandung gemacht werden.

aa) Die kirchliche Lehrbeanstandung und die staatliche Reaktion unter dem Verfassungsgebot der Verhältnismäßigkeit

Wie oben dargelegt, ist der Staat im Falle einer kirchlichen Lehrbeanstandung konkordatsrechtlich verpflichtet, für eine den Lehrbedürfnissen entsprechenden Ersatz zu sorgen. Die einzelnen staatlichen Maßnahmen, zu

[182] Vgl. CIC can. 1376ff.

denen der Staat verpflichtet ist und die dem Staat rechtlich möglich sind, haben dadurch noch wenig Konkretisierung gefunden. Allgemein unbestritten ist dabei lediglich, daß die kirchliche Beanstandung keine beamtenrechtlichen Schritte gegen den Beanstandeten zur Konsequenz haben kann.[183] Unbestritten ist auch, daß nach dem Wortlaut der Konkordate sich der Staat zu einer Ersatzgestellung für den beanstandeten Universitätslehrer als einer positiven Leistung gegenüber der Kirche verpflichtet hat. Streitig, weil offen, ist aber, zu welcher Maßnahme der Staat gegenüber dem beanstandeten Hochschullehrer verpflichtet ist. Hat der Staat den Beanstandeten zu „ersetzen“, so ist Sinn und Zweck dieser Pflicht, daß ein neuer Hochschullehrer die Lehraufgaben des Beanstandeten übernimmt und der Beanstandete im Bereich der „res mixtae“, d.h. soweit die Ausbildung des Priesternachwuchses und der Religionslehrer betroffen ist, nicht mehr tätig wird. Da nach der Regelung der Universitätsgesetze Ausbildung und Studium korrespondieren,[184] ist ohne Zweifel Folge der staatlichen Sorge für Ersatzgestellung, daß der Beanstandete keine Lehrveranstaltungen ankündigt, die zu den Pflichtveranstaltungen im Rahmen der Ausbildung für künftige Geistliche und Religionslehrer gehören. Art. 19 RK soll sicher auch verhindern, daß Lehren, die von der kirchlichen Leitung nicht gebilligt werden, Studenten, die zum Priesternachwuchs und zu den zukünftigen Religionslehrern gehören, nicht gleichsam von Amts wegen durch Pflichtveranstaltungen vermittelt werden. So ist die aus Art. 19 RK abzuleitende staatliche Pflicht und Rechtsfolge in einem unlösbaren Zusammenhang mit Studium, Lehre und akademischen Prüfungen zu sehen. Der Zweck von Art. 19 RK und der Schutzbereich von Art. 137 Abs. 3 WRV wären sicher verletzt, wäre der Beanstandete weiterhin bei der Abnahme von Prüfungen tätig. Denn dadurch wären die Studenten gezwungen, auch weiterhin die Vorlesungen des Beanstandeten zu hören. In einer Prüfung wäre der Prüfling in der Folge eventuell gezwungen, den Standpunkt der kirchlichen Leitung negativ und den des Prüfers positiv zu bewerten.[185] Eine solche Prüfungssituation ist für den Prüfling unzumutbar. So muß die staatliche Rechtspflicht sowohl aus Art. 137 Abs. 3 WRV als auch aus Art. 19 RK ein-

---

[183] So auch U. Scheuner, Rechtsfolgen, S. 51. Die dabei von Scheuner in den Vordergrund gerückte preußische Praxis ist schon deswegen problematisch, weil in Preußen auch beamtenrechtliche Sanktionen nachweisbar sind.

[184] Vgl. dazu z.B. 4. Teil, 1. Abs. des Universitätsgesetzes BW vom 22.11.1977, GBl. S. 473.

[185] Mit Recht weist H. Quaritsch, Hans Küng, Tübingen und das RK, S. 85, darauf hin, daß ähnliche Probleme auch in anderen Fakultäten entstehen können, „wenn z.B. ein Rechtslehrer eine Meinung vertritt, die von der Rechtsprechung des BVerfG und der obersten Bundesgerichte abweicht. Katholische Theologie und Rechtswissenschaft unterscheiden sich jedoch insofern, als staatliche Institutionen zwar verbindlich entscheiden, aber nicht verbindlich lehren. In der katholischen Kirche ist jedoch auch die Lehre organisiert und mit verbindlicher Kraft ausgestattet. In dieser Besonderheit wurzelt das bischöfliche Beanstandungsrecht der theologischen Lehre an den Universitäten.“

mal eine negative, dann auch eine positive Rechtsfolge haben. Der positive Ersatz muß vollständig und effektiv sein. Das kann aber nicht anders geschehen, als daß der beanstandete Hochschullehrer aus seinen Funktionen, für die Ersatz zu gestellen ist, ausscheidet.

Fraglich und streitig ist jedoch, ob dies die Zwangsentfernung zum Inhalt hat bzw. – unter verfassungsrechtlichem Gesichtspunkt – haben kann. Damit ist zugleich die Frage aufgeworfen, ob über den Bereich von Lehre und Prüfung (= Ausbildung) hinaus die negativen Wirkungen als Folge der Ersatzgestellung zu erweitern sind.

Wie oben im Zusammenhang mit der möglichen Auslegung der Beanstandungsklauseln dargelegt wurde und durch einen weiteren Blick auf die Genauigkeit und das Ringen der Verhandlungspartner um den Konkordatstext verdeutlicht, hat sich der Staat mit der Verpflichtung zur Ersatzgestellung nicht verpflichten wollen, den beanstandeten Theologen in jedem Fall und gegen seinen Willen aus der Fakultät zu nehmen.

Diese Tatsache läßt sich auch vom Selbstverständnis des Staates unter dem Grundgesetz hinsichtlich seiner verfassungsrechtlich verankerten Personalhoheit[186] begründen.[187] Dieser verfassungsrechtliche Grundsatz der Personalhoheit duldet nicht, daß eine nichtstaatliche Organisation ohne eine für den Staat nachprüfbare Möglichkeit entscheidet, ob ein Amtsinhaber seinen amtlichen Aufgabenkreis weiterhin ausüben darf oder nicht. Für alle Ämter, die faktisch enge Beziehungen zu nicht staatlichen Organisationen voraussetzen, wie Ministerämter zu politischen Parteien oder Rundfunkräte zu gesellschaftlichen Gruppen, sind jeweils die staatlichen Hoheitsakte allein maßgeblich. Kein Minister und kein Rundfunkrat kann in seiner staatlichen Stellung durch die Beanstandung einer nicht staatlichen Organisation, z.B. eines Parteitages oder einer Gewerkschaft, berührt werden. Maßgeblich allein sind die Hoheitsakte, die staatliche Stellen in eigener Verantwortung beschließen.

Fraglich bleibt dabei, ob ein solch hoheitlicher Beschluß die Zwangsentfernung aus der Fakultät rechtswirksam überhaupt bewirken könnte. Denn durch eine Zwangsentfernung sind die Rechte eines Universitätstheologen ohne Zweifel tangiert. Fraglich ist deshalb, ob eine Zwangsentfernung des Beanstandeten mit dem Schutzbereich des Art. 5 Abs 3 GG zu vereinbaren ist.

Bei dieser Überlegung ist sicher anzuerkennen, daß für Art. 5 Abs 3 GG wegen Art. 140 GG iVm Art. 137 Abs. 3 WRV die kirchliche Zustimmung bei der Berufung und das Recht zur Beanstandung eines schon berufenen Uni-

---

[186] Art. 20; 28 GG und BVerfGE 9, 278 - 287.

[187] Das ist ein Gesichtspunkt, auf den H. Quaritsch mit Nachdruck hinweist (vgl. FN 185).

versitätstheologen als immanente Schranke des Grundrechts zu sehen sind. Dieselben verfassungsimmanenten Schranken sind für die Rechte des Beanstandeten aus Art. 4 Abs. 1; 33 Abs. 5 GG zu beachten. Art. 137 Abs. 3 GG vermag als immanente Schranke zu Art. 5 Abs 3 GG die Lehrfreiheit eines Universitätstheologen jedoch nur soweit einschränken, wie die Rechtsfolgen aufgrund der kirchlichen Beanstandung dem Prinzip der Verhältnismäßigkeit der Mittel entsprechen.[188] Wird der Beanstandete durch die staatlichen Maßnahmen gegen ihn unverhältnismäßig beschränkt, wird er in seinem Grundrecht aus Art. 5 Abs 3 GG verletzt.

Um zu einer Antwort der aufgeworfenen Frage zu finden, ist eine Abwägung der grundrechtich geschützten Interessen vorzunehmen. So muß bei einer Kollision verschiedener Rechtsgüter, die gleichermaßen verfassungsrechtlich geschützt sind, der Ausgleich durch das Prinzip der Verhältnismäßigkeit als Maßstab gefunden werden.

So bedeutet der Ausschluß von Pflichtvorlesungen und der akademischen Prüfungen eine sehr starke Einschränkung des beanstandeten Theologen. Aber dieses hohe Maß wird man durch Art. 137 Abs. 3 WRV im Blick auf den Priesternachwuchs und die Religionslehrer als verfassungskonform ansehen müssen. Denn diese Maßnahmen sind die mildesten Mittel, die geeignet und erforderlich sind, um in das durch Art. 140 GG iVm Art. 137 Abs. 3 WRV garantierte Recht nicht einzugreifen.

Die Maßnahme gegen einen beanstandeten Theologen in Form der Zwangsentfernung aus der Fakultät geht aber sehr viel weiter. Ob sie rechtlich zulässig ist, muß eben an dem Prinzip der Verhältnismäßigkeit gemessen werden. Für den kirchlichen Anspruch auf Selbstbestimmung derjenigen Lehrinhalte, die der Ausbildung des Priesternachwuchses und der Religionslehrer dienen, ist mit der Ersatzgestellung und dem Ausschluß des Beanstandeten aus den Pflichtveranstaltungen das Erforderliche und das Notwendige getan. Ist nun damit dem kirchlichen Interesse gem. Art. 137 Abs. 3 WRV Genüge getan, so ist das grundrechtlich geschützte Interesse des Beanstandeten zu beachten. Jede weitere Maßnahme wäre unverhältnismäßig, zumal das Grundgesetz der Lehr- und Forschungsfreiheit eine Stellung im Grundrechtskatalog ohne die Möglichkeit einer gesetzlichen Beschränkung gegeben und nur durch die Treue zur Verfassung gebunden hat. Das Selbstbestimmungsrecht der Kirche gem. Art. 140 GG iVm Art. 137 Abs. 3 WRV hat diese Stellung nicht, sondern findet vielmehr schon durch ein für alle geltendes Gesetz seine Schranken. Hinsichtlich der Lehr- und Forschungsfreiheit des Beanstandeten muß folglich beachtet werden, daß sie soweit wie möglich erhalten bleiben muß, und zwar als Lehr- und Forschungsfreiheit in der Theologie. Deshalb kann der Beanstandete ohne verfassungsimmanenten Zwang gegen seinen Willen in keinen anderen institu-

[188] Vgl. dazu auch H. Quaritsch, Hans Küng, S. 87.

tionellen Rahmen abgeschoben werden. Denn, wie oben dargelegt, kann der wissenschaftliche Theologe nicht nur dann unter den Wissenschaftsbegriff gem. Art. 5 Abs. 3 GG, wie ihn Rechtslehre und Rechtsprechung des BVerfG entwickelt haben, fallen, wenn der für eine eventuelle Lehrbeanstandung zuständige Bischof ihn als mit der kirchlichen Lehre vereinbar ansieht. Die bischöflichen Beanstandungsbefugnisse sollen zwar hinsichtlich des staatlichen Leistungsangebotes für die kirchlichen Interessen eine Übereinstimmung der Ausbildung der Geistlichen und Religionslehrer mit der kirchlichen Leitung garantieren. Jedoch hat sich der Staat weder in den Konkordaten verpflichtet, noch ist es ihm verfassungsrechtlich aufgrund Art. 5 Abs 3 GG möglich, das Lehr- und Forschungsprogramm einer theologischen Fakultät konform zu halten. Der Begriff der Wissenschaft i.S.d. Art. 5 Abs 3 GG, wie ihn Lehre und Rechtsprechung verstehen, erlaubt es folglich nicht, daß eine Lehre, die Resultat der grundrechtlich geschützten Wissenschaftsfreiheit ist, dann nicht mehr als „katholische Theologie" gelten kann, wenn sie von der derzeitigen Linie der kirchlichen Leitung abweicht. Im Sinne des Art. 5 Abs 3 GG wird sie dadurch nicht „Religionswissenschaft, nicht „Religionsphilosophie" oder „Religionssoziologie", die nur außerhalb der theologischen Fakultät betrieben werden kann.[189] Wenn die Theologie so von der kirchlichen Leitung abhinge, könnte sie nicht mehr als Wissenschaft gem. Art. 5 Abs 3 GG verstanden werden. Sie wäre tatsächlich nur noch Organisationslehre, die an der Universität nichts zu suchen hätte. Mindestens seit Anselm von Canterbury will die (zumindest die katholische) Theologie als Wissenschaft in ihrem Verhältnis zu verbindlichlichen religiösen Texten und Verlautbarungen des kirchlichen Amtes bewußt in dem Sinn „voraussetzungslos" sein, daß sie sich gegen Festlegungen von Gegenständen, Methoden und Ergebnissen der wisenschaftlichen Arbeit durch organisierte Interessen – sei es der Kirche, sei es des Staates – richtet.

Schon bis zum Hochmittelalter hatte die Theologie durch schwerwiegende Beeinträchtigungen solche Erfahrungen gemacht, daß gerade von ihr der Gedanke zur Gründung der Universitäten mit der garantierten „libertas academica" ausging. Die „libertas academica" bot ihr allein den Raum für die wissenschaftliche Arbeit. Und es ist die als so voraussetzungslos verstandene wissenschaftliche Theologie, die in der weiteren Tradition zu Art. 5 Abs 3 GG führte. Die bischöfliche Einflußnahme auf die Zusammensetzung des Lehrkörpers ist nur deshalb zu rechtfertigen, weil die Kirche die Kontrolle über die Unterweisung ihres Nachwuchses als ihre Angelegenheit i.S.d. Art. 137 Abs. 3 WRV reklamieren kann. Die konkordatären Beanstandungsrechte des Bischofs sind daher Zugeständnisse an diesen kirchlichen Anspruch. Sie entspringen aber nicht als notwendige Folge der Theologie als Wissenschaft dahingehend, daß die Lehre eines beanstandeten Theologen

---

[189] So aber U. Scheuner, Rechtsfolgen, S. 57f.

keine katholische Theologie mehr wäre und nur noch außerhalb der katholisch-theologischen Fakultät ihren institutionellen Ort haben könnte. Ein Blick auf die Theologiegeschichte zeigt, daß die völlige Übereinstimmung der wissenschaftlichen Theologie mit der kirchlichen Leitung kein konstitutives Element für Theologie sein kann. Dann wäre der vom Pariser Ortsbischof Stefan Tempier zensierte Thomas v. Aquin[190] zumindest zeitweise kein katholischer Theologe gewesen. Die bedeutendsten Theologen des II. Vatikanums wie Y. Congar u. a. waren unter Pius XII. zensiert und hatten Lehrverbot. Sie wären demnach keine katholischen Theologen gewesen. Deshalb wollte die wissenschaftliche Theologie von ihrem Selbstverständnis her – wenigstens in den Zeiten ihrer Blüte – nicht fremdbestimmtes Bemühen sein. Und sie darf dazu erst recht nicht unter dem Schutz von Art. 5 Abs 3 GG an einer staatlichen Institution, womöglich noch mit der Macht des Staates, gemacht werden. Vielmehr wollte die katholische Theologie zumindest seit dem Hochmittelalter immer Universitätswissenschaft sein und ihren Reflexionsgegenstand auch wissenschaftlich bestimmen. Die Interpreten dessen, was Wissenschaft ist, sind i. S. d. Art. 5 Abs 3 GG nur die an der Universität tätigen Wissenschaftler selbst. Im Rahmen der Theologie gehört zu diesen auch der beanstandete Wissenschaftler selbst. Denn ein Universitätslehrer konstituiert durch seine Lehre den Bereich der von Art. 5 Abs 3 GG geschützten Wissenschaftsfreiheit mit. Gemäß Art. 5 Abs 3 GG kann es über die Wissenschaftlichkeit der Lehre eines Hochschullehrers weder verbindliche Mehrheitsbeschlüsse (so der Fakultät) noch autoritative kirchliche Erkenntnisse geben. Solange daher – wie oben gezeigt – der beanstandete Hochschullehrer behauptet, seine Lehre sei katholische Theologie, kann er daher nicht gegen seinen Willen aus der institutionellen Organisationseinheit entfernt werden, die als Fakultät der wissenschaftlichen Forschung und Lehre der Theologie dient. Die Zwangsentfernung eines beanstandeten Theologen aus seiner Fakultät, zu der sich das bayerische Ergänzungskonkordat von 1974 verpflichtet, kann folglich nur unter Verstoß gegen Art. 5 Abs 3 GG verwirklicht werden. Sie wäre folglich verfassungswidrig.[191]

---

[190] Vgl. dazu Et. Gilson, Die Philosophie des hl. Bonaventura, bes. S. 44, 52.

[191] Verneint haben bisher den Fakultätsverlust als zwingende Folge der kirchlichen Beanstandung ausdrücklich E. R. Huber, Verträge zwischen Staat und Kirchen im Deutschen Reich, S. 196 ff.; W. Weber, in: Ztschr. Ges. StW 99 (1939) 229 ff.; ders., in: HdbStKR, Bd. 2, S. 578; W. Thieme, Dt. Hochschulrecht, S. 146; E. Th. Emde. Die theologischen Fakultäten, S. 401; N. Preuß, Art. 140, S. 1383: „Konkordatslehrstühle – Professuren, deren Inhaber erst ernannt werden, wenn vom zuständigen Diözesanbischof keine Einwendungen gegen die Person erhoben werden – sind daher für nicht nur nicht-theologischen Wissenschaften (Sozialogie, Pädagogik, allgemeine Philosophie), sondern auch für die Theologie mit Art. 140/137 Abs. 1 unvereinbar. – Vgl. dazu F. Müller, Jenseits der Verfassung, S. 178; a. A. für die bayerischen Konkordatslehrstühle BayVGH, in: BayVBl. 1980, 462; vermittelnd hierzu A. Hollerbach, Verträge, S. 145 ff.; E.-L. Solte, Theologie, S. 216 ff.

bb) Die Zumutbarkeit einer Anerkennung des Rechtes aus Art. 5 Abs. 3 GG durch die Kirche

Wie nun oben schon mehrmals unterstrichen, gehören die katholisch-theologischen Fakultäten zu den „gemeinsamen Angelegenheiten" von Staat und Kirche. Diese zu ordnen und zu bewältigen haben beide Vertragspartner unter dem gegenseitigen Respekt ihrer eigenen Ordnung vertraglich vereinbart. Wesentlich zur innerstaatlichen Ordnung unter dem Grundgesetz gehört die staatliche Personalhoheit im Rahmen der verfassungsrechtlichen, vor allem der grundrechtlichen Bindungen. Wie der Staat sich verfassungsrechtlich durch Art. 140 GG iVm Art. 137 Abs. 3 WRV selbst zum Respekt vor dem inneren Bereich der Kirche verpflichtet hat, so ist dem kirchlichen Vertragspartner auch der Respekt vor der innerstaatlichen Rechtsordnung, vor allem den vorstaatlichen Grundrechten, zuzumuten.

Die Konsequenz der festgestellten Verfassungswidrigkeit einer Zwangsentfernung aus der Fakultät verlangt vom staatlichen Vertragspartner die Wissenschaftsfreiheit gem. Art. 5 Abs 3 GG auch in ihrem Bereich zu schützen, wo die gemeinsamen Angelegenheiten ausgeführt werden. Fraglich ist nun, inwieweit diese dem kirchlichen Vertragspartner zuzumuten ist. Eine Zumutbarkeit wäre sicher zu verneinen, wenn der Staat bei einem Verbleib eines beanstandeten Theologen in seiner Fakultät in die innere Selbstbestimmung der Kirche eingriffe und somit gegen Art. 140 GG iVm Art. 137 Abs. 3 WRV verstöße. Nach den obigen Darlegungen wird dies aber durch die konkordatär garantierte Ersatzgestellung vermieden. Der konkordatäre Vertragszweck, die Ausbildung des Priesternachwuches und der Religionslehrer als gemeinsame Angelegenheit zu garantieren, ist damit gesichert. Der gegenseitige Respekt vor der jeweiligen inneren Ordnung des Vertragspartners, wie er auch in den Freundschaftsklauseln der Konkordate zum Ausdruck kommt, verlangt jedoch, die dem Vertragspartner gewährten Befugnisse in ihren Wirkungen auf das Maß zu beschränken, das zur Normverwirklichung notwendig ist. Im übrigen ist der Respekt vor der eigenen Rechtsordnung dem Vertragspartner zuzumuten.

So ist nach der staatlichen Rechtsordnung der Unterhalt einer theologischen Fakultät an einer staatlichen Universität keine Angelegenheit der Kirche i.S.d. Art. 137 Abs. 3 WRV. Diese staatliche Organisationseinheit wird auch nicht kirchlich vereinnahmt durch die konkordatär garantierte wissenschaftliche Ausbildung des Priesternachwuchses und der Religionslehrer. Sie bleibt in der staatlichen Rechtsordnung und unter der staatlichen Personalhoheit. Wäre dies nicht der Fall, so wären die theologischen Fakultäten Einrichtungen der Kirche, die der Staat finanziert und verfahrensmäßig organisiert. Dies ist aber im modernen, weltanschaulich neutralen Staat undenkbar. Aufgrund von Art. 137 Abs. 3 WRV ist über Art. 140 GG verfassungsrechtlich die Entscheidung über die Beanstandung als eigene Angelegenheit der Kirche anzusehen. Die Beanstandung ist von Universität und Staat als solche zu akzeptieren. Die konkordatsrechtlich garantierte Abhängigkeit der Berufung vom „Nihil obstat" und die ebenfalls garantierte Ersatzgestellung nach bischöflicher Beanstandung verwirklichen den gemäß Art. 137 Abs. 3 WRV garantierten Anspruch der Kirche, die theologischen Lehrinhalte selbst zu bestimmen und von Lehrern vortragen zu lassen, die nach Meinung der kirchlichen Leitung die Lehre der Kirche authentisch vortragen. Art. 137 Abs. 3 WRV garantiert die kirchliche Autonomie jedoch nur für ihre eigenen Angelegenheiten. Weitere Konsequenzen in Richtung auf eine umfassende Verfügungsbefugnis im Sinne einer kirchlichen Personalhoheit über den Lehrkörper einer staatlichen Fakultät lassen sich aus dieser Vorschrift nicht ableiten.

Damit hätte die theologische Fakultät ihren Charakter als Rahmen einer gemeinsamen Angelegenheit von Kirche und Staat verloren. Rahmen für eine gemeinsame staatlich-kirchliche Angelegenheit können die theologischen Fakultäten nur bleiben, wenn dieser Rahmen bestimmt wird durch das Verhältnis von kirchlicher Beanstandungsbefugnis und staatlicher Entscheidungskompetenz.[192] So trifft auch bei kirchlicher Beanstandung eines Hochschullehrers die Entscheidung über die Rechtsfolgen allein der Staat im Rahmen seiner verfassungsrechtlichen Möglichkeiten. Eine Zwangsentfernung ist aber als Möglichkeit in diesem Rahmen nicht gegeben. Jedenfalls kann sich der Staat durch kirchliche Wünsche nicht gegen seine Verfassung binden lassen. Vielmehr kann für ihn nur die Rechtmäßigkeit der Verwaltungsentscheidung Grundvoraussetzung sein.

Ist nun eine Zwangsentfernung des Beanstandeten wegen Art. 5 Abs 3 GG verfassungsrechtlich nicht möglich, so kann der wegen seiner Lehre beanstandete Professor außerhalb der Pflichtveranstaltungen im Schutz des Art. 5 Abs 3 GG Vorlesungen und Seminare anbieten, die zu besuchen kein Theologiestudent gezwungen ist, weil der Beanstandete keine kirchlich anerkannten Prüfungen mehr abnehmen darf.

Und dieser Rechtsstatus des Beanstandeten innerhalb der Fakultät ist auch den Kollegen und den Studenten zuzumuten. Im Blick auf eine Fakultät handelt es sich um einen Lebensbereich von Erwachsenen. Von Erwachsenen ist zu erwarten, daß sie im kollegialen Verhältnis und im Verhältnis von Professor und Student mit unterschiedlichen fachlichen Erkenntnissen und Überzeugungen leben, ihre Differenzen aussparen und tolerieren. Die Konkordatsbestimmungen sollen die theologische Ausbildung der kirchlichen Theologiestudenten nach Quantität und Qualität sicherstellen. „Sie können und müssen jedoch nicht als Normativierung katholisch-theologischer Berührungsangst verstanden werden."[193] Der Ausschluß aus der

---

[192] Wie oben ausgeführt.

Fakultät, der Ansiedelung des Lehrstuhles in einer anderen Fakultät oder seine Zuordnung zum Präsidenten würde der Versetzung eines beanstandeten Lehrers von der Bekenntnisschule an eine Gemeinschaftsschule entsprechen.[194] Jedoch unterscheidet sich die Rechtslage eines beanstandeten Hochschullehrers in dreifacher Weise: 1. Für die Entfernung und Versetzung eines beanstandeten Bekenntnisschullehrers gibt es in Art. 5 § 1 Bayer. Konkordat, Art. 24 Abs. 1 RK eine Rechtsgrundlage. 2. Lehrer an wissenschaftlichen Hochschulen, insbesondere ordentliche Professoren, haben ein Recht am Amt. Sie sind gegen Versetzungen ungleich stärker geschützt als andere beamtete Lehrer.[195] 3. An der Bekenntnisschule werden Kinder erzogen, an der katholisch-theologischen Fakultät studieren Erwachsene, die mit dem Zeugnis der Reife ausgestattet sind.

Der Rechtsstatus des Universitätsprofessors und der des Bekenntnisschullehrers ist so unterschiedlich, daß nicht dieselben Rechtsfolgen im Falle einer kirchlichen Beanstandung in Erwägung gezogen werden können.

cc) Das grundrechtlich geschützte Interesse des beanstandeten Hochschullehrers und die beamtenrechtliche Schutzpflicht des Staates

Bei Verträgen zwischen Staat und Kirche hat der Staat – dies ist nach dem Gesagten deutlich – seiner Personalhoheit auch deshalb bewußt zu bleiben, weil er dem Schutze der institutionellen Freiheiten der Universität und des beanstandeten akademischen Lehrers verpflichtet ist. Für letzteren gilt dies aufgrund seines Rechtes aus Art. 5 Abs 3 GG auch für die Bezeichnung seines Lehrstuhles und seiner Planstelle. Art. 5 Abs 3 GG schützt nämlich auch das Recht des Universitätslehrers am Amt[196] und sichert ihn so gegen eine unverhältnismäßige Ausdehnung der durch Art. 137 Abs. 3 WRV und Art. 19 RK vermittelten Position der Kirche ab. Die Konsequenz aus diesem Tatbestand hat § 50 Abs. 2 HRG und im Anschluß daran wortgleich z.B. § 61 Abs. 5 UG BW gezogen.[197] § 61 Abs. 5 UG BW ist ein allgemeines Gesetz, dessen Schranke Art. 137 Abs. 3 WRV unterliegt.[198] So wird durch

---

[193] So H. Quaritsch, Hans Küng, S. 86. Das Stichwort „laizistische Berührungsangst“ hatte, wie oben schon zitiert, J. Isensee in die staatskirchenrechtliche Debatte eingebracht, um die Geisteshaltung der Befürworter einer strikten Trennung von Staat und Kirche zu kennzeichnen, in: JuS 1980, 95.

[194] Vgl. dazu BayVGH, Urt. v. 30.6.1961, ArchkathKR 130, 192. Vgl. dazu auch H. Quaritsch, Lehrerbildung nach dem Reichskonkordat, S. 463ff.

[195] Vgl. dazu OVG Münster, Urteil v. 28.10.1970, OVGE 20, 511.

[196] Und diese im konkret-funktionellen Sinne, s. OVG Lüneburg, OVGE 26, 511f.; OVG Münster, in: ZBR 1967, 365ff.; Wolff / Bachof, VR II, S. 36. Vgl. zu dieser Frage zusammenfassend R. Wimmer, Sind Professoren versetzbar?, in: NVwZ 1985, 530ff.

[197] Vgl. § 61 Abs. 5 UG BW: „Beamtete Professoren können nur mit ihrer Zustimmung abgeordnet oder versetzt werden . . .“.

[198] So auch U. Scheuner, Rechtsfolgen, S. 46f.

§ 61 Abs. 5 UG BW das Verbleiben eines Beanstandeten in seiner Fakultät hochschulrechtlich gefordert, indem er nämlich die Versetzung und Abordnung eines Hochschullehrers ohne dessen Zustimmung für rechtswidrig erklärt. Im Falle eines beanstandeten Theologen würde dies allerdings in bezug auf eine Zwangsentfernung nur dann nicht zutreffen, wenn man in der Zwangsentfernung begrifflich keine Versetzung, sondern eine bloße „Umsetzung" sehen könnte.[199]

Einer solchen Umsetzung würde dann § 61 Abs. 5 UG BW nicht entgegenstehen.[200] Dieses Spiel mit Begriffen ist aber durch den Wortlaut des § 61 Abs. 5 UG BW nicht gedeckt und überschreitet die zulässige Auslegung. Denn die Zwangsentfernung aus der Fakultät sowie die damit verbundene Eingliederung in eine andere Fakultät bzw. die Unterstellung unter den Universitätspräsidenten erfüllt das Begriffsmerkmal der Versetzung i. S. d. § 61 Abs. 5 UG wie auch des § 18 BRRG.[201] Der Beanstandete wird durch diese Maßnahme, da sowohl die Fakultät als auch der Universitätspräsident Behörden sind, einer anderen Behörde zugewiesen und erhält somit ein neues Amt.[202] Der Fakultätswechsel kann somit nicht bloß als behördeninterne Umsetzung angesehen werden.[203] Eine andere Auffassung entspricht nicht der Funktion des § 61 Abs. 5 UG BW. Er soll nämlich auch das durch die organisatorische Zugehörigkeit zu einer bestimmten Fakultät geprägte Amt des Hochschullehrers vor staatlichen Zugriffen schützen.

Seine Anwendbarkeit ist auch nicht durch § 140 UG BW ausgeschlossen. Zwar räumt § 140 UG BW im Konflikt zwischen UG und Kirchenvertrag diesem den Vorrang ein. § 140 UG BW würde jedoch nur dann die Zwangsentfernung des kirchlich beanstandeten Universitätstheologen ermöglichen, wenn diese Konkordatspflicht des Staates wäre. Dies ist aber, wie oben aufgewiesen, nicht der Fall.

---

[199] Vgl. zum Begriff der Umsetzung als bloß behördeninterne Organisationsmaßnahme BVerwG, in: ZBR 1981, 28.

[200] So U. Scheuner, Rechtsfolgen, S. 46 ff.

[201] So auch W. Weber, Die Rechtsstellung des deutschen Hochschullehrers, S. 35; W. Thieme, Hochschulrecht, S. 263; R. Scholz, Komm. z. GG, Rdnr. 178; W. Blümel, Vom Hochschullehrer zum Professor, in: FS Ule, S. 303. Zum Begriff der Versetzung vgl. Wolff / Bachof, VR, § 112 III; C.-H. Ule, Beamtenrecht, Rdnr. 1 zu § 118 BRRG.

[202] Fakultät und Universitätspräsident sind nicht nur Behörden i. S. d. weiten Behördenbegriffs des § 1 Abs. 4 VwVfG, sondern auch im engeren Sinne der traditionellen verwaltungsrechtlichen Dogmatik. Sie sind nämlich beide Verwaltungsorgane mit Außenzuständigkeit für konkrete Rechtshandlungen; vgl. dazu Wolff / Bachof, VR, § 76 I d 7 und § 112 III.

[203] Selbst wenn man U. Scheuner insoweit folgen würde, wäre auch eine „Umsetzung" unzulässig. § 61 Abs. 5 UG BW konkretisiert das von Art. 5 Abs. 3 GG garantierte Recht am Amt im konkret-funktionalen Sinne. Er verbietet daher auch „Umsetzungen". Vgl. dazu Wolff / Bachof, VR, § 110 VI a, c. So auch W. Weber, Die Rechtsstellung des deutschen Hochschullehrers; W. Thieme, Hochschulrecht; R. Scholz, Komm. z. GG, Rdnr. 178; W. Blümel, Vom Hochschullehrer zum Professor; C. H. Ule, Beamtenrecht.

Dabei wird berücksichtigt, daß die zu Art. 5 Abs. 2 GG und Art. 137 Abs. 3 WRV entwickelte Rechtsdogmatik die einschränkenden Gesetze darüber hinaus dem Verhältnismäßigkeitsprinzip unterwirft. Danach muß der Schutz des im allgemeinen Gesetz, hier des § 61 Abs. 5 UG BW, geregelten Rechtsguts schwerer wiegen als die Einschränkung der kirchlichen Selbstbestimmung. Allerdings dürfte die Einschränkung von Art. 137 Abs. 3 WRV nur soweit gehen, wie es zum Schutz des fraglichen Rechtsgutes, nämlich des durch Art. 5 Abs. 3 GG geschützten Rechts des Hochschullehrers am Amt, unerläßlich ist.[204]

Nach den obigen Ausführungen zum Sinn und Zweck der Konkordate und zur Garantie der Sicherung der innerkirchlichen Angelegenheiten durch die Ersatzgestellung, kann § 61 Abs. 5 UG BW das kirchliche Selbstbestimmungsrecht überhaupt nicht berühren. Denn zur Kennzeichnung der rechtlichen Stellung eines Beanstandeten würde es genügen, im Vorlesungsverzeichnis und ähnlichen Anzeigen von Lehrveranstaltungen, den Zusatz „ohne missio canonica“ hinzuzufügen. Es wird dadurch deutlich vermieden, der kirchlichen Selbstbestimmung zu nahe zu treten. Eine Irreführung und damit eine Verletzung des kirchlichen Selbstbestimmungsrechtes ist dadurch nicht zu befürchten.

Andererseits ist der Staat so nicht gezwungen, sein Verfassungsrecht, in diesem Falle das durch Art. 5 Abs 3 GG garantierte Recht des Beanstandeten am Amt, zu verletzen. Denn der Verbleib in der Fakultät beläßt dem beanstandeten Universitätslehrer die aktiven und passiven Mitgliedschaftsrechte, die mit diesem Amt verbunden sind. Um die Ausbildung der kirchlichen Theologiestudenten zu sichern, braucht in die körperschaftliche Stellung des beanstandeten Hochschullehrers nicht eingegriffen zu werden. Nur dort, wo Lehrinhalte in Frage stehen, sind seine Rechte beschränkt. Das betrifft – wie ausgeführt – besonders für die Prüfungstätigkeiten einschließlich Promotion und Habilitation zu.

3. Im Bereich von Art. 6 Abs. 1 GG bei Heirat eines klerikalen katholischen Universitätstheologen

Die kirchliche Beanstandung eines Universitätstheologen kann nicht nur erfolgen wegen der Lehre, sondern auch wegen des „sittlichen Verhaltens“, allerdings nur, wenn „triftige Gründe“ geltend gemacht werden können.[205] Nach dem Preußischen Konkordat kann der Bischof dann „Anzeige“ machen, wenn der betreffende Theologe „in seiner Lehrtätigkeit oder in Schriften der katholischen Kirche zu nahe tritt oder wenn er einen schweren

---

[204] In diesem Sinne auch K. Hesse, HdbStKR, S. 437 und im dogmatischen Ansatz auch BVerfG, in: EuGRZ 1980, 295/301.

[205] So die Formulierung des Bayerischen Konkordates in Art. 3 § 2.

und ärgerlichen Verstoß gegen die Erfordernisse des priesterlichen Lebenswandels begeht".[206] Im Badischen Konkordat ist von einer „ernstlichen Beanstandung der Lehre oder des Lebenswandels oder der Lehrbefähigung" die Rede.[207]

Im Gegensatz zur allgemeinen Meinung ist die kirchliche Beanstandung hinsichtlich des „sittlichen Verhaltens", „eines schweren und ärgerlichen Verstoßes gegen die Erfordernisse des priesterlichen Lebenswandels" bzw. nur des „Lebenswandels" viel häufiger als Lehrbeanstandungen.

Fraglich ist jedoch, inwieweit diese konkordatären Tatbestände vor dem Forum des staatlichen Rechtes Anerkennung finden können. Der Konflikt zwischen dem Verfassungsrecht des Grundgesetzes und dem konkordatären Vertragsrecht kommt hier noch deutlicher zum Ausdruck als hinsichtlich einer Lehrbeanstandung im Blick auf Art. 5 Abs 3 GG. Bei der Beanstandung des „sittlichen Verhaltens" geht es nämlich in der Regel nicht um ein ausschweifendes Leben des Beanstandeten. Diese kirchliche Beanstandung zielt vielmehr auf klerikale Universitätstheologen, die innerkirchlich zum Eheverzicht verpflichtet sind, die andererseits aber nichts anderes tun, als daß sie für sich das Grundrecht auf Ehe in Anspruch nehmen. Dieses steht gem. Art. 6 Abs. 1 GG unter dem besonderen Schutz des Staates.[208]

Es stellt sich deshalb die Frage, inwieweit für den Staat Maßnahmen infolge kirchlicher Beanstandung gegen den Universitätsprofessor, der sein Grundrecht aus Art. 6 Abs. 1 GG in Anspruch nimmt, rechtlich möglich sind, ohne daß der Staat verfassungswidrig handelt.

Die zweite Frage, die sich hier stellt, ist, inwieweit der Kirche die Anerkennung der staatlichen Rechtsordnung, wie sie sich aus Art. 6 Abs. 1 GG ergibt, zuzumuten ist bzw. von ihr als Vertragspartner erwartet werden muß.

Im Gegensatz zu dem Problem des Verhältnisses der kirchlichen Lehrbeanstandung und der verfassungsrechtlich garantierten Wissenschaftsfreiheit gem. Art. 5 Abs 3 GG, das von der Literatur immer wieder angesprochen, von der Rechtsprechung aber noch nie mangels Klage der Betroffenen zu entscheiden war, ist die Situation im Blick auf Art. 6 GG gerade umgekehrt. Das problematische Verhältnis zwischen kirchlicher Beanstandung des „sittlichen Verhaltens" des beamteten Universitätstheologen und Art. 6 Abs. 1 GG und den möglichen Rechtsfolgen der staatlichen Reaktion sind in der Lehre nicht behandelt, höchstens angedeutet. Dagegen liegen in grds.

---

206 Vgl. PrK Art. 12.

207 Vgl. Art. X Abs. 2. Der letzte Tatbestand kann vor dem Forum des staatlichen Rechts keine Anerkennung finden. Vgl. dazu E.-L. Solte, Theologie, S. 157; A. Hollerbach, Die theologischen Fakultäten, S. 83.

208 Vgl. das Urteil des BVerwG zur Zölibatsklausel für einen Beamten BVerwGE 14, 21 ff., bes. S. 27/29.

ähnlich gelagerten Fällen höchstrichterliche Urteile vor.[209] Diese Rechtsprechung stellt eindeutig das Recht auf Ehe und das Recht auf eheliche Geburt über die Ausrichtung an innerkirchlichem Recht und verbietet Konsequenzen der staatlichen Exekutive gegen einen beamteten Lehrer an einer staatlichen Konfessionsschule. Mögen nun staatliche Konfessionsschulen und theologische Fakultäten an einer staatlichen Universität inkommensurable Größen sein, so bestehen doch ein sachlicher Zusammenhang, eine ähnliche Interessenlage und auch ähnliche Tatbestände. Deshalb ist diese höchstrichterliche Rechtsprechung auf die bischöfliche Beanstandung eines beamteten Universitätstheologen ebenfalls anzuwenden. Im Blick auf Art. 6 Abs. 1 GG und auf die konkordatär gewährten kirchlichen Befugnisse ist deshalb zu fragen, welche Maßnahmen zur Normverwirklichung noch möglich und auch notwendig sind.

a) Die kirchliche Beanstandung hinsichtlich des Lebenswandels auf dem Hintergrund des kirchlichen Rechts

Die Antwort auf die Frage nach der Verpflichtung und Gebundenheit staatlichen Handels gem. Art. 6 Abs. 1 GG und der möglichen, durch die Konkordate verlangten Normverwirklichung bzw. dazu notwendigen Maßnahmen hängt auch entscheidend davon ab, inwieweit der Kirche die Anerkennung des Art. 6 Abs. 1 GG möglich und ihr staatlicherseits zuzumuten ist. Dies hängt weitgehend auch von der Antwort auf die Frage nach der – natürlich auch theologischen – hier jedoch besonders rechtlichen Stellung einerseits der Ehe, dann des Gebotes des Eheverzichtes für Kleriker im kirchlichen Recht ab.

(1) Das Verständnis der Ehe als iuris naturalis sive divini im kanonischen Recht

Im Anschluß an die Dogmatik der katholischen Theologie[210] qualifiziert auch das kanonische Recht[211] die Ehe einmal als iuris naturalis, dann als iuris divini. Danach läßt sich die Ehe naturrechtlich als die vom Schöpfer-Gott durch dessen Schöpfungswirken „begründete Verbindung eines Mannes und einer Frau in ungeteilter und unteilbarer Lebens- und Liebesgemeinschaft zum Zwecke der Erhaltung des Menschengeschlechtes und der gegenseitigen persönlichen Vollendung der Gatten bestimmen".[212]

---

[209] Vgl. BVerwGE 17, 267 ff.; 19, 252 ff.

[210] Vgl. dazu etwa Thomas von Aquin, S. th., II/1 q. 102 a 5 ad 3, 1. Suppl. 942 a 1.

[211] Vgl. dazu CIC can. 1012 § 1.

[212] Vgl. dazu U. Mosiek, Kirchliches Eherecht, S. 29.

In dieser naturrechtlichen Begründung der Ehe sieht sich die Kanonistik auch in außerchristlichen Rechtsquellen bestätigt, so durch Modestinus im römischen Recht: „Nuptiae sunt coniunctio maris et feminae et consortium omnis vitae, divini et humani iuris communicatio."[213] Oder durch die Definition von Justinian: „Nuptiae autem sive matrimonium est viri et mulieris coniunctio, individuam consuetudinem vitae continens."[214] Diese Definitionen der Ehe bilden auch die Grundlage der im Corpus Iuris Canonici vorgenommenen Begriffsbestimmung der Ehe als „maris et feminae coniunctio, individuam vitae consuetudinem retinens."[215] So ist die Ehe nach kirchlichem Verständnis vom Natur- und Schöpfungsverständnis her etwas Heiliges,[216] da sie Gott zum Urheber hat. Infolgedessen – so die kirchliche Lehre – wurde auch bei fast allen Volksstämmen die Eheschließung mit religiösem Zeremoniell umgeben.

So setzt auch der CIC[217] für die christliche Ehe den naturrechtlichen Ehebegriff voraus.

Im Anschluß an das Eheverständnis der theologischen Dogmatik als Mit- und Nachvollzug göttlichen trinitarischen Lebens[218] und als Abbild des ehegleichen Verhältnisses zwischen Christus und seiner Kirche kennzeichnet das kirchliche Recht[219] die Ehe darüber hinaus als Sakrament, d.h. als einen Lebensvollzug, der in besonderer Weise zur Erfahrung des Heils und als Weg zur Heiligung geeignet ist.[220]

Mit den Worten des Kanonischen Rechtes[221] läßt sich das kirchliche Eheverständnis so beschreiben: Darum kann es unter Getauften keinen gültigen Ehevertrag geben, ohne daß er zugleich und ohne weiteres Sakrament, d.h. i.S.d. kirchlichen Rechtes nicht nur iuris naturalis, sondern auch iuris divini ist.

---

213 Vgl. Dig. 23. 2. 1.

214 Vgl. Inst. 1.9.1.

215 Vgl. Corpus Iuris Canonici X 2.23.11.

216 Vgl. dazu z.B. die Enzyklika Leos XIII. „Arcanum Divinae" vom 10.2.1880, in: Fontes III, 580.

217 Can. 1012 § 1.

218 Vgl. dazu W. Schachten, Trinitarisches Gottesbild und sakramentales Eheverständnis, in: FS 66 (1984) 134 - 140.

219 Vgl. CIC can. 1012 § 1.

220 Vgl. dazu das Konzil von Lyon (1274), DS 465; Konzil von Florenz (1438 - 1445), DS 702; Konzil von Trient, Trid. sess. de sacr. matr. c. 1; dazu Pius X. gegen den Modernismus in ASS 406 (1907) 476; Pius XI. in der Enzyklika „Casti Connubii", in: ASS 22 (1930) 554; Vaticanum II, Dogmatische Konstitution über die Kirche I, in: ASS 57 (1965) 15f.

221 CIC can. 1012 § 2.

(2) Das Verständnis des Zölibates als lex posita seu ecclesiastica im kanonischen Recht

Can. 1072 CIC erklärt die Eheschließung von Personen, die zum Diakonat, Presbyterat oder Episkopat ordiniert sind, für ungültig. Dabei hat sowohl die theologische Dogmatik als auch das kanonische Recht den Zölibat, d.h. das Eheverbot für Kleriker, immer nur als lex posita oder ecclesiastica gekennzeichnet.[222]

Dementsprechend ist die Ordination verheirateter Männer zum Diakonat oder Presbyterat nur vom positiven kirchlichen Recht abhängig und auch heute nicht unüblich.

Aus eben denselben Gründen kennt die Kirchengeschichte Dispensen vom Eheverbot sogar bei durch Gelübde gebundenen Ordensleuten, wenn z.B. dynastische Politik dies erforderte.[223] Großzügig war auch die Dispenserteilung in der Zeit nach dem II. Vaticanum unter Papst Johannes XXIII.

Im Urteil der theologischen Dogmatik und der Kirchengeschichte kann das kirchliche Eheverbot auch nicht anders als rein positives Gesetz gekennzeichnet werden.

Die Urkirche kannte das Eheverbot i.S.d. Zölibates nicht. Jesus hatte in seinen engsten Apostelkreis – vielleicht mit Ausnahme des Apostels Johannes – nur verheiratete Männer berufen.

Petrus als Sprecher des Apostelkollegiums und nach katholischer Überzeugung erster Papst hatte nach dem Zeugnis von Paulus[224] auf seinen Missionsreisen seine Frau in ständiger Begleitung dabei. Dies war auch der vom biblischen Denken her geprägten Urgemeinde selbstverständlich. Die Ehelosigkeit des Paulus hingegen wurde nach dessen eigenem Zeugnis in der Urgemeinde als anstößig empfunden.[225] Hinsichtlich seiner Meinung über die Ehelosigkeit betont Paulus, daß er hier – im Gegensatz zu anderen Lehren – nur seine persönliche Meinung, nicht aber die Jesu vermittle.[226] Diese positive Meinung über die Ehelosigkeit seitens Paulus hat langsam – aus welchen Gründen auch immer – Eingang in den kirchlichen Raum gefunden. Dies war jedoch mit heftigen innerkirchlichen Kämpfen verbunden. Der Status der freiwilligen Ehelosigkeit konnte aber noch in der alten Kirche Anerkennung finden. Jedoch wurde auf dem für die Theologiegeschichte entscheidenden Konzil von Nikaia (325) vergeblich der Versuch unternommen, die Kleriker ab dem Diakonat zum ehelosen Leben zu verpflichten.[227]

---

[222] Vgl. dazu LThK, Zölibat.

[223] Vgl. dazu W. Plöchl, Geschichte des Kirchenrechts, Bd. IV, bes. 253, 297, 324.

[224] Vgl. Paulus, II. Kor. V. 9, 5.

[225] Vgl. ebd.

[226] Z.B. I. Kor. V. 7, 25ff.; 11, 23.

[227] Vgl. D. 28 c. 8 bzw. D. 31 c. 12.

Von diesem Zeitpunkt an nahm die Entwicklung in der Ostkirche einen anderen Verlauf als in der lateinischen Kirche. Nachdem bereits Justinian die Frage der Ehelosigkeit der Priester behandelt hatte,[228] brachte das Trullanum (692) die Entwicklung zum Abschluß. Es erließ folgende Normen: Diejenigen, die vor Empfang der Ordination zum Subdiakon geheiratet haben, dürfen ihre Ehe als Diakon und Priester fortsetzen. Die von Diakonen und Priestern geschlossenen Ehen sind wieder aufzulösen. Bischöfe müssen unverheiratet sein. Soll ein Verheirateter Bischof werden, hat er sich von seiner Frau zu trennen.

Im Abendland ging die Entwicklung seit dem 4. Jh. dahin, daß die Synode von Elvira (306) bestimmte, Bischöfe, Priester, Diakone und die übrigen beim Altardienst verwendeten Kleriker sollten sich bei Strafe der Absetzung des Umgangs mit ihrer Frau enthalten.[229] Leo der Große setzte diese Pflicht ausdrücklich auch für Subdiakone fest. Die von Laien und Minoristen geschlossene Ehe durfte nach dem Empfang der Ordination zu höheren kirchlichen Ämtern nicht mehr fortgesetzt werden. Die vita communis sollte dem Schutz des Zölibates dienen, wie die Regeln des Bischofs Chrodegang von Metz († 766) sowie die Aachener Regeln (817) zeigen. All diese Bemühungen konnten sich jedoch nicht allgemein durchsetzen. Dies war erst durch die machtvollen Bemühungen des Humbert a Silva Candida, des Petrus Damiani sowie der Päpste Leo IX.[230], Nikolaus II. auf der Lateransynode von 1059[231], Alexander II.[232] und Gregor VII. möglich. Das zweite Laterankonzil (1139) legte dann endgültig die Ungültigkeit der Ehen von höheren Klerikern fest.[233] Gegen die ständig entgegengesetzten Bestrebungen bekräftigte das Konzil von Trient[234] diese Bestimmungen und auch das II. Vaticanum hat an der Zölibatsverpflichtung festgehalten.

Die Zölibatsverpflichtung stellt ein Ehehindernis kirchlichen Rechtes dar und ist daher dispensabel. Nach dem gegenwärtigen Recht sind Dispensen auf Grund des Motu Proprio „De Episcoporum Muneribus“ n. 1[235] für Diakone und Priester dem Apostolischen Stuhle vorbehalten. Zur Regelung der Dispenspraxis ergingen am 13. Januar 1971 von der Glaubenskongregation neue Normen für das Laisierungsverfahren, zu deren Durchführung am 26. Juni 1972 eine eigene authentische Interpretation erlassen wurde. Dadurch verschärfte sich die unmittelbar nach dem II. Vaticanum gehandhabte Praxis der Laisierungsverfahren.[236]

[228] Vgl. Cod. 1.3.14.
[229] Vgl. dazu C. J. v. Hefele, Conciliengeschichte, I., S. 168 - 169.
[230] Auf der Synode von Rom 1049 (vgl. hierzu C. J. v. Hefele, ebd., IV, S. 720).
[231] Vgl. D. 32 c. 5.
[232] D. 32 c. 6.
[233] C. 27 q. 1 c. 40.
[234] Vgl. Trid. sess. 24 de sacr. matr. c. 9.
[235] Vgl. AAS 58 (1966) 470.
[236] Vgl. AAS 63 (1971) 303 - 308 und AAS 64 (1972) 641 - 643.

Nach dem gegenwärtigen kanonischen Recht gehen Personen, welche trotz empfangener Ordination eine Ehe schließen, eine ungültige Ehe ein, und zwar ein matrimonium attentatum.[237] Die Kinder gelten als sakrilegisch gezeugt und sind illegitim. Die Kleriker selbst werden irregulär ex delicto,[238] verlieren ohne weiteres alle bisher innegehabten Kirchenämter,[239] sie verfallen der ipso facto eintretenden Exkommunikation, die dem Hl. Stuhl in einfacher Weise reserviert ist. Bleiben sie trotz Mahnungen des Ordinarius hartnäckig, müssen sie degradiert werden.

Die Frage, die sich hier nicht nur vom Standpunkt der theologischen Dogmatik, sondern auch vom staatlichen Recht aus an das kanonische Rechtsdenken stellt, ist eine rechtsdogmatische Erklärung, wie eine lex posita das ius divinum bzw. das ius naturale verdrängen kann. Von der theologischen Dogmatik her ist das nicht zu erklären. Auch das Argument der Freiwilligkeit der übernommenen Zölibatsverpflichtung[240] kann vom Standpunkt des Grundgesetzes aus keine Rechtfertigung für einen Menschen- und Grundrechtsverzicht abgeben.[241]

b) Die Grundrechtsschranke des Art. 6 Abs. 1 GG hinsichtlich der beamtenrechtlichen Eignungsprüfung für das Staatsamt des katholischen Universitätstheologen

In seinem Urteil vom 13. Dezember 1963 hatte das Bundesverwaltungsgericht über die Frage zu entscheiden, ob eine bayerische Lehrkraft, die einen geschiedenen Ehegatten geheiratet hatte, deswegen von einer katholischen staatlichen Bekenntnisschule an eine Gemeinschaftsschule zu versetzen sei.[242] Diese Frage hat das Bundesverwaltungsgericht verneint. Im Anschluß an voraufgegangene höchstrichterliche Rechtsprechung[243] hat das Bundesverwaltungsgericht die materielle Bekenntnisschule als verfassungskonform bejaht, gleichzeitig auch bestimmte Eignungsanforderungen an das Bekenntnis der Lehrer dieser Schule gestellt.

Dabei geht es um die Abgrenzung dieses Begriffes. Für die praktische Anwendung – so das Bundesverwaltungsgericht – muß die Begriffsbestimmung vom Geiste des Grundgesetzes geprägt sein.[244] Dabei ist wesentlich die in Art. 6 GG zum Ausdruck gelangte Grundentscheidung des Grundgesetzes

---

[237] Vgl. dazu U. Mosiek, Kirchliches Eherecht, § 6 1 b bb.

[238] So can. 985 n. 3.

[239] Can. 188 n. 5.

[240] Vgl. dazu U. Mosiek, Kirchliches Eherecht, S. 162f.

[241] Vgl. dazu v. Mangoldt / Klein / Starck, Das Bonner GG, Bd. 1, 3. Aufl., Art. 1 Rdnr. 19f.; 190.

[242] Vgl. BVerfGE 17, 267ff.

[243] Vgl. BVerfGE 6, 309; BVerfGE 6, 101; 10, 136.

[244] Vgl. BVerwGE 17, 273.

in die Überlegung einzubeziehen. Im konkreten Fall mußte nach dem Urteil des Bundesverwaltungsgerichtes noch berücksichtigt werden, daß die Klägerin bereits ein Kind erwartete. Denn nach Art. 6 Abs. 1 GG – so das Bundesverwaltungsgericht – ist der Staat gehalten, auch das Recht auf Eheschließung zu schützen, und zwar gerade auch dann, wenn diese die eheliche Geburt eines zu erwartenden Kindes ermöglicht. Denn Art. 6 Abs. 1 GG ist eine spezifische Grundrechtsnorm, nicht also lediglich eine solche des objektiven Verfassungsrechtes. Daher muß jede in diese Richtung wirkende Behinderung oder Erschwerung als Kollision mit Art. 6 Abs. 1 GG gesehen werden.[245]

Dementsprechend verwirft das Bundesverwaltungsgericht in seinem Urteil vom 13. Dezember 1963 ausdrücklich die Auffassung, die Eheschließung eines konfessionell gebundenen Staatsbeamten, die nach kanonischem Recht ein Fehlverhalten darstellt, eo ipso als beamtenrechtliche Pflichtwidrigkeit zu werten.[246] Denn aus einer Eheschließung nach staatlichem Recht sind noch keine Folgerungen für die fehlende Eignung und Verwendbarkeit des Beamten für ein konfessionell gebundenes Staatsamt zu ziehen. Zwar legt das Bundesverwaltungsgericht Wert darauf, die Wertordnungen, die hier zu berücksichtigen sind, nicht völlig unabhängig voneinander zu sehen. Aber „der Geist des Art. 6 GG erheischt auch hier Berücksichtigung. Steht der konfessionell gebundene Staatsbeamte nach wie vor zum kirchlichen Bekenntnis – und für das Gegenteil sind Feststellungen zu treffen, die allein aus der Tatsache der Eheschließung nicht getroffen werden können –, so ist die Tatsache der Heirat nicht als Ausdruck der inneren Loslösung von seinem Bekenntnis zu werten. Dies ist vor allem dann der Fall, wenn einem Kind dadurch die eheliche Geburt ermöglicht werden soll.“ Die Schlußfolgerungen bezüglich der mangelnden Eignung des Beamten können nach dem BVerwG nicht aus einem in kirchenrechtlicher Sicht fehlsamen Verhalten ohne Rücksicht auf die Person gezogen werden. So hat nach der Entscheidung des Bundesverwaltungsgerichtes sowohl die Exekutive als auch die Judikative zu beachten, daß der konfessionell gebundene Staatsbeamte einen freien Entschluß hat, die Ehe zu schließen, und wenn er sie schloß, die nach staatlichem Recht geschlossene Ehe für ihn die (Dauer-)Verpflichtung zur ehelichen Gemeinschaft begründete. Und gerade diese Verpflichtung steht unter dem besonderen Schutz des Art. 6 GG. So verwirft das Bundesverwaltungsgericht ausdrücklich die Meinung von Roedel-Paulus[247], bereits bei Eingehung einer Zivilehe sei die Eignung für ein konfessionell gebundenes Staatsamt zu verneinen und etwaige Bedenken aus dem (damaligen, d. h. WRV) Verfassungsrecht hätten sich durch das Reichskonkordat „erledigt“.

---

[245] Vgl. BVerwGE ebd., S. 274.

[246] Vgl. BVerwGE 17, 276.

[247] Vgl. Roedel / Paulus, Reichskirchenrecht und neues bayerisches Kirchenrecht, S. 60/61.

Denn dieser Argumentation könne jedenfalls unter der Herrschaft des Art. 6 GG keine generelle Bedeutung mehr zukommen. Das Bundesverwaltungsgericht verweist vielmehr ausdrücklich auf M. Heckel[248], der es sogar schlechthin als eine rechtswidrige Überspitzung bezeichnet, wenn die „objektive Eignung“ für die Unterrichtstätigkeit an einer Bekenntnisschule verneint wird wegen einer Mischehe oder weil ein Beamter einen geschiedenen Ehepartner geheiratet habe. Mag im letzteren Falle die Lage im Blick auf den Theologieprofessor anders liegen, da hier Fragen der theologischen Dogmatik berührt werden, so ist dennoch richtig, daß auch der klerikale Universitätstheologe sich aufgrund einer Eheschließung bei seinem bisherigen Wirkungskreis als Vertreter seines Bekenntnisses nicht unglaubwürdig gemacht hat und die ihm obliegenden Aufgaben nicht mehr zu versehen in der Lage wäre.

Somit sind dieselben Grundsätze, die das BVerwG für den Lehrer an Konfessionsschulen festgestellt hat, auf den beamteten Universitätstheologen anzuwenden. Durch die Eingehung einer Ehe stellt er sich nicht in Gegensatz zu seinem Bekenntnis.[249] Ein solcher Gegensatz würde ihn zweifellos für das konfessionell gebundene Staatsamt ungeeignet machen, sein bekenntnisbezogenes Staatsamt weiter auszuüben. Die Tatsache, daß er nach kirchlichem Rechtsverständnis im Konkubinat lebt, ist nicht auf sein Verschulden zurückzuführen, wie dies im Fall von BVerwGE 19, 252 ff. der Fall war. Die Weigerung der Kirche, diese Ehe auch kirchlich zu sanktionieren, kann staatliche Maßnahmen gegen den Beamten nicht auslösen und unter dem Gesichtspunkt staatlichen Rechts nicht rechtfertigen.

c) Die Zumutbarkeit einer Anerkennung des unverfügbaren Rechts gem. Art. 6 Abs. 1 GG durch die Kirche

Für die Kirche ist es streitlos unzumutbar, daß ihre künftigen Geistlichen und Religionslehrer von Hochschullehrern wissenschaftlich ausgebildet werden, die in Gegensatz zur kirchlichen Lehre stehen. Eine solche Unzumutbarkeit besteht jedoch im Falle der Eheschließung eines klerikalen Universitätstheologen nicht. Die Kirche bejaht wie der Staat das Institut der Ehe als Institut iuris naturalis, das menschlichem und staatlichem Recht unverfügbar entzogen ist. Auch für die Kirche ist das Eheverbot keine Bekenntnisfrage, die die Dogmatik der katholischen Theologie berührt, sondern lediglich positives Kirchenrecht. Ein jegliches Eheverbot ist aber vom Rechtsbewußtsein des Grundgesetzes her eine unzulässige Beschränkung der Rechte aus Art. 2 Abs. 1 und Art. 6 Abs. 1 GG,[250] die als vorstaatliche Menschenrechte der staatlichen Verfügung entzogen sind. Das heißt kon-

---

[248] Vgl. M. Heckel, in: DÖV 5 (1953) S. 593, bes. 596 Nr. 4.
[249] Anders war der Fall in BVerwGE 19, 252 ff.
[250] Vgl. BVerwGE 14, 21; 17, 274.

kret, daß der Staat den Beamten auch bei kirchlicher Beanstandung an der Inanspruchnahme dieser Rechte nicht hindern und aufgrund dieser außerstaatlichen Ingerenzen nicht reagieren darf. Verlangt die Kirche in einem solchen Falle vom staatlichen Vertragspartner Maßnahmen gegen den Beamten, so verlangt sie von ihm etwas, was dieser rechtlich nicht zu realisieren vermag. Als Vertragspartner muß aber der Staat in einem solchen Falle – soll das Konkordat nicht gekündigt werden –, von der Kirche die Anerkennung seiner verfassungsmäßigen Gebundenheit verlangen, und zwar aus Gründen, die oben in dieser Arbeit angesprochen wurden.

Auch unter den neuen Bedingungen des Grundgesetzes, das die staatliche Macht an vorstaatliche Grundrechte bindet und unter dessen Geltung Vertragsrecht nur als einfaches transformiertes Gesetzesrecht Geltung haben kann, wollte der kirchliche Vertragspartner an den Konkordaten festhalten. Weiter hat der kirchliche Vertragspartner sein Nihil obstat erteilt und damit sein Einverständnis bekundet, daß der Kleriker in die Pflicht und unter den Schutz staatlichen Rechtes tritt. Schließlich verlangen die in den Konkordaten bekundeten Freundschaftsklauseln vom kirchlichen Vertragspartner, nicht solche Forderungen zu erheben, die er durch positiv-rechtliche Regelungen beseitigen kann, während dies der staatliche Vertragspartner nur unter Verstoß gegen die seiner Verfassung zugrundeliegenden Grundrechte tun könnte.

Diese Respektierung ist für die Kirche auch weiterhin deshalb zumutbar, weil sie durch den verheirateten Universitätstheologen in keiner Weise bezüglich der Grundsätze ihres Bekenntnisses und in dem ihr durch Art. 140 GG iVm Art. 137 Abs. 3 WRV garantierten Bereich berührt wird. Dies wird vor allem auch dadurch deutlich, daß die Kirche unter Johannes XXIII. die Laisierung sehr großzügig vornahm und auch den verheirateten klerikalen Universitätstheologen als für das Staatsamt eines Lehrers der Theologie geeignet hielt. Durch eine andere Praxis besteht ständig die Gefahr, daß die staatliche Macht dazu mißbraucht wird, rein innerkirchlichem Recht zur Wirksamkeit zu verhelfen.

Viertel Teil

Quis iudicabit? Der Versuch einer Antwort

Bei der Frage „Quis iudicabit?“ und der Suche nach einer möglichen Antwort hat uns bisher ständig das eine Problem begleitet: Wie verhalten sich die beiden „Rechtsmassen“, nämlich Völkerrecht und innerstaatliches Recht, zueinander.[1] Dabei wird man die These unterstützen können, daß Völkerrecht – und gleichermaßen auch Staatskirchenrecht –, innerstaatlich – sei es von der Exekutive oder Judikative –, nur dann zu beachten ist, wenn das Recht des Staates vorschreibt,[2] daß der Gesetzgeber die zuständige Stelle für den Anwendungsbefehl ist. Trotz alledem wird man auch bei der Überzeugung von der Richtigkeit der Transformationslehre in einem demokratischen Staate davon auszugehen haben, daß das transformierte und innerstaatlich anzuwendende Vertragsrecht insofern eine besondere Rechtsmasse im Vergleich zum Gesetzesrecht bleibt, als es eben innerstaatlich zu vollziehendes Völkerrecht ist.[3] Im Blick auf das Grundgesetz kann man diesbezüglich von einer völkerrechtsfreundlichen Tendenz desselben sprechen. Dementsprechend kann man in einem gewissen Sinn mit Recht die These vertreten, daß unter der Geltung des Grundgesetzes ein völkerrechtlicher Vertrag auch im innerstaatlichen Bereich diesen Charakter behält.[4] Verabsolutiert man jedoch zu sehr diese These, so lassen sich mit Recht Bedenken erheben, ob sich diese Betrachtungsweise nicht doch zu sehr vom Grundgesetz loslöst. Deshalb stellt sich im Bemühen um die in dieser Arbeit gesuchte Antwort schließlich noch einmal die Frage nach der innerstaatlichen Geltungskraft von völkerrechtlichen Verträgen und ihrem Verhältnis zum Verfassungsrecht unter der Geltung des Grundgesetzes.

---

[1] Vgl. dazu H. Kraus, Der deutsche Richter und das Völkerrecht, S. 229; P. Guggenheim, Völkerrechtliche Schranken im Landesrecht, S. 3f.

[2] Vgl. dazu H. Kraus, Der deutsche Richter und das Völkerrecht, S. 223.

[3] Vgl. dazu Meyer-Anschütz, Lehrbuch des deutschen Staatsrechts, S. 816, Anm. 11: „Die Verträge sind keine besondere Art von Gesetzen, sondern bleiben, auch wenn sie im Staate eingeführt sind, doch immer Verträge. Sie haben nur infolge der Genehmigung der gesetzgebenden Organe die Kraft und Verbindlichkeit von Gesetzen.“ – Vgl. dazu auch H. Mosler, Das Völkerrecht in der Praxis der deutschen Gerichte, S. 18.

[4] Vgl. dazu E. Kaufmann, Normenkontrollverfahren und völkerrechtliche Verträge, S. 445ff.

1. Quis iudicabit? Die Frage nach der Zuständigkeit des Bundesverfassungsgerichtes bei innerstaatlichem, die Grundrechte berührendem Vollzug völker- und staatskirchenrechtlicher Verträge

Die genannte Völkerrechtsfreundlichkeit des Grundgesetzes läßt sich anhand seiner Bestimmungen belegen, die das Verhältnis der Völkergemeinschaft und der darin geltenden Rechtsnormen behandeln. Zu erwähnen ist hier Art. 24 GG, der die gesetzliche Übertragung von Hoheitsrechten auf zwischenstaatliche Einrichtungen behandelt. Er sieht die Einordnung der Bundesrepublik Deutschland in ein System gegenseitiger kollektiver Sicherheit zur Wahrung des Friedens vor. Dabei nimmt er ins Auge, daß die Hoheitsrechte der Bundesrepublik Deutschland zu dem Zwecke eingeschränkt werden können, daß dadurch eine friedliche und dauerhafte Ordnung in Europa herbeigeführt und gesichert wird. Weiterhin läßt er den Beitritt zu Vereinbarungen über eine allgemeine, umfassende, obligatorische internationale Schiedsgerichtsbarkeit zur Regelung zwischenstaatlicher Streitigkeiten zu. – Art. 25 GG bezeichnet die allgemeinen Regeln des Völkerrechtes als Bestandteile des Bundesrechtes. Als solche gehen sie den Gesetzen vor und erzeugen Rechte und Pflichten unmittelbar für die Bewohner des Bundesgebietes. – Nach Art. 26 GG sind Handlungen verfassungswidrig, die geeignet sind und in der Absicht vorgenommen werden, das friedliche Zusammenleben der Völker zu stören und insbesondere die Führung eines Angriffskrieges vorzubereiten. Dementsprechend wird dem Bundesgesetzgeber der Erlaß von Strafbestimmungen auferlegt, die die Herstellung, Beförderung und das Inverkehrbringen von Kriegswaffen ahnden. – Endlich bestimmt Art. 123 Abs. 2 GG, daß die Staatsverträge des Deutschen Reiches, die sich auf Gegenstände der Landesgesetzgebung beziehen, bis zu ihrer Ablösung in Kraft bleiben. Dabei befaßt sich jedoch Art. 123 Abs. 2 GG nach dem Urteil des Bundesverfassungsgerichtes vom 26.3.1957 („Konkordatsurteil") „nur mit dem Fortgelten des in innerstaatliches Recht transformierten Vertragsinhaltes", nicht dagegen mit den völkerrechtlichen Verpflichtungen der Bundesrepublik Deutschland aus den dort erwähnten Staatsverträgen des Reiches.[5] In diesem Urteil hat das Bundesverfassungsgericht seine Sicht des Verhältnisses zwischen Völkerrecht und Verfassungsrecht wiedergegeben. So erkennt es zwar die völkerrechtliche Bindung der Bundesrepublik an, betont jedoch, daß der Bund, der keine eigene Zuständigkeit zur Durchführung hat, diese nicht von den Ländern verlangen dürfe (Teile D und E des Urteils). Art. 123 Abs. 2 GG macht die unzweideutige Willenskundgebung des deutschen Gesetzgebers erkennbar, die Durchführung des Vertrages zu schwächen. Dabei äußert das Bundesverfassungsgericht,[6] daß der Parlamentarische Rat teilweise konkordatswidriges

[5] Vgl. dazu BVerfGE 6, 309ff., 341.

[6] Vgl. BVerfGE 6, 358f.

Schulrecht vorfand und daß diesem, durch die Dynamik der Verhältnisse geschaffenen faktischen Zustand auch rechtliche Relevanz zukomme.

In Art. 59 Abs. 2 regelt das Grundgesetz, daß Verträge, welche die politischen Beziehungen des Bundes regeln oder sich auf Gegenstände der Bundesgesetzgebung beziehen, der Zustimmung oder der Mitwirkung der jeweils für die Bundesgesetzgebung zuständigen Körperschaften der Form eines Bundesgesetzes bedürfen. Demnach kann die verbindliche innerstaatliche Wirkung eines abgeschlossenen Völkerrechtsvertrages nur durch die Transformation in der Form eines Zustimmungsgesetzes eintreten. Dieses Gesetz hat zudem noch die Bestimmung zum Inhalt, daß die innerstaatliche Wirkung des Vertrages von der Bekanntmachung seines völkerrechtlichen Inkrafttretens abhängig ist. Die Verkündigung eines Zustimmungsgesetzes schafft damit die Voraussetzung für das zuständige Organ, die völkerrechtliche Bindung herbeizuführen. Bei Verträgen, die der Ratifikation bedürfen, ist dies der Bundespräsident.

So ist die Bekanntmachung die Voraussetzung für die innerstaatliche Anwendung von Verträgen. Sie darf jedoch erst nach gehörigem völkerrechtlichem und staatsrechtlichem Verfahren vorgenommen werden.[7]

Die oben schon erwähnte völkerrechtsfreundliche Tendenz des Grundgesetzes hatte Überlegungen wieder aufstehen lassen, ob völkerrechtliche Verträge als solche in der deutschen Rechtsordnung vollzogen werden oder ob sie entsprechend der traditionellen Auffassung transformiertes deutsches Recht sind.

In der Tradition der deutschen Rechtsprechung sowohl unter der Verfassung des kleindeutschen Reiches Bismarcks als auch in der Zeit der Weima-

---

[7] Der Charakter der Bekanntmachung als Mitteilung eines völkerrechtlichen Vorgangs zeigt den Unterschied der Verträge zu den normalen staatlichen Rechtssätzen: Das Reichsgericht hatte im Jahre 1920 zu entscheiden, ob auf die Aburteilung einer zwischen dem 14. und 19. Januar 1920 begangenen Tat der Versailler Vertrag anzuwenden sei. Am 13. Januar war das erste Protokoll über das Inkraftsetzen des Versailler Vertrages vom 10. Januar 1920 im Reichsgesetzblatt bekanntgemacht worden. Die Vorinstanz hatte das Inkrafttreten mit innerstaatlicher Wirkung am 27. Januar 1920, also am 14. Tage nach der Ausgabe des Reichsgesetzblattes, angenommen. Das Reichsgericht billigte diese Auffassung nicht. Die Bekanntmachung enthalte keinen Reichstagsbeschluß, sondern nur die Feststellung, daß und wann das im Versailler Vertrag vorgesehene Protokoll errichtet, der Friedensvertrag also in Kraft getreten sei. Der maßgebende Zeitpunkt war der 10. Januar 1920. Vgl. dazu Fontes Juris Gentium, Serie A, Teil II, Bd. 1, S. 575ff. Bei den in den Jahren 1933 - 1945 im Reichsgesetzblatt veröffentlichten Verträgen – und dazu gehört das Reichskonkordat – ist zu beachten, daß die Bekanntmachung der Reichsregierung die Erteilung des Anwendungsbefehles auch für die nach der Weimarer Reichsverfassung (Art. 45 Abs. 3 WRV) der Zustimmung des Reichstages bedürftigen Verträge bedeutete. Das Bundesverfassungsgericht hat im Konkordatsurteil (BVerfGE 6, S. 332f.) anerkannt, daß diese Wirkung aus dem Ermächtigungsgesetz vom 24.3.1933 (RGBl. 1933I, S. 141) zu schließen war; vgl. dazu A. Schüle, Die Umwandlung völkerrechtlicher Verträge des Deutschen Reichs in deutsches Landesrecht, S. 276ff., 281; H. Kraus, Die Behandlung völkerrechtlicher Verträge nach neuem Recht, in: Reichs- und Preußisches Verwaltungsblatt 55 (1934) 92ff.

rer Republik wurde ein innerdeutscher Rechtssetzungsakt des zuständigen parlamentarischen Organs für notwendig erachtet. Dabei war man sich einig, daß Art. 4 der Weimarer Reichsverfassung, nach dem die allgemein anerkannten Regeln des Völkerrechts als Bestandteile des deutschen Reichsrechtes galten, sich nicht auf Verträge bezog.[8]

Dementsprechend sah man die innerstaatliche Wirksamkeit von einem Gesetzgebungsakt abhängig. Waren die Verkündigungsformen zwar verschieden, so war jedoch sowohl unter der Verfassung des Bismarckreiches als auch der Weimarer Reichsverfassung der Transformationsvorgang gleich.[9] In seinem Urteil über die vorbeugende Normenkontrolle der Bonner und Pariser Verträge von 1952 hat sich das Bundesverfassungsgericht ausdrücklich zur Transformationslehre bekannt.[10] Danach hat das Zustimmungsgesetz der gesetzgebenden Körperschaften nach Art. 59 Abs. 2 GG einmal den Charakter der Ermächtigung an den Bundespräsidenten zum endgültigen Abschluß des Vertrages. Dann hat es aber auch die Bedeutung, dem Inhalt der völkerrechtlichen Verträge die Geltung innerstaatlichen deutschen Rechtes zu verleihen. Dabei kennzeichnet das Bundesverfassungsgericht den Vorgang der parlamentarischen Rechtssetzung ausdrücklich als Transformation.

So sind in der deutschen Rechtstradition völkerrechtliche Verträge erst nach ihrer Transformation innerstaatlich in Kraft getreten und anwendbar geworden.[11] Dies entspricht dem demokratischen Rechtsverständnis. Dieses ist zu sehen als Ergebnis des Kampfes gegen ein autoritäres Staatsverständnis und als eroberte Bastion der Volksvertretung gegen die autoritäre Exekutive. Völkerrechtliche Verträge, insofern sie innerstaatliche Geltung beanspruchen, müssen in einem demokratischen Rechtsstaat von der Volksvertretung legitimiert sein, da sie den Bereich der Volksvertretung berühren können. Bei der heutigen internationalen Verflechtung tun sie das immer mehr. Ein demokratisches Staats- und Rechtsverständnis verlangt aber im

---

[8] Vgl. dazu G. Anschütz, Die Verfassung des Deutschen Reichs, Art. 4 Nr. 3; G. A. Walz, Völkerrecht und staatliches Recht, S. 313.

[9] Vgl. dazu RGSt 48, 28 (Urteil vom 8.12.1913): „Ein nach Genehmigung durch die gesetzgebenden Körperschaften im Reichsgesetzblatt veröffentlichter Staatsvertrag hat für das Reichsgebiet die Bedeutung eines Reichsgesetzes." Vgl. dazu die Entscheidungen des Reichsgerichtes in völkerrechtlichen Fragen 1879 - 1929, Fontes Juris Gentium, Serie A, Teil II, Bd. 1, Nr. 116, S. 472. – RGZ 106, 56 (Urteil vom 11.12.1922): „Der Versailler Vertrag ist als deutsches Gesetz verkündet und bindet den deutschen Richter." Vgl. Fontes, a.a.O., Nr. 277, S. 675. Zu vielen weiteren Entscheidungen vgl. Fontes, a.a.O., S. 3ff. – Vgl. dazu auch H. Kraus, Der deutsche Richter und das Völkerrecht, S. 223; C. Schmitt, Verfassungslehre, S. 382; G. A. Walz, Die Umwandlung völkerrechtlicher Verträge des Deutschen Reiches in deutsches Landesrecht, S. 269ff., 273.

[10] Vgl. BVerfGE 1, 410f.; vgl. dazu auch das Urteil vom 4.5.1955 über das Saarstatut in BVerfGE 4, 162.

[11] Vgl. dazu H. v. Mangoldt, Das Völkerrecht in den neuen Staatsverfassungen, S. 11ff., 18.

Blick auf die innerstaatliche Anwendung derjenigen Verträge und Vertragsteile, die als materielle Rechtssätze innerstaatliche Geltung beinhalten, daß diese auf der Autorität der Volksvertretung beruhen. Die Transformationslehre beabsichtigt, an dem Respekt vor dem demokratischen Rechtsstaat festzuhalten. Denn in diesem ist die Volksvertretung als einzig legitimer Gesetzgeber zu achten, der befugt ist, Normen, die den einzelnen binden, zu setzen.

Nach der Transformation eines völkerrechtlichen Vertrages haben sich schließlich die Gerichte häufig damit zu befassen, ob und inwieweit ein innerstaatlich als anwendbar transformierter Vertrag unmittelbare Rechte und Pflichten innerhalb der deutschen Rechtsordnung begründet.

Dabei folgt die richterliche Praxis in Deutschland insofern nicht der strengen Transformationslehre, als die Gerichte die transformierten Verträge nicht nach innerstaatlichen, sondern nach völkerrechtlichen Grundsätzen auslegen. Dementsprechend formuliert das Bundesverfassungsgericht, daß für die Auslegung von Abkommen die Grundsätze maßgebend seien, die für die Auslegung völkerrechtlicher Verträge entwickelt worden sind.[12] Dies sind Auslegungsregeln, die in der Rechtsprechung der internationalen Schieds- und Gerichtsinstanzen für anzuwendende Rechtssätze im zwischenstaatlichen Verkehr entwickelt worden sind. Danach sind Belastungen eng auszulegen, Verzichte auf Hoheitsrechte werden nicht vermutet, der Vertragszweck soll jedoch effektiv erreicht werden, die Erklärungen der Parteien sind bona fide auszulegen und es ist von der Vermutung auszugehen, daß die Parteien im Einklang mit dem allgemeinen Völkerrecht handeln wollten. Dementsprechend sind Verträge und die zu ihrer innerstaatlichen Durchführung ergangenen Vorschriften und Maßnahmen so auszulegen, daß die völkerrechtlichen Verpflichtungen des Staates erfüllt werden. In ihrer seit langem geübten Praxis handhaben die deutschen Gerichte eine harmonisierende Auslegung.[13]

[12] Vgl. dazu BVerfGE 4, 168: „Bei der Auslegung des Abkommens sind die für die Auslegung völkerrechtlicher Verträge allgemein entwickelten Grundsätze anzuwenden. Danach ist jedes Abkommen so auszulegen, daß die Vertragspartner einerseits das von ihnen gemeinsam angestrebte Ziel durch den Vertrag erreichen können, andererseits nicht über das gewollte Maß hinaus als gebunden angesehen werden dürfen. Wird der Inhalt völkerrechtlicher Verträge vom Verfassungsgericht auf seine Verfassungsmäßigkeit geprüft, so sind Auslegungsmöglichkeiten, die bei den in solchen Verträgen oft verwandten vagen und mehrdeutigen Formulierungen an sich möglich waren, außer Betracht zu lassen, falls sie fernliegen. Es wäre nicht vertretbar, einen Vertrag für unvereinbar mit dem Grundgesetz zu erklären, weil bei einer fernliegenden Auslegung das Grundgesetz in der Tat verletzt wäre." – Vgl. dazu auch E. Kaufmann, Normenkontrollverfahren und völkerrechtliche Verträge, S. 448.

[13] Vgl. dazu z.B. RGSt 62, 369: „Es wäre zwar denkbar, daß das Opiumgesetz und die hierzu erlassenen Ausführungsbestimmungen den im IOA. übernommenen Verpflichtungen nicht gerecht geworden wären; insoweit wäre der Richter selbstverständlich an die vom Gesetz ihm gezogenen Grenzen gebunden. Im Zweifel darf aber angenommen werden, daß der Gesetzgeber jedenfalls nicht hinter jenen Verpflichtungen zurückbleiben wollte." – Vgl. dazu auch RGSt 70, 74ff.; BFHE 55, 306ff. (= Aus-

Weiter aber sehen die Gerichte Verträge und Gesetze im Verhältnis der speziellen zur allgemeinen Regelung.[14]

Versagen nun diese Auslegungsregeln und die Prinzipien der harmonisierenden Auslegung, so löst die deutsche Gerichtsbarkeit inhaltliche Konflikte zwischen verschiedenen Verträgen oder Verträgen und Gesetzen nach dem Grundsatz „lex posterior derogat legi anteriori".[15] Dies entspricht dem Grundgedanken von der Transformation der völkerrechtlichen Verpflichtungen in staatliches Gesetzesrecht. Auf jeden Fall müssen die Gerichte dem unzweideutigen Willen des Gesetzgebers folgen. Dies ist z.B. auch bei der Auslegung der früher geschlossenen Konkordate im Blick auf die später unterzeichnete und transformierte Europäische Menschenrechtskonvention, etwa im Blick auf Art. 12, Recht auf Eheschließung, von großer Bedeutung.

Schließlich genießt die Verfassung vor dem transformierten Vertragsrecht, und zwar ohne Rücksicht darauf, ob sie vor oder nach dem Vertrag, mit dem sie kollidiert, wirksam geworden ist, den Vorrang. Inwieweit dies der Vertragspartner zu respektieren hat, ist oben schon angesprochen worden, muß aber hier noch ergänzt werden. Denn die Transformationslehre zwingt den Richter dazu, die dem Konflikt zwischen Verfassung und Vertragsrecht nicht gleichrangige Rechtsquellen zu sehen, sondern eben die vom Gesetzgeber befohlene Vertragswirkung an der höheren Norm, der Verfassung, zu messen.[16]

Eine solche Einschränkung kommt nur dann in Betracht, wenn der Verfassung ein neuer Anwendungsbereich eröffnet wird, in dem sie gewissen

---

legung nach den allgemeinen Regeln des Staatsangehörigkeitsrechts) und VGH Stuttgart, Urteil vom 2.9.1955 (Verwaltungsrechtsprechung Bd. 8, S. 355ff.: Entscheidung über eine Aufenthaltserlaubnis unter Berücksichtigung des Art. 3 der Europäischen Menschenrechtskonvention von 1950.

[14] Vgl. dazu etwa RGZ 111, 40ff. (Urteil vom 23.5.1925) für den Vorrang des deutsch-russischen Handelsvertrages von 1894/1904 vor den gesetzlichen Bestimmungen für den Grundstückserwerb von Ausländern in Hamburg. RGSt 70, 78. Vgl. dazu auch G. Bruns, Rechtsprechung in Auslieferungssachen, bes. S. 730.

[15] Vgl. dazu RGSt 62, 369, bes. aber RGSt 67, 130, bes. 135 (Urteil vom 2.3.1933): „Wie das Deutsche Reich kraft seines Staatshoheitsrechtes im innerstaatlichen Verhältnis allein darüber zu entscheiden hat, was zu den allgemein anerkannten Regeln des Völkerrechts i.S. des Art. 4 RV gehört, so unterliegt es auch seinem Ermessen, mit innerstaatlicher Wirkung jederzeit reichsgesetzliche Vorschriften zu erlassen, die eine von den Bestimmungen eines Staatsvertrages abweichende Regelung enthalten. Im innerstaatlichen Verhältnis hat auch insoweit der allgemeine Grundsatz zu gelten, daß später erlassene Reichsgesetze den früher erlassenen vorgehen, daß sie also, soweit sie mit ihnen in Widerspruch stehen, sie beseitigen."

[16] Bei Verträgen, die zur Regelung einer außergewöhnlichen internationalen Situation bestimmt sind, ist der Konflikt durch folgende Konstruktionen umgangen worden: a) Die Verfassung bestimmt selbst, daß sie hinter den Vertrag zurückritt – Art. 178 Abs. 2 WRV im Verhältnis zum Versailler Vertrag –; b) Die Verfassung sieht die Zustimmung zu einem Vertrag in den Formen der Verfassungsänderung oder -ergänzung vor – Art. 79 Abs. 1 GG für die dort genannten Vertragsarten –; c) ein Vertrag sieht die Anwendung der Verfassung nach Maßgabe des Vertragsinhaltes vor – Art. 1 Abs. 2 des Saarvertrages vom 27.10.1956 (BGBl. 1956 II S. 1593).

vertraglichen Einschränkungen unterliegt.[17] Für die Frage nach der Unvereinbarkeit von Vertrag und Verfassung ist danach das Bundesverfassungsgericht zuständig.[18]

Ist folglich jemand – in unserem konkreten Falle der konfessionell gebundene Staatsbeamte – beim innerstaatlichen Vollzug des völkerrechtlichen Vertrages in seinen verfassungsrechtlich garantierten subjektiv-öffentlichen Rechten verletzt, so steht ihm gemäß Art. 19 Abs. 4 GG der Verwaltungsgerichtsweg und, nach dessen Ausschöpfung, gem. Art. 93 Abs. 1 Zf. 4a GG bzw. § 13 Zf. 8a iVm §§ 90ff. BVerfGG die Anrufung des Bundesverfassungsgerichts zu. „Im staatlichen Rechtskreis unterliegt die Prüfung der Verfassungsmäßigkeit von Staatskirchenverträgen den normalen Regeln über das richterliche Prüfungsrecht; die Verwerfungskompetenz kommt aber nur dem Bundesverfassungsgericht bzw. den Verfassungsgerichten der Länder zu.[19] ... Es könnten also die Verfassungswidrigkeit (oder Bundesrechtswidrigkeit) eines Vertrages unmittelbar festgestellt werden ... Das BVerfG hat sodann unmittelbar über die Verfassungsmäßigkeit von Vertragsgesetzen bzw. Vertragsrecht zu entscheiden, wenn es unter den jeweiligen Verfahrensvoraussetzungen im Wege einer Verfassungsbeschwerde[20] oder der konkreten Normenkontrolle nach Art. 100 Abs. 1 GG[21] mit der Sache befaßt wird. Diese Möglichkeiten verfassungsgerichtlicher Prüfung können, soweit sie auf Verfassungsrecht beruhen, vertraglich nicht abbedungen werden. Sie sind selbst ein wesentliches Stück jener verfassungsmäßigen Grundordnung, deren Respektierung vom anderen Partner erwartet werden muß, wenn nicht die Geltungsgrundlage eines Vertrages von vornherein zweifelhaft sein soll."[22]

Verwirft das Bundesverfassungsgericht einen transformierten Rechtssatz als verfassungswidrig, so liegt für die staatliche Exekutive eine „impossibilis obligatio" vor. „Dann aber gilt: impossibilium nulla obligatio. Ein verfassungs- oder kirchenordnungswidriger Vertrag ist nicht nur im jeweiligen Bereich unwirksam; soweit die Verfassungs- und Kirchenordnungswidrig-

---

[17] Vgl. zu dieser Frage F. Münch, Zum Saarvertrag vom 27.10.1956, in: ZaöRVR 18 (1957/58) 1ff., bes. 19ff. Vgl. Leibholz / Rinck, GG, 4. Aufl., S. 689ff.

[18] Das Bundesverfassungsgericht erkannte dementsprechend in seinem „Konkordatsurteil" die völkerrechtliche Bindung der Bundesrepublik Deutschland gegenüber dem Hl. Stuhl an, verneinte aber durch Auslegung des Art. 123 Abs. 2 GG eine verfassungsrechtliche Pflicht der Länder gegenüber dem Bund, alte Reichsverträge, deren Gegenstand jetzt zur Zuständigkeit der Landesgesetzgebung gehört, durchzuführen. Das Bundesverfassungsgericht kam zu dem Ergebnis, daß die Bundesrepublik Deutschland zur Erfüllung verpflichtet sei, daß aber der Bund, der keine eigene Zuständigkeit zur Durchführung hat, diese nicht von den Ländern verlangen dürfe (Teile D und E des Urteils).

[19] Vgl. die Übersicht über die landesrechtlichen Vorschriften bei Friesenhahn, Verfassungsgerichtsbarkeit, S. 19 - 21.

[20] Vgl. BVerfGE 6, 290 (294f.).

[21] Vgl. BVerfGE 12, 281 (288).

[22] Vgl. dazu A. Hollerbach, Verträge, S. 269ff.

keit reicht, besteht vielmehr auch keine vertragliche Bindung zwischen den Partnern. Die enge Rückbezogenheit eines Vertragsverhältnisses auf Staatsverfassung und Kirchenordnung verbietet es, daß ein Partner den anderen an einem Vertrag festhalten könnte, den er kraft seiner Verfassung nicht zu erfüllen in der Lage ist oder der in förmlicher Hinsicht nicht ordnungsgemäß zustande gekommen ist. Hier gibt es ebenso wie innerhalb einer bundesstaatlichen Vertragsordnung[23] keine Berufung auf Vertrauensschutz oder auf die Unmaßgeblichkeit von „domestic affairs". Kein Partner darf den anderen in „Verfassungsnot" (H. Krüger) bringen ... Indes tritt auch hier die Freundschaftsklausel nicht völlig zurück ... In Anbetracht ihrer grundlegenden Bedeutung für das Vertragsrecht wird man ihr aber eine gewisse Reflexwirkung zuerkennen müssen ... Generell dürfte gelten: Ist das angegangene Gericht hinreichend von der Erfolgsaussicht eines verfassungsgerichtlichen Rechtsbehelfs überzeugt, so ist es befugt, ein Verfahren auszusetzen und demjenigen Verfahrensbeteiligten, der Partner des angegriffenen Staatskirchenvertrages ist, aufzugeben, in Verhandlungen über die Möglichkeit einer Vertragsrevision bzw. einer Beseitigung des verfassungsrechtlichen Mangels einzutreten."[24]

2. Quis iudex? Die Menschen- und Grundrechte als Basis der Kooperation und Kriterium der Streitschlichtung

Die vorausgehenden Überlegungen münden in das Dilemma, von dem sie ausgegangen sind: nämlich einmal in das des kategorischen Anspruchs sowohl der Verfassung als auch des Vertragsrechtes (pacta sunt servanda) und die unausweichliche Verwiesenheit auf den realen Konsens zwischen den Vertragspartnern.

Aber die unheilvolle Alternative bei Staatskirchenverträgen, nämlich zwischen „Einigung oder Kulturkampf", wird auf Dauer dann zu überwinden sein, wenn die autonomen Vertragspartner zu einer Entwicklung des Vertragsrechtes bereit sind, die im Blick auf die deutsche Verfassungsgeschichte, auf das Recht innerhalb des Europarates[25] und sogar im Blick auf das universelle Völkerrecht festzustellen ist.

Das traditionelle Völkerrecht kennt eine Reihe von Möglichkeiten, zwischenstaatliche Streitigkeiten auszutragen.[26] Diese Formen der Streitschlichtung sehen aber keine völkerrechtliche Berechtigung des Einzelmen-

---

[23] Vgl. dazu Schneider, VVDStRL 19, 24f.

[24] Vgl. A. Hollerbach, Verträge, S. 269ff.

[25] Vgl. dazu H. P. Ipsen, Euopäisches Gemeinschaftsrecht, S. 120ff.; M. Torelli, L'individu et le droit de la Communauté économique européenne; L. J. Constantinesco, Die unmittelbare Anwendbarkeit von Gemeinschaftsnormen und der Rechtsschutz von Einzelpersonen im Recht der EWG; M. Zuleeg, Das Recht der Europäischen Gemeinschaften im innerstaatlichen Bereich, bes. S. 170ff.

[26] Vgl. Verdross / Simma, VR, S. 637ff.

schen vor, die über den Reflex aus der Berechtigung und der Verpflichtung eines Staates hinausgehen. „Von einer völkerrechtlichen Berechtigung von Individuen im eigentlichen Sinn kann dagegen nur gesprochen werden, wenn diesen durch eine Völkerrechtsnorm unmittelbar die Befugnis eingeräumt wird, von einem Staat in einem völkerrechtlichen Verfahren ein bestimmtes Verhalten zu fordern. Nach universellem Völkerrecht sind heute aber noch keine Beispiele für derartige echte völkerrechtliche Individualansprüche vorhanden. Im Gegensatz nämlich zu der innerhalb des Europarates geltenden Konvention zum Schutze der Menschenrechte und Grundfreiheiten vom 4. November 1950, die allen Menschen (sowie den nichtstaatlichen Organisationen und Personenvereinigungen), die sich durch eine Verletzung eines in dieser Konvention anerkannten Rechtes durch einen Vertragsstaat beschwert erachten, das Recht einräumt, darüber bei der Europäischen Kommission für Menschenrechte Beschwerde zu führen, sofern der belangte Staat die Zuständigkeit dieser Kommission für Individualbeschwerden anerkannt hat, kennt das universelle VR bisher nur die Befugnis der Angehörigen von Treuhandgebieten, dem Treuhandrat gemäß Artikel 87 lit b der UN-Charta Petitionen vorzulegen."[27]

Wo ist aber – so stellt sich die Frage – die Grundlage für eine Beseitigung des verfassungsrechtlichen und völkerrechtlichen Mangels bzw. für den realen Konsens der Vertragspartner zu suchen? Kann es überhaupt einen solchen geben oder kann die unbefriedigende Alternative – unbefriedigend, weil die jeweilige Schwäche des Partners ausnutzend – nur „Einigung oder Kulturkampf" lauten? Das Problem bei völkerrechtlichen Verträgen bzw. bei Verträgen zwischen Staat und Kirche ist, daß sich hier zwei autonome Partner mit je eigener Rechtsordnung gegenüberstehen, die einem gemeinsamen positiven Gesetz nicht unterworfen sind. Das BVerfG kann daher nur innerstaatlich zuständig sein.

Um die auch innerstaatlich unheilvolle Alternative „Einigung oder Kulturkampf" – abhängig von den wechselnden Mehrheiten – zu vermeiden, hat das deutsche Verfassungsrecht den Rechtspositivismus überwunden und den Weg zu einer überpositiven Rechtsordnung, nämlich den naturrechtlich begründeten Grund- und Menschenrechten, gefunden. Um durch die Verfassung zu einem „sozialethischen Homogenitätsstandard"[28] zu gelangen, anerkannte das Grundgesetz überpositive Normen, die in das positive Recht eingegangen sind und die für dieses die grundlegende objektive Wertordnung darstellen. Nach dem Bundesverfassungsgericht kommt diese objektive Wertordnung in den Grundrechten zum Ausdruck. „Dieses Wertsystem, das seinen Mittelpunkt in der innerhalb der sozialen Gemeinschaft sich frei entfaltenden menschlichen Persönlichkeit und ihrer Würde findet, muß als

[27] Vgl. dazu ebd., S. 220ff.

[28] Vgl. J. Isensee, Die Verfassungsgarantie ethischer Grundwerte, S. 546.

verfassungsrechtliche Grundentscheidung für alle Bereiche des Rechts gelten; Gesetzgebung, Verwaltung und Rechtsprechung empfangen von ihr Richtlinien und Impulse."[29] Entscheidend ist dabei, daß der Grundkonsens sich auf die Freiheiten bezieht, die in den Grundrechten gewährleistet werden.[30] Die Homogenität des Gemeinwesens gründet auf der grundrechtsverbürgten Toleranz. Dabei hat der Rechtsstaat die positive Aufgabe, durch Gesetze und Einzelfallentscheidungen das Zusammenleben der Freiheitssubjekte so zu ordnen, daß die Freiheit des einzelnen neben der Freiheit des anderen bestehen kann.

Dabei bedürfen die abstrakt gefaßten Grundrechte der Ausgestaltung durch das Gesetzesrecht, um wirksam zu werden.[31] So werden z.B. die Verfassungsgarantien der Gleichheit (Art. 3 GG; Art. 33 Abs. 5 GG), der Wissenschaftsfreiheit (Art. 5 Abs 3 GG), von Ehe und Familie (Art. 6 Abs. 1 GG) erst praktikabel durch die positiv formulierten Beamten- und Universitätsgesetze und ein ausgebildetes bürgerliches Recht. Bei dieser Ausgestaltung binden die Verfassungsdirektiven die gesetzgeberische Mehrheit. Sie unterliegen dieser nicht. Der Volkssouverän hat dadurch jeder Selbstherrlichkeit entsagt, indem er sich selbst an das Verfassungsgesetz gebunden hat. Die Herrschaft des Volkes soll nur die an der Würde des Menschen gemessene Herrschaft des Rechtes sein.[32] Dabei ist das Grundgesetz kein „normativistisches perpetuum mobile"[33], das seine Existenz und Essenz aus eigener Kraft wahren könnte. Auch Grundrechte können nur durch Menschen herrschen. Die Geltung der grundrechtlichen Normen hängt von der Verständigung und der Loyalität der Menschen ab. Allein diese Loyalität ist die Garantie dafür, daß die politischen Freiheiten der Bürger nicht zur Abschaffung des Freiheitssystems mißbraucht werden.[34]

Das Grundgesetz hat eine Basis für den innerstaatlichen Grundkonsens in den Menschenrechten gefunden. Es ist die Grundüberzeugung dieser Arbeit, daß der Respekt vor den Menschenrechten und der Dienst für die Grund-

---

[29] Vgl. BVerfGE 7, 198. – Zu dieser Thematik vgl. auch P. Häberle, Die Wesensgehaltsgarantie, S. 4 - 67; E. Forsthoff, Die Umbildung des Verfassungsgesetzes, in: Forsthoff, Rechtsstaat im Wandel, S. 147 - 175; E. Denninger, in: JZ 1975, 545 - 550; E.-W. Böckenförde in: NJW 1974, 1533f.; G. Leibholz, Gedenkrede auf R. Smend, Göttinger Universitätsreden Bd. 60 (1976) 37.

[30] Zu dem Zusammenhang von Mehrheitsprinzip, Minderheitenschutz und Grundkonsens vgl. BVerfGE 5, 85 (195 - 207); H. Zacher, in: Der Staat 9 (1970) 162 - 164, 180 - 185; U. Scheuner, Konsens und Pluralismus als verfassungsrechtliches Problem, in: G. Jakobs (Hrsg.), Rechtsgeltung und Konsens, 1976, S. 55 - 68; K. Schlaich, Neutralität als verfassungsrechtliches Prinzip, S. 252 - 256; G. Leibholz, Gedenkrede auf Rudolf Smend, S. 37; J. Isensee, Demokratischer Rechtsstaat und staatfreie Ethik.

[31] Vgl. dazu P. Häberle, Die Wesensgarantie, S. 4 - 67; E.-W. Böckenförde, in: NJW 1974, 1533f.; F. Müller, Die Positivität der Grundrechte.

[32] Vgl. zur Selbstbeschränkung des souveränen Volkes in seiner Verfassung M. Kriele, in: VVDStRL 29 (1971) 58ff.

[33] Vgl. J. Isensee, Demokratischer Rechtsstaat und staatsfreie Ethik.

[34] Vgl. dazu BVerfGE 2, 1ff., bes. 12ff.; BVerfGE 5, 85, bes. 176 - 187.

rechte des Menschen auch die Basis für den Grundkonsens zur Vermeidung der Alternative „Einigung oder Kulturkampf" im Bereich des Vertragsrechtes zwischen Kirche und Staat ist.

Das bedeutet aber für die Partner im Bereich des Staatskirchenvertragsrechtes, von der Überzeugung abzurücken, daß der Mensch den Souveränen unterworfen sei. Für den deutschen staatlichen Vertragspartner ist das durch sein Verfassungsverständnis selbstverständlich geworden. Im Blick auf seinen kirchlichen Vertragspartner wird er diese Achtung und diese Loyalität gegenüber den Menschenrechten im Bereich der gegenseitigen Verträge erwarten dürfen. Dies zumal, als der kirchliche Vertragspartner zwar nicht in seinem Recht, jedoch in seiner Theologie diesen Respekt immer verteidigt hat und auch die neuere Entwicklung des Völkerrechts die absolute Staatsunterworfenheit des Menschen auflockert.[35] Zwar hat das universelle Völkerrecht die Entwicklung des Grundgesetzes oder der innerhalb der Europäischen Gemeinschaft geltenden Konvention zum Schutze der Menschenrechte und Grundfreiheiten vom 4. November 1950 längst nicht nachvollzogen. Jedoch ist die Zielrichtung aufgrund des fortschreitenden Rechtsbewußtseins deutlich erkennbar.[36] So sehen die von der UNO am 10. Dezember 1948 und am 19. Dezember 1968 ohne Gegenstimme angenommene Allgemeine Deklaration der Menschenrechte bzw. der „Final Act of the International Conference on Human Rights" als Ziel vor,[37] eine positive Völkerrechtsordnung auf den Wertgrundlagen zu schaffen, die sich wesentlich als Verwirklichung der Menschenrechte für alle versteht.[38]

Nur dieses Ziel kann auch im heutigen Rechtsbewußtsein das ausschließliche Ziel des Staatskirchenvertragsrechtes sein. So kann das Ziel des Staatskirchenvertragsrechtes nicht mehr als das gegenseitige Absichern von Positionen zweier Souveräne gesehen werden. Es darf und muß letztlich nur um den Schutz von Menschen gehen, die sich sowohl zur Verfassung des Staates wie zur religiösen Überzeugung der Kirche bekennen. So muß es Ziel des Vertragsrechtes wie jeder anderen rechtlichen Ordnung sein, durch positive Regelungen das Zusammenleben der Freiheitssubjekte so zu ordnen, daß die Freiheit des einzelnen neben der Freiheit des anderen bestehen kann. Dies wird sich positiv vor allem in der Anerkennung der Grundrechte im Bereich der gemeinsamen Aufgaben auswirken, konkret eben auch im Blick auf die Grundrechte i.S.d. Art. 3; 5 Abs. 3; 6 GG.

Es ist für den staatlichen Partner gem. Art. 140 GG iVm Art. 137 Abs. 3 WRV selbstverständlich, den Eigenbereich der Kirche ohne Einschränkung zu respektieren. Und hat er dies auch durch die konkordatären Verpflich-

---

[35] Vgl. Verdross / Simma, VR, S. 58.
[36] Vgl. dazu Verdross / Simma, Völkerrecht, S. 83, 599.
[37] Vgl. Verdross / Simma, VR, S. 600.
[38] Vgl. dazu auch Helsinki: Menschenrechte – Entspannungspolitik, München 1977.

tungen zu einer Ersatzgestellung von Hochschullehrern bei kirchlicher Beanstandung vertraglich zugesichert, so muß der staatliche Vertragspartner unter dem Grundgesetz aber seitens des kirchlichen Vertragspartners erwarten, daß dieser im Bereich der gemeinsamen Aufgaben, soweit der Staat diese auch als eigene Aufgabe ansehen muß, die vom Grundgesetz für das positive Recht (etwa Universitäts-, Beamten- und Zivilrecht) vorausgesetzten und zugrunde gelegten Naturrechtsnormen respektiert. Denn diese als dem gesamten Normenbestand – also auch dem transformierten Vertragsrecht – zugrundeliegende „objektive Wertordnung" bindet den staatlichen Vertragspartner auch im Bereich des Vertragsrechtes. Anerkennt der kirchliche Vertragspartner dies nicht, bringt dieser den staatlichen Vertragspartner in Verfassungsnot. Die Folge davon kann nur sein, daß sich der Staat vom Vertrag lösen muß. Sucht er dennoch Lösungen zur Einigung, die verfassungswidrig sind oder gerade noch am Rande der Verfassungsmäßigkeit balancieren, geraten die Grundwerte in Gefahr. Dies ist ebenso, wenn der Staat um des „Pacta sunt servanda" willen vom Rechtsbewußtsein überholte, situationswidrige Normen aufrechterhält. Verträge zwischen Staat und Kirche wären dann nur bei einem beiderseitigen positivistischen Rechtsverständnis möglich.

Die Alternative wäre dann für den staatlichen Vertragspartner nicht „Einigung oder Kulturkampf", sondern Trennung von jeder vertraglichen Bindung und Verzicht auf die Bewältigung gemeinsamer Aufgaben. Die Alternative hierzu wäre nur die, einen Konsens unter der richtenden Instanz der allgemein – vor allem auch von der Theologie – anerkannten Menschenrechten zu finden. Voraussetzung wäre, daß auch der kirchliche Vertragspartner als „Souverän" wie der Volkssouverän aller Selbstherrlichkeit entsagt,[39] daß er sich bindet an die auch ihm vorgegebenen Menschenrechte. Die vertraglichen Abmachungen beider „Souveräne" müssen folglich die Souveränität der Menschenrechte zum Ziele haben.

Dabei wäre es weiterhin zur Findung eines gemeinsamen Konsenses selbstverständlich, daß sich beide „Souveräne" von einem unabhängigen Gericht bezüglich ihres Respektes vor den Menschenrechten prüfen lassen. Der staatliche Partner unter dem GG ist im Blick auf das Bundesverfassungsgericht dazu bereit; die europäischen Staaten im Blick auf den Europäischen Gerichtshof. Im Blick auf die Staatskirchenverträge könnte aufgrund besonderer vertraglicher Abmachungen für die durch die Verträge geregelten gemeinsamen innerdeutschen Angelegenheiten das unabhängige Bundesverfassungsgericht oder der Europäische Gerichtshof oder ein besonders zu bildendes Gericht, das sich ebenfalls in aller Unabhängigkeit den Menschenrechten als richtender normativer Wertordnung verpflichtet weiß, zuständig sein.

---

[39] Vgl. dazu Can. 1566 CIC: „Prima Sedes a nemine iudicatur", wobei nach Kl. Mörsdorf, Rechtssprache, S. 146, mit Prima Sedes hier der Papst persönlich gemeint ist.

Die westeuropäischen Staaten haben sich dieser Herrschaft der Menschenrechte durch ihr Bekenntnis zur Europäischen Menschenrechtskonvention unterworfen, um einen allgemein akzeptierten Konsens für eine menschliche Friedensordnung zu finden. Die UNO hat durch ihre Deklarationen vom 19. Dez. 1962 dieselben Wertvorstellungen als Ziel der Grundlage für ein künftiges universelles Völkerrecht zum Ausdruck gebracht.[40] Warum sollte ein solcher Konsens nicht auch im Bereich des Staatskirchenvertragsrechts zu finden sein?

3. Die Bedeutung der Freundschaftsklauseln für die Antwort auf die Frage: Quis iudicabit?

Die bisherigen Ausführungen haben klarzumachen versucht, daß die Konkordate geschlossen werden, um einen Interessenausgleich zu schaffen, daß aber der Konfliktsfall eine Rechtsstreitigkeit darstellt. Die Formen der Streiterledigung sind ein wesentliches Moment des Konkordatsrechtes. Die Grenzen werden dabei dort gesteckt werden – darauf wurde oben schon genügend hingewiesen –, wo unverzichtbare und unverfügbare Grundlagen der Eigenexistenz von Staat und Kirche berührt werden. Im Blick auf den Staat ist das der „Verfassungskern", worunter etwa die Verfassungssouveränität oder speziell im Blick auf das Grundgesetz der Bundesrepublik Deutschland die naturrechtlich begründeten Grundrechte zu verstehen sind. Im Blick auf die Kirche ist das das „ius divinum", das allerdings nach Auffassung der katholischen Theologie das Naturrecht nicht aufhebt oder dazu in Gegensatz tritt, sondern vielmehr erhellt. Insofern gibt es, das ist die These der vorliegenden Arbeit, auch im Konkordatsrecht die Möglichkeit einer gerichtlichen Streiterledigung. Denn hier geht es um „iura propria", die dem Grundgesetz und der Kirche eigen sind.

Jedoch hat die Kirche, so wie sich ihre Verfassung im kanonistischen Recht darstellt, einen Absolutheits- und Souveränitätsanspruch – Prima sedes a nemine iudicatur (c. 1556 CIC) –, der es ihr bis heute nicht gestattete, sich bereit zu erklären, die Grund- und Menschenrechte als Grundlage für ein etwa zuständiges Schiedsgericht zur Entscheidung von Fragen, die das Verhältnis von Staat und Kirche betreffen, anzuerkennen. Konsequenterweise gehört der Hl. Stuhl nicht zu den Signaturstaaten der Statuten des Internationalen Gerichtshofes oder der Europäischen Menschenrechtskonvention.

Mit Recht ist in der Literatur immer wieder darauf hingewiesen worden, vertraglich gerichtete „Rechtspositionen im Lichte geänderter gesellschaftlicher Verhältnisse darauf zu prüfen, ob sie noch gerechtfertigt und erfüllt

[40] Vgl. dazu Berber, Dokumente I; auch BGBl. 1973 II, 1513 ff.; Sohn / Buergenthal, International Protection of Human Rights; Verdross / Simma, VR, Die durch das Völkerrecht geschützten Menschenrechte, S. 599, mit weiteren Nachweisen.

sind."[41] Dementsprechend bringen alle in der Bundesrepublik geltenden Staatskirchenverträge die dem Vertragsgedanken zugrundeliegende Einigungspflicht in den sog. Freundschaftsformeln zum Ausdruck[42], die Art. 13 PrK entsprechen: „Die Vertragschließenden werden eine etwa in Zukunft zwischen ihnen entstehende Meinungsverschiedenheit über die Auslegung einer Bestimmung dieses Vertrages auf freundschaftliche Weise beseitigen."[43]

Die Konkordatspartner versprechen einander, im Einvernehmen eine freundschaftliche Lösung herbeizuführen, wenn sich bei Auslegung oder Anwendung einer Bestimmung des Konkordates Meinungsverschiedenheiten ergeben. Der ernsthafte Einigungsversuch ist danach die Verfahrensvoraussetzung in einem Konkordatsstreit. Ferner ist durch die Freundschaftsklauseln die jederzeitige Vergleichsbereitschaft der Parteien gefordert. Die Freundschaftsklauseln verwehren aber auch nicht ein Gericht, das die Streiterledigung durch Vergleich anstrebt.

Fraglich ist jedoch, ob die Möglichkeit besteht, eventuelle Rechtskonflikte auch durch ein schiedsgerichtliches Urteil zu beenden, und dies vor allem in den Fällen, in denen es sich nicht um reine Interessenkonflikte, sondern – was die vorliegende Arbeit zu thematisieren suchte – in denen es sich wegen der verbindlichen Grundlage des staatlichen oder kirchlichen Rechts um Koexistenzentscheidungen und damit um echte Rechtsprobleme handelt.

Die Konkordatspraxis und -geschichte kennt einen solchen Fall nicht. Es stellt sich allerdings die Frage, ob dieser historisch-faktische Zustand auch der prinzipiell bedingte Zustand ist. Der Hl. Stuhl hat bisher niemals die Zuständigkeit eines Schiedsgerichtshofes für die Entscheidung von Fragen, die das Verhältnis von Staat und Kirche betreffen, anerkannt.[44]

Die Auffassung, Kirche und Staat müßten aus konkordatsrechtichen Gründen Streitigkeiten immer unter sich ausmachen,[45] ist in dieser Absolutheit sicher nicht haltbar.

---

[41] Vgl. dazu U. Scheuner, Art. „Ev. Kirchenverträge", in: StLexGG, Bd. IX (1969), Sp. 920; K. Hesse, Freie Kirche im demokratischen Gemeinwesen, in: ZevKR 11 (1964) 337ff.

[42] Vgl. dazu etwa A. Albrecht, Koordination von Staat und Kirche in der Demokratie, S. 304ff.; A. v. Campenhausen, Staatskirchenrecht, S. 110; A. Hollerbach, Verträge zwischen Staat und Kirche, S. 249ff.

[43] Vgl. dazu Art. XII BadK, Art. IX BadKV, Art. 28 SHKV, Art. 13 LKV, Art. 23 HKV, Art. 29 RPKV. Etwas abweichend im Wortlaut Art. 15 § 1 BayK: danach soll bei einer Auslegungsschwierigkeit eine „freundschaftliche Lösung" angestrebt werden. Ähnlich ist der Text in Art. 35 Abs. 2 RK: Bei einer Meinungsverschiedenheit wegen der Auslegung oder Anwendung soll „im gemeinsamen Einvernehmen eine freundschaftliche Lösung" herbeigeführt werden. Auffallend zurückhaltender in der Formulierung sind Art. 31 Abs. 1 BayKV und Art. 24 Abs. 1 PfKV: Danach wollen die Vertragsschließenden zur Beseitigung von Auslegungsschwierigkeiten „in gegenseitiges Benehmen treten."

[44] Vgl. dazu E. R. Huber, Verträge zwischen Staat und Kirchen, S. 84.

[45] Vgl. dazu J. Kaiser, Die politische Klausel, S. 149.

Grenzen hinsichtlich unserer Frage bilden – wie erwähnt – für Staat und Kirche – die iura propria. Aber dies macht eine schiedsgerichtliche Entscheidung bei Konkordatskonflikten nicht rechtsunmöglich. Denn Kirche und Staat könnten sich darüber einigen – und die Freundschaftsklauseln, will man sie nicht pervertieren, stellen diesbezüglich eine Rechtspflicht dar –, daß im Streitfall ein Schiedsgericht darüber entscheidet, ob im konkreten Falle nach Maßstäben zu entscheiden ist, die aus den staatlichen und kirchlichen Lebensprinzipien folgen, nämlich nach dem Maßstab der sowohl durch den Staat als auch durch die Kirche anerkannten, naturrechtlich begründeten Grund- und Menschenrechte. Beurteilungsgrundlage wäre dabei die Frage nach der Zumutbarkeit.

Denn konkordatsrechtlich verpflichten die Freundschaftsklauseln die Vertragspartner auf dieser gemeinsamen Grundlage auch dazu, ein Schiedsgericht anrufen zu dürfen, falls der eine Partner eine Zumutbarkeits- bzw. eine Unzumutbarkeitsentscheidung nach Maßgabe seines Letztentscheidungsrechtes aufgrund der iura propria seines maßgeblichen Lebensprinzips trifft. Die Probleme der politischen Gestaltungskonflikte fänden so eine Lösung. Hat sich zwar die Kirche immer der Völkerrechtsgewohnheit entzogen und das konkordatäre Gewohnheitsrecht als eigenständiges durchzusetzen versucht,[46] so sind jedoch gerade die Konkordate aufgrund der Freundschaftsklauseln um die Schiedsgerichtsklausel zu erweitern. Diese hat sich in den völkerrechtlichen Beziehungen schon so stark durchgesetzt, daß „eine internationale Person, welche in einer offenbar der rechtlichen Beurteilung zugänglichen Sache jede Schiedsgerichtsbarkeit ablehnt, sich in den Augen der internationalen Öffentlichkeit ins Unrecht setzt."[47] Dies dürfte im Blick auf die in zivilisierten Staaten allgemein anerkannten Menschenrechte als Lebensprinzip selbstverständlich sein.

---

[46] Vgl. dazu A. Albrecht, Koordination von Staat und Kirche in der Demokratie, S. 306.

[47] Rechtsgutachten vom 7. Mai 1956 über Transformation, Partnerschaft und sonstige Probleme des Reichskonkordates von 1933, in: Der Konkordatsprozeß, Sp. 1094ff., bes. 1122.

Beschluß

Quis iudicabit? Die Frage sucht nach der Antwort, ob der katholische Universitätstheologe uneingeschränkt unter dem Schutz der Grundrechte gem. Art. 3; Art. 5 Abs. 3; Art. 6 Abs. 1 GG steht oder ob er diesen Schutz nur unter dem ständigen Vorbehalt einer „clausula rebus sic stantibus" insofern genießt, als keine kirchliche Beanstandung gegen ihn erhoben wird. Dann aber wäre sein beamtenrechtlicher Professorenstatus und sein ihm verfassungsrechtlich garantierter Grundrechtsschutz nur dann sicher, wenn die Kirche als außerstaatliche Macht ihm diesen Schutz zugesteht. Dies würde bedeuten, daß die Übernahme des konfessionsbezogenen Amtes eines Universitätstheologen insofern ein Risiko mit sich brächte[1], als die Inanspruchnahme der Grundrechte etwa gem. Art. 5 Abs. 3; 6 Abs. 1 GG u. U. für den Universitätstheologen Rechtsfolgen auslösen kann, die ihm diesen Grundrechtsschutz verwehren. Die Frage dieser Arbeit ist, inwieweit ein Universitätstheologe ein solches Risiko zu tragen hat.

Wir haben im Laufe der Arbeit dargelegt, daß die theologischen Fakultäten staatliche Einrichtungen und die Professoren an ihr Staatsbeamte sind.[2] Der Staat, dem allein die Personalhoheit zusteht, verfügt über das Ernennungsrecht und die Dienstaufsicht. Dies ist vom Staatsverständnis des modernen Staates, wie er sich seit Beginn des 19. Jh. entwickelt hat, selbstverständlich. Dieser Staat weiß sich für das Bonum commune allzuständig; und er muß dies auch sein. Ohne diese Allzuständigkeit wäre eine moderne pluralistische Gesellschaft nicht möglich.

Aufgrund seiner allzuständigen Sorge für das Allgemeinwohl seit Beginn des 19. Jh. war dem Staat an einer wissenschaftlichen Ausbildung der Geistlichen und Religionslehrer deshalb gelegen, weil diese wesentlichen Einfluß auf das Staatsvolk ausüben. Die Ausbildung der Geistlichen und Religionslehrer kann die Kirche mit Recht als ihre eigene Angelegenheit für sich beanspruchen. Wollte nun aber der Staat seine Allzuständigkeit für das Gemeinwohl nicht in ein totalitäres Regiment pervertieren, so mußte er hinsichtlich der Personalhoheit betreffend der Staatsbeamten, die auch die Ausbildung der Geistlichen und Religionslehrer wahrnehmen, zu Konzessionen bereit sein. Diese Konzessionen spiegeln sich in den staatlichen

[1] Vgl. dazu Pirson, in: Essener Gespräche, Bd. 16, S. 159, in der Diskussion im Anschluß an den Vortrag von A. Hollerbach, Theologische Fakultäten.

[2] Vgl. dazu A. v. Campenhausen, Staatskirchenrecht (1973), S. 112.

Fakultätsstatuten, den Zirkumskriptionsbullen des 19. Jh. und in den einschlägigen Regelungen der Konkordate wider.

Durch diese Regelungen erhebt sich die Frage nach dem Verhältnis der beiden „Rechtsmassen" zueinander, nämlich Vertragsrecht und Verfassungsrecht.

Der staatliche Vertragspartner hat die Kirchenverträge von Anfang an immer unter dem Vorbehalt der Verfassung geschlossen und diese nur als transformiertes Gesetzesrecht gelten lassen. Dies hat er der Kirche gegenüber immer wieder betont. Aus diesem Grunde wurde z.B. das bayerische Konkordat von 1817, das vor der Geltung der bayerischen Staatsverfassung von 1817 ausgehandelt war, erst unter dessen Geltung verkündet.

Wie die Auslegung der Konkordatstexte und die geschichtliche Praxis zeigen, hat der Staat immer an seiner Personalhoheit festgehalten. Er hat sich deshalb in seinen vertraglichen Verpflichtungen gegenüber der Kirche, um deren Besorgung eigener Angelegenheiten – wozu die Ausbildung der Geistlichen und Religionslehrer wesentlich gehört – zu respektieren, zu einer Ersatzgestellung eines kirchlich beanstandeten Universitätstheologen, nicht aber zu weiteren Schritten gegen denselben verpflichtet. Ob dies unter den Verfassungsbedingungen vor dem Grundgesetz möglich gewesen wäre, soll hier dahingestellt bleiben.

Jedenfalls ist dies unter dem Grundgesetz nur hinsichtlich der Lehrbeanstandung – und dies in äußerst begrenztem Maße, nämlich nur im Rahmen von Art. 5 Abs 3 S. 2 GG, möglich. Im Blick auf Art. 3 Abs. 1 GG und Art. 6 Abs. 1 GG sind staatliche Maßnahmen gegen einen kirchlich Beanstandeten über das Maß, das der staatliche Respekt vor der Autonomie der Kirche erfordert, nicht möglich. Dieser Respekt vor der kirchlichen Autonomie an der ausschließlich staatlichen Einrichtung „Theologische Fakultät" ist durch die Ersatzgestellung des kirchlich Beanstandeten garantiert.

Die Beschränkung der staatlichen Maßnahmen gegen einen kirchlich beanstandeten Universitätstheologen ist unter dem Grundgesetz nicht mehr so sehr vom Gedanken der staatlichen Souveränität her zu verstehen, sondern aufgrund der Bindung des staatlichen Souveräns an vorstaatliche, überpositive, naturrechtlich begründete Grund- und Menschenrechte, die der staatliche Souverän als unverfügbar anerkennt. Diese Überzeugung hat sich in Art. 1 bis 19 GG niedergeschlagen.

Nach der „debellatio" des deutschen staatlichen Vertragspartners hat der kirchliche Vertragspartner unter den Bedingungen der neuen Verfassung an den Verträgen festgehalten. Er hat damit die neue verfassungsrechtliche Bindung des staatlichen Vertragspartners akzeptiert. Es ist deshalb vom kirchlichen Vertragspartner zu fordern, diese verfassungsrechtliche Bindung des Staates unter dem GG zu respektieren.

Es ist nun die Überzeugung dieser Arbeit, daß die zur Grundlage des gesamten objektiven Rechts des Staates unter dem GG gemachten Grund- und Menschenrechte auch die Voraussetzung dafür sind, die Alternative „Einigung oder Kulturkampf" im Verhältnis zwischen Staat und Kirche zu vermeiden. Die Grund- und Menschenrechte sind danach geeignet, das Kriterium einer Streitschlichtung zwischen Staat und Kirche zu sein und gemeinsamer Rechtsboden der gemeinsamen Angelegenheiten zu werden.

Dies ist seitens des Staates von der Kirche zu erwarten und zu fordern, zumal das Naturrechtsdenken von der katholischen Theologie immer verteidigt wurde.

Es ist weiterhin die Überzeugung dieser Arbeit, daß *nur* auf der Grundlage dieses vorpositiven Rechts die positiven Normen des Vertragsrechts wirksam das Ziel erreichen, das sie bezwecken, nämlich die gleichgerichteten Interessen des Staates und der Kirche zu befriedigen und zwischen ihnen einen Ausgleich herbeizuführen. Das primäre Ziel des Vertragsrechts wäre dann nicht die Zementierung von Privilegien und Machtpositionen zweier Souveräne, sondern sich in den Dienst der Humanität zu stellen. Das primäre Ziel des Vertragsrechts muß folglich der Schutz der Menschenrechte, bzw. die Wahrung und der Respekt vor der menschlichen Würde sein. Auch das Kirchenvertragsrecht kann nur noch diesen einen Sinn haben, daß es eine Schutzfunktion für die Grundrechte des Menschen ausübt.

Von einigen Pionieren des Völkerrechts ist diese Einsicht hinsichtlich des genannten Zwecks des Vertragsrechtes schon längst erkannt worden. So erscheint sie schon in der von Salamanca ausgehenden Völkerrechtslehre. Diese lehrte, daß das „bonum commune humanitatis" das Ziel des Völkerrechts bilde.[3]

[3] Vgl. dazu Vitoria, De Indis, III, 4; Suarez, De legibus, ad Deo legislatore, II, cap. 19, 9: „Das Menschengeschlecht bildet ... eine gewisse ... moralische Einheit, welche das natürliche Gebot (naturale praeceptum) der gegenseitigen Liebe und Hilfsbereitschaft anzeigt, das sich auf alle, auch auf die Fremden erstreckt ... Aus diesem Grunde benötigen sie eines Rechts, durch das sie in dieser Art des Zusammenlebens und der Geselligkeit gelenkt und richtig geordnet werden (indigent aliquo iure, quo dirigantur, et recte ordinentur in hoc genere communicationis et societas) ...". – Das Ziel des Völkerrechts ist für Suarez das allgemeine Wohl des Menschengeschlechts (bonum commune generis humani). Vgl. Suarez, De triplici virtute theologica, tractatus III: de charitate, disp. 13: De bello. Daraus folgert er, daß der Krieg, obgleich er durch das positive Völkerrecht eingeführt wurde, kein notwendiges Mittel der Streiterledigung darstellt. Die Staaten könnten auch übereinkommen, die Schlichtung ihrer Streitigkeiten einem dritten Staat oder einem Schiedsgericht mit Zwangsgewalt (arbitro cum potestate coactiva) zu übertragen. Vgl. De legibus, II, cap. 19, 8. – De charitate, disp. 13: De bello, 5: „Man kann nicht annehmen, daß der Schöpfer die menschlichen Verhältnisse in einer so traurigen Lage habe belassen wollen, daß alle Streitigkeiten zwischen obersten Fürsten und Staaten nur durch Krieg entschieden werden könnten, da das gegen die Vernunft und gegen das allgemeine Wohl der Menschheit und daher auch gegen die Gerechtigkeit verstoßen würde." – Vgl. dazu A. Verdross, La doctrina espanola classica del derecho internacional, in: Annuario de l'Asociación de Vitoria 18 (1971/72) 57ff.

Ebenfalls betont Hugo Grotius, daß dem Staatslenker neben der Sorge für sein Volk eine allgemeine Sorge für das ganze Menschengeschlecht obliege.[4] Diese Sicht wird von Christian Wolff fortgesetzt, wenn er betont, daß alle Staaten ihre gegenseitige Vervollkommnung und so auch die der alle Staaten umfassenden „civitas maxima" anstreben müssen.[5]

Diese Grundsätze sind durch die UN-Charta und die Deklarationen der UNO in das positive Völkerrecht aufgenommen worden. Es verfolgt damit das Ziel, von einem Zwischenmächterecht zur Basis des friedlichen Zusammenlebens der vielfach gegliederten Menschheit zu werden. Aber dieses Ziel kann nur dann verwirklicht werden, wenn die Achtung und der Schutz der menschlichen Person das oberste Ziel der Rechtsordnung der jeweiligen Vertragspartner bilden. Denn sämtliche Menschenrechte leiten sich aus der allen Menschen innewohnenden Würde her, die die UN-Menschenrechtspakte vom 19. Dezember 1966 in ihren Präambeln übereinstimmend hervorheben.

Aber es bleibt offenkundig, daß die Achtung der menschlichen Freiheitsrechte nur dann garantiert ist, wenn die Vertragspartner bereit sind, diese durch unabhängige Gerichte zu schützen.

Nach Überzeugung dieser Arbeit kann allein auf dieser Grundlage ein billiger Ausgleich zwischen Staat und Kirche erhofft werden, der zum Aufbau eines toleranten Miteinander, das anzuerkennen von „Liberalen" und „Klerikalen" zu erwarten ist, führt. Das Bemühen um dieses Ziel wird dann Früchte tragen, wenn beide Vertragspartner, nämlich Staat und Kirche, sich von der Devise Augustins, der ebenfalls an der Schwelle eines Aufbruchs in eine neue Zeit lebte, leiten lassen: In necessariis unitas, in dubiis libertas, in omnibus caritas.

---

[4] Vgl. De iure belli ac pacis, II, 20, § 44, 1.

[5] Vgl. Jus gentium methodo scientifica pertractatum (1764), S. 411 ff. – Auf dieses Ziel des Wohles aller Völker weisen auch die Enzykliken „Summi pontificatus" Pius XII. vom 20. Oktober 1939 und „Pacem in terris" Johannes XXIII. vom 11. April 1963 hin.

Literaturverzeichnis

Albrecht, A.: Koordination von Staat und Kirche in der Demokratie, Freiburg 1965

Anschütz, G.: s. Meyer / Anschütz

— Die Verfassung des Deutschen Reiches vom 11. August 1919 (unveränderter Nachdruck der 14. Aufl., 1933), Darmstadt 1960

— Kommentar zur Reichsverfassung, in: Anschütz / Thoma, Handbuch des Deutschen Staatsrechts, 2. Bd., Tübingen 1930

Anselm von Canterbury: Proslogion (lt./dt.), hrsg. von F. Schmitt, Stuttgart 1984

Apelt, W.: Die Gleichheit vor dem Gesetz nach Art. 3 Abs. 1 des Grundgesetzes, in: JZ 1951, 353 - 359

— Verfassung und richterliches Prüfungsrecht, in: JZ 1954, 401 - 405

Appel, E.: Die Europäische Konvention zum Schutze der Menschenrechte und Grundfreiheiten in ihrer Bedeutung für das deutsche Strafrecht und Strafverfahrensrecht, Diss. Marburg 1961

Arndt, A.: Die Friedensaufgabe des Richters, in: NJW 1967, 1585

Arnold, F.: Im Dienst des Rechts in Kirche und Staat. Festschrift zum 70. Geburtstag von Franz Arnold, Wien 1963

Bachof, O.: Besprechung zu: v. Mangoldt / Klein, Das Bonner Grundgesetz, 2. Aufl., in: FamRZ 3 (1956) 398 ff.

— Verfassungswidrige Verfassungsnormen, Tübingen 1951

Baldus, N.: Die Philosophisch-theologischen Hochschulen in der Bundesrepublik Deutschland. Geschichte und gegenwärtiger Rechtsstatus, in: Neuere Kölner Rechtswissenschaftliche Abhandlungen, Bd. 38, Berlin 1965

— Das Promotionsrecht der kirchlichen Theologischen Fakultät Paderborn und das deutsche Hochschulrecht, in: TTZ 77 (1968) 324 - 331

Barion, H.: Konkordat und Codex, in: Festschrift Ulrich Stutz zum siebzigsten Geburtstag, Stuttgart 1938, S. 371 - 388

Barzel, R.: Der Mensch als Hoheitsträger. Die Lehre von den subjektiv öffentlichen Rechten und Grundrechtsnormen des Grundgesetzes, in: DÖV 4 (1951) 337 ff.

— Die verfassungsrechtliche Regelung der Grundrechte und die Grundpflichten des Menschen. Zugleich eine rechtsvergleichende Studie, Diss. Köln 1949

Bauer, T.: Wissenschaftsfreiheit in Lehre und Studium. Zur Konkretisierung des Art. 5 Abs. 3 GG im geltenden Recht, Berlin 1980

Bäumlein, R.: Recht, Staat und Geschichte, Zürich 1961

Becker, H. J.: Die Bedeutung des Artikels 123 Abs. 2 des Grundgesetzes für die Reichsverträge, in: DVBl. 70 (1955) 105 - 110; 145 - 148

— Zur Rechtsproblematik des Reichskonkordats, München 1956

Benda / Maihofer / Vogel (Hrsg.): Handbuch des Verfassungsrechts, Berlin 1983

Bernhardt, R.: Der Abschluß völkerrechtlicher Verträge im Bundesstaat. Eine Untersuchung zum deutschen und ausländischen Bundesstaatsrecht, Köln-Berlin 1957 (Beiträge zum ausländ. öffentl. Recht und Völkerrecht, 32)

— Die Auslegung völkerrechtlicher Verträge, insbes. in der neueren Rechtssprechung internationaler Gerichte, Berlin 1963

— Internationaler Menschenrechtsschutz und nationaler Gestaltungsspielraum, in: Festschrift für H. Mosler, Völkerrecht als Rechtsordnung, S. 75 ff.

Bettermann, K. A.: Zur Verfassungsbeschwerde gegen Gesetze und zum Rechtsschutz des Bürgers gegen Rechtssetzungsakte der öffentlichen Gewalt. Beiträge zu Art. 19 IV, 93, 100 des Grundgesetzes, §§ 90 - 95 des Bundesverfassungsgerichtsgesetzes und § 47 der Verwaltungsgerichtsordnung, in: AöR 86 (1961) 129 - 186, dazu Nachwort von O. Bachof, 186 - 193

— Der Schutz der Grundrechte in der ordentlichen Gerichtsbarkeit, in: Bettermann u. a., Die Grundrechte

Bettermann / Neumann / Nipperdey / Scheuner (Hrsg.): Die Grundrechte, Bd. 1, Berlin 1958

Bihlmeyer-Tüchle: Kirchengeschichte 3 Bde., 14. Aufl., Paderborn 1955

Blümel, W.: Vom Hochschullehrer zum Professor, in: Festschrift für C. H. Ule, Köln 1977

Böckenförde, E.-W.: Das Ethos der modernen Demokratie und die Kirche, in: Hochland 50 (1957/58) 4 - 19

— Der Fall Küng und das Staatskirchenrecht, in: NJW 1981, 2101 - 2103

— Grundrechtstheorie und Grundrechtsinterpretation, in: NJW 1974, 1533 ff.

Böckenförde, W.: Der neue Codex Juris Canonici, in: NJW 1983, 2532 ff.

Bode (s. *Dallinger / Bode / Dellian*): Hochschulrahmengesetz. Kommentar, Tübingen 1978

Boehmer, G.: Der völkerrechtliche Vertrag im deutschen Recht, Köln 1965

Booms, H. / *Wernicke,* K. G.: s. Der Parlamentarische Rat 1948 - 1949

Brockmann, H. W.: Kirche und moderne Gesellschaft, Düsseldorf 1976

Bruns, G.: Rechtsprechung in Auslieferungssachen seit dem Erlaß des Auslieferungsgesetzes vom 23. 12. 1929, in: ZaöRVR 5 (1935) 721 ff.

Bullinger, M.: Der Anwendungsbereich der Bundesaufsicht. Zum Konkordatsurteil des Bundesverfassungsgerichts, in: AöR 83 (1958) 279 - 308

Buttmann, R.: Das Konkordat des Deutschen Reiches mit der römisch-katholischen Kirche vom 20. Juli 1933, in: Hans Frank (Hrsg.), Nationalsozialistisches Handbuch für Recht und Gesetzgebung, 2. Aufl., München 1935, S. 407 - 424

Campenhausen, A., Frhr. v.: Staatskirchenrecht, München 1973/1983

— Theologische Fakultäten und Fachbereiche, in: Handbuch des Wissenschaftsrechts (hrsg. v. Ch. Flämig / V. Grellert u. a.), Bd. 1, Heidelberg 1981

— Das konfessionsgebundene Staatsamt, in: Festschrift für Theodor Maunz, München 1981

Chenu, M.-D.: Das Werk des hl. Thomas v. Aquin (in: DTA, Org. Bd. 2), Heidelberg 1960

Chroust, A.: Die Julius-Maximilian-Universität Würzburg, in: Das akademische Deutschland, hrsg. v. M. Döberl u. a., Berlin 1930

Coing, H.: Grundzüge der Rechtsphilosophie, Berlin 1976

Constantinesco, L. J.: Die unmittelbare Anwendbarkeit von Gemeinschaftsnormen und der Rechtsschutz von Einzelpersonen im Recht der EWG, Baden-Baden 1969

Dallinger: s. Bode

Dax, G.: Das Gleichbehandlungsgebot als Grundlage positiver subjektiv-öffentlicher Rechte, Bonn 1969

Dellian: s. Bode

Dellian, F.: Die Verträge mit der Kirche werden durch dieses Gesetz nicht berührt, in: Dallinger / Bode / Dellian, Hochschulrahmengesetz. Kommentar, Tübingen 1978, S. 452ff.

Denifle, H.: Chartularium Universitatis Parisiensis ab anno 1200 usque ad annum 1286 (hrsg. 1889)

Denninger, E.: Freiheitsordnung – Wertordnung – Pflichtordnung, in: JZ 1975, 545 - 550

Deuerlein, E.: Das Reichskonkordat. Beiträge zur Vorgeschichte, Abschluß und Vollzug des Konkordates zwischen dem Heiligen Stuhl und dem Deutschen Reich vom 20. Juli 1933, Düsseldorf 1956

Dibelius, O.: Überstaatliche Verbindungen der Kirche und Religionsfreiheit, Diss. Bonn 1967

Diem, H.: Zur Problematik der lutherischen Volkskirche, in: Theol. Existenz heute, NF 29, 1951

Döberl, M. (u. a. Hrsg.): Das akademische Deutschland, Berlin 1930

Droensch, G.: Der Rang der MRK im deutschen Normensystem, Diss. Göttingen 1964

Dürig, G.: Grundrechte und Privatrechtsprechung, in: Nawiasky-Festschrift, München 1956, S. 157ff.

Echterhölter, R.: Die MRK im Rahmen der verfassungsmäßigen Ordnung, in: JZ 1955, 692

Ehmke, H.: Grenzen der Verfassungsänderung, Berlin 1953

— Prinzipien der Verfassungsinterpretation, in: VVDStRL 20 (1963) 82ff.

Eichmann / Mörsdorf: Lehrbuch des Kirchenrechts aufgrund des Codex Juris Canonici, 3 Bde., 9. bzw. 10. Aufl., Paderborn 1959/61

Emde, E. Th.: Die theologischen Fakultäten zwischen wissenschaftlicher Freiheit und kirchlicher Bindung. Zu den Rechtsfolgen der kirchlichen Beanstandung eines katholischen Universitätstheologen, in: AöR 106 (1981) 355ff.

Engelhardt, H.: Um des Friedens in der Universität willen, in: Liberal 22 (1980) 760ff.

Entscheidungen des Reichsgerichts: s. Fontes Juris Gentium

Essener Gespräche zum Thema Staat und Kirche, Bd. 1 bis 17, hrsg. v. H. Marré und J. Stüting, Verlag Aschendorff, Münster 1969ff.

Evrigenis, D.: L'interaction entre la Dimension internationale de la Convention européenne des Droits de l'Homme: Notions autonome et effet direct, in: Festschrift H. Mosler, Völkerrecht als Rechtsordnung, S. 193ff.

Feine, H. E.: Kirchliche Rechtsgeschichte, Weimar 1954

Fischer, E.: Trennung von Staat und Kirche. Die Gefährdung der Religionsfreiheit in der Bundesrepublik, München 1964

Flatten, H.: Das bischöfliche „Nihil obstat", in: Festschrift für F. Arnold, Wien 1963, S. 191ff.

Föhr, E.: Geschichte des badischen Konkordates, Freiburg 1958

Fontes: P. Gasparri, Codicis Juris Canonici Fontes. Rom 1923 - 1939

Fontes Juris Gentium: Entscheidungen des Reichsgerichts in völkerrechtlichen Fragen 1879 - 1929, in: Fontes Juris Gentium, Serie A, Sectio I, Tomus 3, Ed. V. Bruns, Berlin 1935

Forsthoff, E.: Die Umbildung des Verfassungsgesetzes, in: Forsthoff, Rechtsstaat im Wandel, Stuttgart 1964, S. 147 - 175

Friesenhahn, E.: Zur völkerrechtlichen und innerstaatlichen Geltung des Reichskondordates, in: Beiträge zur Rechtsgeschichte. Gedächtnisschrift für H. Conrad, hrsg. v. Gerd Kleinheyer und Paul Mikat, Paderborn 1979, S. 151 - 180

— Die Verfassungsgerichtsbarkeit in der Bundesrepublik Deutschland, Köln 1963

Fuchs, K. / *Raab,* H.: Wörterbuch zur Geschichte, München 1972

Geck, W. K.: Die völkerrechtlichen Wirkungen verfassungswidriger Verträge. Zugleich ein Beitrag zum Vertragsschluß im Verfassungsrecht der Staatenwelt, Köln 1963

Giese, F.: Die Hessischen Staatsleistungen zugunsten der Evangelischen Landeskirche. Rechtstheoretische Bemerkungen zu dem in der Streitsache der Evangelischen Landeskirche in Hessen gegen den Volksstaat Hessen von dem zwischen den Streitteilen vereinbarten Schiedsgericht am 20. November 1933 gefällten Schiedsspruch, in: VerwArch 39 (1934) 189 - 227

— Das Grundgesetz für die Bundesrepublik Deutschland vom 23. Mai 1949, Frankfurt 1955/56

— Die Verfassung des Deutschen Reiches, Berlin 1931

Gilson, Et.: Der Geist der mittelalterlichen Philosophie, Wien 1950

— Die Philosophie des hl. Bonaventura, Köln 1960

Golombeck, D.: Die politische Vorgeschichte des Preußenkonkordates, in: Veröffentlichungen der Kommission für Zeitgeschichte, Mainz 1970

Golsong, H.: Die Europäische Konvention zum Schutze der Menschenrechte und Grundfreiheiten, in: JöR NF 10 (1961) 123ff.

— Das Rechtsschutzsystem der Europäischen Menschenrechtskonvention, Karlsruhe 1958

Gorschenek, G.: Grundwerte in Staat und Gesellschaft, 3. Aufl., München 1978

Grabmann, M.: Die Geschichte der scholastischen Methode, Berlin 1957

Grotius, H.: De iure belli ac pacis libritres. Ed. nova cum annotatis auctoris, Amstelaedam 1651 (Neuer deutscher Text und Einl. von Walter Schätzel, Tübingen 1950

Grundmann, H.: Vom Ursprung der Universität im Mittelalter, Berlin 1957

Grundmann, S.: Kirche und Staat nach geltendem deutschem Staatskirchenrecht, in: Informationsblatt für die Gemeinden in den niederdeutschen lutherischen Landeskirchen 10 (1961) 97 - 104

— Kirche und Staat nach der Zwei-Reiche-Lehre Luthers, in: Im Dienste des Rechtes in Kirche und Staat. Festschrift zum siebzigsten Geburtstag von Franz Arnold, S. 38 - 54 (jetzt auch in: Der Christ von heute in Kirche und Staat, München 1964, S. 53 - 72)

— Das Verhältnis von Staat und Kirche auf der Grundlage des Vertragskirchenrechts, in: ÖAKR 13 (1962) 281 - 300

Grundrechte: s. Bettermann u. a., Die Grundrechte

Guggenheim, P.: Völkerrechtliche Schranken im Landesrecht, in: Schriftenreihe der Juristischen Studiengesellschaft Karlsruhe 16 (1955) 3 ff.

Häberle, P.: Das BVerfG im Leistungsstaat. Die Numerus-clausus-Entscheidung vom 18.7.1972, in: DÖV 1972, 729 ff.

— Zur gegenwärtigen Diskussion um das Problem der Souveränität, in: AöR 32 (1967) 259 - 287

— Wesensgehaltsgarantie des Art. 19 Abs. 2 GG. Zugleich als Beitrag zum institutionellen Verständnis der Grundrechte und zur Lehre vom Gesetzesvorbehalt, Heidelberg 1962/1983

Hailbronner, K.: Die Einschränkung von Grundrechten in einer demokratischen Gesellschaft. Zu den Schrankenvorbehalten der europäischen Menschenrechtskonvention, in: Festschrift für H. Mosler, Völkerrecht als Rechtsordnung, S. 359 ff.

Hamann, A.: Das Grundgesetz für die Bundesrepublik Deutschland, Berlin 1949

Hamel, W.: Glaubens- und Gewissensfreiheit, in: Die Grundrechte (s. Bettermann u. a.), 4. Bd., 1. Hbd.

Handbuch der Kirchengeschichte (hrsg. v. H. Jedin), Freiburg 1963 ff.

Handbuch des Staatskirchenrechts (HdbStKR), hrsg. von E. Friesenhahn u. U. Scheuner iVm J. Listl, Berlin 1974 ff.

Handwörterbuch der Sozialwissenschaften, Bd. 1 - Bd. 12, Stuttgart 1956 - 1968

Handwörterbuch (des Staatsrechts/der Staatswissenschaften), hrsg. v. J. Conrad und L. Ebler, Jena 1923 ff.

Haring, J. B.: Das Lehramt der katholischen Theologie, Graz 1926

Hartung, F.: Die Entwicklung der Menschen- und Bürgerrechte von 1776 bis zur Gegenwart, Göttingen 1954

Heckel, M.: Staat – Kirche – Kunst. Rechtsfragen kirchlicher Kulturdenkmäler, Tübingen 1968

— Zur Frage der Vereinbarkeit der Bekenntnisschule mit dem Grundgesetz, in: DÖV 5 (1953) 593 ff.

— Zur Entwicklung des deutschen Staatskirchenrechts von der Reformation bis zur Schwelle der Weimarer Verfassung, in: ZevKR 12 (1966/67) 1 - 39

— Die religionsrechtliche Parität, in: HdbStKirchR Bd. 1, 445 ff.

— Die Kirchen unter dem Grundgesetz, in: VVDStRL 26 (1968) 5 ff.

— Die theologischen Fakultäten im weltlichen Verfassungsstaat, Tübingen 1966

Hefele, C. J. v.: Conciliengeschichte. Nach den Quellen bearbeitet, Freiburg 1873 - 1890

Hegel, E.: Die Organisationsformen der diözesanen Priesterausbildung in Deutschland, in: Festgabe für Kardinal Frings, Köln 1960, S. 645 ff.

Hegel, G. W. F.: Vorlesungen über die Philosophie der Geschichte. Sämtliche Werke (ed. Glockner) XI.

Hermann, H.: Zum Vorbereitungsdienst der Referendare, in: JZ 1954, 231 ff.

Herzog, R.: Grundrechtsbeschränkung nach dem Grundgesetz und Europäische Menschenrechtskonvention, Diss. München 1958

Hesse, K.: Die Entwicklung des Staatskirchenrechts seit 1945, in: JöR NF 10 (1962) 3 - 121

— Freie Kirchen im demokratischen Gemeinwesen, in: ZevKR 11 (1964) 345 ff.

— Grundzüge des Verfassungsrechts, 12. Aufl., Karlsruhe 1980

— Partnerschaft zwischen Kirche und Staat. Zur heutigen staatskirchenrechtlichen Lage in der Bundesrepublik, in: Monatsschrift für Pastoraltheologie 49 (1960) 385 - 398

— Der Rechtsschutz durch staatl. Gerichte im kirchlichen Bereich. Zugleich ein Beitrag zur Frage des rechtlichen Verhältnisses von Staat und Kirche in der Gegenwart, Göttingen 1956

— Der unitarische Bundesstaat, Karlsruhe 1962

— Schematische Parität der Religionsgesellschaften nach dem Bonner Grundgesetz in: ZevKR 3 (1953/54) 190 ff.

— Die Entwicklung des Staatskirchenrechts seit 1945, in: JöR NF. 10 (1961) 1 ff.

— Das Selbstbestimmungsrecht der Kirchen und Religionsgemeinschaften, in: HdbStKR, 1. Bd., S. 409 - 444

Heydte, E. A. Frhr. v. d.: Die Stellung und Funktion des Heiligen Stuhles im heutigen Völkerrecht, in: Österreichische Zeitschrift für öffentliches Recht 2 (1950) 572 - 586

Hodler, C.: Die Europäische Menschenrechtskonvention und das Grundgesetz, Diss. Göttingen 1953

Holböck, K.: Handbuch des Kirchenrechts, Innsbruck 1951

Hollerbach, A.: Das badische Konkordat vom 12. Oktober 1932, in: Beiträge zur Rechtsgeschichte. Gedächtnisschrift für H. Conrad, Paderborn 1979, S. 281 - 305

— Katholische Kirche und Katholizismus vor dem Problem der Verfassungsstaatlichkeit, in: Der soziale und politische Katholizismus. Entwicklungslinien in Deutschland 1803 - 1863, hrsg. v. A. Rauscher, Bd. 1, München 1981, S. 46 - 71

— Die Kirchen als Körperschaften des öffentlichen Rechts, in: Essener Gespräche zum Thema Staat und Kirche 1 (1969) 46 - 67

— Kirchen unter dem Grundgesetz, in: VVDStRL 26 (1968) 57 - 106

— Kirche – Staat – Gesellschaft – Völkergemeinschaft: Erwägungen zum 3. Kapitel des Entwurfs einer Lex Ecclesiae Fundamentalis, in: Diaconia et Ius. Festgabe für H. Flatten zum 65. Geburtstag, München 1973, S. 315 - 333

— Liberalismus und Kirchen. Fragen an die FDP, in: Möglichkeiten und Grenzen liberaler Politik, hrsg. v. K. Sontheimer, Düsseldorf 1975, S. 85 - 99; auch in: Internationale Katholische Zeitschrift 4 (1975) 160 - 169

— Die neuere Entwicklung des Konkordatsrechts, in: JöR NF 17 (1968) 117 - 163

— Das Staatskirchenrecht in der Rechtsprechung des Bundesverfassungsgerichts, in: AöR 92 (1967) 99 - 127; auch in: H. Quaritsch / H. Weber (Hrsg.), Staat und Kirchen in der Bundesrepublik, Bad Homburg v. d. H. – Berlin – Zürich 1967, S. 401 - 426

— Das Staatskirchenrecht in der Rechtsprechung des Bundesverfassungsgerichts (II), in: AöR 106 (1981) 218 - 283

— Die theologischen Fakultäten und ihr Lehrpersonal im Beziehungsgefüge von Staat und Kirche, in: Essener Gespräche Bd. 16, Münster 1982

— Die verfassungsrechtlichen Grundlagen des Staatskirchenrechts, in: HdbStKR, hrsg. v. E. Friesenhahn u. U. Scheuner iVm J. Listl, Bd. 1, Berlin 1974, S. 215 - 265

— Die vertraglichen Grundlagen des Staatskirchenrechts, in: ebd., S. 215 - 265

— Verträge zwischen Staat und Kirche in der Bundesrepublik Deutschland, Frankfurt 1965

— Die staatskirchenrechtliche Ordnung des Grundgesetzes in der gegenwärtigen Diskussion, in: Totalrevision des Grundgesetzes?, Karlsruhe 1971, S. 43 - 53; auch abgedruckt in: Kirche und Staat in der neueren Entwicklung, hrsg. v. P. Mikat, Darmstadt 1980, S. 121 - 138

Huber, E. R.: Deutsche Verfassungsgeschichte seit 1789, 3 Bde., Stuttgart 1957

— Staat und Kirche im 19. und 20. Jhdt., 1973

— Zur Problematik des Kulturstaates, Tübingen 1958

— Verträge zwischen Staat und Kirche im Deutschen Reich, in: Abhandlungen aus dem Staats- und Verwaltungsrecht, Bd. 44 (1930), S. 1ff.

Huber, H.: Die Garantie der institutionellen Freiheitsrechte, in: ZSR 1936

— Die Verfassungsbeschwerde, Karlsruhe 1954

Huber, W.: Kirche und Öffentlichkeit, Stuttgart 1973

Huber, W. / *Tödt*, H.-E.: Menschenrechte. Perspektiven einer menschlichen Welt, Stuttgart 1978

Ipsen, H. P.: Europäisches Gemeinschaftsrecht, Baden-Baden 1984

Isensee, J.: Die Finanzquellen der Kirchen im deutschen Staatskirchenrecht, in: JuS 20 (1980) 95

— Demokratischer Rechtsstaat und staatsfreie Ethik, in: Essener Gespräche, Bd. 11, 1977

— Verfassungsgarantie ethischer Grundwerte und gesellschaftlicher Konsens, in: NJW 30 (1977) 545ff.

Jakobs, G. (Hrsg.): Rechtsgeltung und Konsens, Berlin 1976

Jaspers, K. / *Rossmann*, K.: Die Idee der Universität, Berlin 1961

Jedin, H.: Geschichte des Konzils von Trient, Freiburg 1957/1977

— (Hrsg.): Handbuch der Kirchengeschichte, Freiburg 1963

Jellinek, G.: System der subjektiven öffentlichen Rechte, 2. Aufl., Tübingen 1905

Jesch, D.: Gesetz und Verwaltung. Eine Problemstudie zum Wandel des Gesetzmäßigkeitsprinzips, Tübingen 1961

Jung, W.: Der Hessische Kirchenvertrag vom 18. Februar 1960, in: ZevKR 7 (1958/60) 289 - 306

Kägi, W.: Persönliche Freiheit, Demokratie und Föderalismus, in: Freiheit des Bürgers im schweizerischen Recht, Zürich 1948

Kaiser, J. H.: Die Erfüllung der völkerrechtlichen Verträge des Bundes durch die Länder. Zum Konkordatsurteil des BVerfG, in: ZaöRVR 18 (1957/58) 526 - 558

— Die politische Klausel der Konkordate, Berlin 1949

Kasper, W.: Wissenschaftliche Freiheit und lehramtliche Bindung der katholischen Theologie, in: Essener Gespräche, Bd. 16, Münster 1982

Kästner, H.: Die Entwicklung des Staatskirchenrechts von 1961 - 1978, in: JöR NF 27 (1978) 239ff.

Kaufmann, A.: Naturrecht und Geschichtlichkeit, Tübingen 1957

Kaufmann, E.: Die Grenzen der Verfassungsgerichtsbarkeit, in: VVDStRL 9 (1952) 1ff., 117ff.

— Normenkontrollverfahren und völkerrechtliche Verträge, in: Forschungen und Berichte aus dem öffentlichen Recht. Gedächtnisschrift für Walter Jellinek, München 1955, S. 445 - 456, jetzt auch in: E. Kaufmann, Ges. Schriften I, 1960, S. 598 - 611

— Das Wesen des Völkerrechts und die Clausula rebus sic stantibus. Rechtsphilosophische Studie zum Rechts-, Staats- und Vertragsbegriff, Tübingen 1911

Kaufmann, G.: Geschichte der deutschen Universitäten, 2 Bde., Graz 1958 (unveränderter Nachdruck der Ausgabe Stuttgart 1888)

Kimminich, O.: Wissenschaft, in: Besonderes Verwaltungsrecht, hrsg. v. J. v. Münch (5./6. Aufl., Berlin 1979/82)

Klein, F.: Die Europäische MRK und Art. 25 des Bonner Grundgesetzes, in: Festschrift für R. Laun, Göttingen 1962

Knies, W.: Schranke der Kunstfreiheit als verfassungsrechtliches Problem, München 1967

Koellreutter, O.: Deutsches Staatsrecht, Stuttgart 1953

Koeniger, A.: Die neuen deutschen Konkordate und Kirchenverträge mit der preußischen Zirkumskriptionsbulle, in: Kanonische Texte und Studien, Bd. 7, Bonn 1932

Koja, F.: Konkordat und Wissenschaftsfreiheit, Salzburg 1980

Konkordate: Die deutschen Konkordate und Kirchenverträge der Gegenwart, Bd. I, II, hrsg. v. W. Weber, Göttingen 1971

Konkordatsprozeß, Der: Hrsg. v. F. Giese und F. A. Frhr. v. d. Heydte, München 1957 - 1959

Köttgen, A.: Deutsches Universitätsrecht, Tübingen 1933

— Die Freiheit der Wissenschaft und die Selbstverwaltung der Universität, in: Bettermann / Neumann / Nipperdey / Scheuner, Die Grundrechte, Bd. II, Berlin 1954, S. 291 - 329

— Das Grundrecht der deutschen Universität. Gedanken über die institutionelle Garantie wissenschaftlicher Hochschulen, Göttingen 1959 (Göttinger Rechtswissenschaftliche Studien, 26)

— Kirche im Spiegel deutscher Staatsverfassung der Nachkriegszeit, in: DVBl. 67 (1952) 485ff.

Kraus, H.: Die Behandlung völkerrechtlicher Verträge nach neuem Recht, in: Reichs- und Preußisches Verwaltungsblatt 55 (1934) 92ff.

— Der deutsche Richter und das Völkerrecht. Gegenwartsprobleme des internationalen Rechts und der Rechtsphilosophie, Festschrift zum 70. Geburtstag von R. Laun, Hamburg 1953

Kriele, M.: Das demokratische Prinzip im Grundgesetz, in: VVDStRL 29 (1971) 38ff.

Krüger, H.: Allgemeine Staatslehre, 2. Aufl., Stuttgart 1966

Krüger-Wittmack, G.: Der Staatsvertrag mit dem Land Hessen, in: Kirche in der Zeit 1960, 95 - 98

Küchenhoff, G.: Allgemeine Staatslehre, 2. Aufl., Stuttgart 1951

Landé, W.: Die Schule in der Reichsverfassung, Berlin 1929

Lange-Ronneberg, E.: Die Konkordate, ihre Geschichte, ihre Rechtsnatur und ihr Abschluß nach der Reichsverfassung vom 11. August 1919, Paderborn 1929 (Görres-Gesellschaft, Veröffentl. d. Sektion für Rechts- und Staatswissenschaft, 51)

Lecheler, H.: Die Fürsorgepflicht des Dienstherrn – Eigenständiges Rechtsinstitut oder Brücke zum Arbeitsrecht, in: ZBR 1972, 129ff.

Lehmann, K.: Lehramt und Theologie. Versuch einer Verhältnisbestimmung, in: Internationale Katholische Zeitschrift 10 (1981) 331 - 338

Leibholz, G.: Gedenkrede auf Rudolf Smend, Göttinger Universitätsreden, Bd. 60, Göttingen 1976

Leibholz / Rinck: Grundgesetz für die Bundesrepublik Deutschland, Köln 1971

Leisner, W.: Grundrechte und Privatrecht, München 1960

Lepa, M.: Der Inhalt der Grundrechte, Köln 1985

Lerche, P.: Übermaß und Verfassungsrecht. Zur Bindung des Gesetzgebers an die Grundsätze der Verhältnismäßigkeit und der Erforderlichkeit, Köln 1961

Link, Chr.: Religionsunterricht, in: HdbStKR Bd. 2, S. 503ff. (1975)

Listl, J.: Glaubens-, Gewissens-, Bekenntnis- und Kirchenfreiheit, in: HdbStKR Bd. 1, S. 363 - 406

Lorenz, D.: Wissenschaftsfreiheit zwischen Staat und Kirche, Konstanz 1976 (Konstanzer Universitätsreden 87)

Maas, H.: Geschichte der Katholischen Kirche in Baden, Freiburg 1881

Mahrenholz, B. G.: Küng und das Konkordat. Aspekte des Staatskirchenrechts, in: Evangelische Kommentare 1980, 139ff.

Maier, H. (Hrsg.): Deutscher Katholizismus nach 1945. Kirche, Gesellschaft, Geschichte, München 1964

Maihofer: (s. Benda / Maihofer / Vogel)

Mangoldt, H. v.: Das Völkerrecht in den neuen Staatsverfassungen, in: Jahrbuch für internationales Recht 3 (1954) 11ff.

v. Mangoldt / Klein: Das Bonner Grundgesetz, 2. Aufl., Berlin 1957

Maunz, Th.: Deutsches Staatsrecht, 25. Aufl., München 1983

— Die verfassungsrechtliche Gewähr von Ehe und Familie (Art. 6 GG), in: FamRZ 3 (1956) 1ff.

Maunz / Dürig / Herzog / Scholz: Grundgesetz, Kommentar, München 1982

May, G.: Die Funktion der Theologie in Kirche und Gesellschaft, in: Die Funktion der Theologie in Kirche und Gesellschaft, hrsg. v. P. Neuenzeit, München 1969

— Die Ausbildung des Weltklerus in Deutschland, in: ThQSchr 144 (1964) 170ff.

— Die Hochschulen, in: GrNKirchR 1979, 654 - 669

— Das Verhältnis der katholisch-theologischen Fakultät der Johannes-Gutenberg-Universität in Mainz zu dem Diözesanbischof nach der Vereinbarung zwischen Kirche und Staat vom 14. April bzw. 5. Oktober 1946, in: Im Dienste des Rechts in Kirche und Staat, Festschrift für H. Arnold, Wien 1963, S. 171ff.

Meder, Th.: Die Verfassung des Freistaates Bayern, Stuttgart 1978

Melichar, E.: Austritt eines Theologieprofessors aus seiner Kirche, in: Ost. Archiv für Kirchenrecht 24 (1973) 356 - 361

Menzel / Ipsen: Völkerrecht, München 1979

Meßner, J.: Naturrecht. Handbuch der Gesellschaftsethik, Staatsethik und Wirtschaftsethik, Innsbruck 1966

Meyer / Anschütz: Lehrbuch des deutschen Staatsrechts, München 1919

Meyer-Lindenberg, H.: Die Menschenrechte im Völkerrecht. Berichte der Deutschen Gesellschaft für Völkerrecht, Heft 4 (1961) 84ff.

Mikat, P.: Grundsatzfragen, Artikel „Kirche und Staat", in: Staatslexikon (6. Aufl. Bd. IV, 1959, Sp. 1006)

— Kirchen und Religionsgemeinschaften, in: Bettermann / Nipperdey / Scheuner, Die Grundrechte, Bd. 4, 1, hrsg. Berlin 1960, S. 111 - 243

— Kirchliche Streitsachen vor den Verwaltungsgerichten, in: Staatsbürger und Staatsgewalt. Verwaltungsrecht und Verwaltungsgerichtsbarkeit in Geschichte und Gegenwart. Hrsg. v. H. R. Külz und R. Naumann, Bd. II, Karlsruhe 1963, S. 315 - 342

— Das Verhältnis von Kirche und Staat in der Bundesrepublik, Berlin 1964 (Schriftenreihe der Juristischen Gesellschaft, Berlin 14)

— (Hrsg.): Kirche und Staat in der neueren Entwicklung, Darmstadt 1980

— Zur rechtlichen Bedeutung religiöser Interessen, in: ders., Religionsrechtliche Schriften, Berlin 1974, S. 303 - 329

— Staatskirchenrechtliche Bemerkungen zur Nihil-obstat-Problematik, in: ArchkathKR 148 (1979) 93 - 106

Miyasaki, S.: Internationaler Schutz der Menschenrechte und Völkerrechtsunmittelbarkeit, in: Festschrift H. Mosler, Völkerrecht als Rechtsordnung

Möck, Ch.: Staat und Kirchen. Bibliographie zu ihrem rechtlichen Verhältnis in der BRD, Hamburg 1979

Mörsdorf, K.: Lehrbuch des Kirchenrechts, Paderborn 1964ff.

— Art. Lehramt II. Katholisch, in: EvStL, Sp. 1234

— Die Rechtssprache des Codex Juris Canonici. Eine kritische Untersuchung, Paderborn 1937

Morsey, R.: Zur Geschichte des Preußischen Konkordates und der Errichtung des Bistums Berlin, in: Wichmann – Jahrbuch für Kirchengeschichte im Bistum Berlin 19/20 (1965/66) 64 - 89

Mosiek, U. / *Zapp*, H.: Kirchliches Eherecht, Freiburg 1983

Mosler, H.: Das Völkerrecht in der Praxis der deutschen Gerichte, Karlsruhe 1957 (Juristische Studiengesellschaft Karlsruhe 32/33)

— Völkerrecht als Rechtsordnung. Internationale Gerichtsbarkeit. Menschenrechte. Festschrift für Hermann Mosler, Berlin/Heidelberg 1983

— Die völkerrechtliche Wirkung bundesstaatlicher Verfassungen. Eine Untersuchung zum Völkerrecht und zum vergleichenden Verfassungsrecht, in: Festschrift für Richard Thoma zum 75. Geburtstag am 19. Dezember 1949, Tübingen, 1950, S. 129 - 172

Müller, F.: Fallanalysen zur juristischen Methodik, Berlin 1974

— Freiheit der Kunst als Problem der Grundrechtsdogmatik, Berlin 1969

— Jenseits der Verfassung – Konkordatslehrstühle am Maßstab des Grundgesetzes, in: F. Müller, Rechtsstaatliche Form – Demokratische Politik, Berlin 1977

— Juristische Methodik, 2. Aufl., Berlin 1976

— Die Positivität der Grundrechte. Fragen einer praktischen Grundrechtsdogmatik, Berlin 1969

— Das Recht der freien Schulen nach dem Grundgesetz, Berlin 1982

— Religionsunterricht als ordentliches Lehrfach, Berlin 1974

— Schulgesetzgebung und Reichskonkordat, Freiburg 1966

Müller, J. P. / *Wildhaber*, L.: Praxis des Völkerrechts, Bern 1982

Müller-Vollbehr, J.: Staat – Kirche – Universität und Theologie. Aktuelle Rechtsprobleme der Theologenausbildung an staatl. Hochschulen, in: ZevKR 24 (1979) 1 - 27

Münch, F.: Zum Saarvertrag vom 27.10.1956, in: ZaöRVR 18 (1957) 1 ff.

Mussinghoff, H.: Theologische Fakultäten im Spannungsfeld von Staat und Kirche, Mainz 1979

Muth, H.: Die Grundrechte in der deutschen Verfassungsentwicklung des 19. und 20. Jahrhunderts, in: Geschichte in Wissenschaft und Unterricht 2 (1951) 654 - 668

Nachkonziliare Dokumentation, Trier 1967 ff.

Nawiasky, H.: Vom Bonner Grundgesetz zur gesamtdeutschen Verfassung. Festschrift zum 75. Geburtstag von Hans Nawiasky, München 1956

— Allgemeine Staatslehre, Köln 1952

Neumann, H.: s. Neumann / Nipperdey / Scheuner, Die Grundrechte

Neumann, J.: Kirchenrechtliche Stellungnahme, inwieweit Nichtordinierte zur Habilitation an katholisch-theologischen Fakultäten zugelassen oder als Professoren an sie berufen werden können, in: K. Rahner (Hrsg.), Zur Reform des theologischen Studiums, Freiburg 1969, S. 99 ff.

— Zur Problematik lehramtlicher Beanstandungsverfahren, in: ThQSchr 149 (1969) 259 ff.

— Die theologischen Fakultäten an staatlichen Universitäten nach dem Grundgesetz der BRD, in: Ius Sacrum, Festschrift für K. Mörsdorf, Paderborn 1969, S. 853 - 879

Nipperdey, H.: s. Neumann / Nipperdey / Scheuner, Die Grundrechte

— Freie Entfaltung der Persönlichkeit, in: Bettermann / Nipperdey / Scheuner, Die Grundrechte, IV/2, S. 741 - 909

— Die Würde des Menschen, in: ebd., Bd. II, S. 1 ff.

Obermayer, K.: Art. 140 GG, in: Bonner Kommentar

Oestreich, G.: Die Entwicklung der Menschenrechte und Grundfreiheiten, in: Bettermann / Nipperdey / Scheuner, Die Grundrechte I/1, S. 1 ff.

Ottaviani, A.: Institutiones Juris Publici Ecclesiastici, ed. IV, 2 Bde., Vatikanstadt 1958/60

Parlamentarischer Rat: Der Parlamentarische Rat 1948 - 1949. Akte und Protokolle. Hrsg. v. K. G. Wernicke und H. Booms

Partsch, K. J.: Die Anwendung des Völkerrechts im innerstaatlichen Recht. Überprüfung der Transformationslehre. Bericht, Karlsruhe 1964 (Berichte der Deutschen Gesellschaft für Völkerrecht, 6)

— Die Rechte und Freiheiten der Europäischen Menschenrechtskonvention, in: Bettermann / Neumann / Nipperdey, Die Grundrechte, I/1, S. 235 ff.

— Internationale Menschenrechte?, in: AöR 74 (1948/49) 3 ff.

Paulick, H.: Der neueste Stand der Diskussion um die Reform der Ehegattenbesteuerung, in: FamRZ 3 (1956) 100 ff.

Peters, H.: Die Besonderheit der beamtenrechtlichen Stellung der katholischen Theologieprofessoren an den deutschen Universitäten, in: Festschrift für Eduard Eichmann zum 70. Geburtstag, Paderborn 1940, S. 401 - 418

— Die Gegenwartslage des Staatskirchenrechts, in: VVDStRL 11 (1954) 177 ff.

Pieper, J.: Scholastik. Gestalten und Probleme der mittelalterlichen Philosophie, München 1960

Planitz, H.: Das Naturrecht und die Menschenrechte, in: JBC 1948, 111 - 114

Plöchl, W. M.: Abschluß und Auflösung von Konkordaten. Die Rechtslage beim österreichischen Konkordat, in: ÖAKR 8 (1957) 3 - 24

— Geschichte des Kirchenrechts, 3 Bde. (Bd. 1 und 2, in 2. Aufl.), Wien 1959/62

— Reflections on the nature and status of concordats, in: The Jurist 7 (1947) 10 - 44

Plog / Wiedow / Beck: Kommentar zum Bundesbeamtengesetz, Neuwied 1965

Podlech, A.: Gehalt und Funktion des allgemeinen verfassungsrechtlichen Gleichheitssatzes, Berlin 1971

Preuß, U.: Kommentar zu Art. 140 GG, in: Alternativkommentar zum Grundgesetz für die Bundesrepublik Deutschland (Hrsg. R. Wassermann), Bd. II

Quaritsch, H.: Hans Küng, Tübingen und das Reichskonkordat, in: BWVerPr 4 (1981) 82 ff.

— Kirchen und Staat. Verfassungs- und staatstheoretische Probleme der staatskirchenrechtlichen Lehre der Gegenwart, in: Der Staat 1 (1962) 175 - 197; 289 - 320

— Lehrerbildung nach dem Reichskonkordat, Festschrift für W. Weber, 1964, S. 463 ff.

— Staat und Souveränität, Frankfurt 1970

Quaritsch, H. / *Weber,* H.: Staat und Kirchen in der Bundesrepublik Deutschland. Staatskirchenrechtliche Aufsätze 1950 bis 1967, Bad Homburg 1967

Raab, H.: Die Concordata Nationis Germanicae in der Kanonistischen Diskussion des 17. bis 19. Jahrhunderts, Wiesbaden 1956

— s. Fuchs, K. / Raab, H.

Radbruch, G.: Geistige Mächte als Subjekte des Völkerrechts, in: ZgS 106 (1950) 385 - 389

— Gesetzliches Unrecht und übergesetzliches Recht, in: SJZ 1 (1946) 9

Rahner, H. (Hrsg.): Zur Reform des Theologiestudiums, Freiburg 1969

Rath, P. (Hrsg.): Trennung von Staat und Kirche, Reinbek 1974

Reppel, K.: Der Staat und die Vorschriften über die Vorbildung der Geistlichen, Diss. Bonn 1966

Ress, G.: Die „Einzelfallbezogenheit" in der Rechtsprechung des Europäischen Gerichtshofs für Menschenrechte, in: Festschrift für H. Mosler, Völkerrecht als Rechtsordnung, S. 719 ff.

Ridder, H.: Kirche und Staat in Deutschland, Art. „Kirche und Staat", Staatslexikon (6. Aufl., Bd. IV, Sp. 1959)

Riezler, E.: Zur Abgrenzung der Zuständigkeit zwischen Staat und Universität, in: DRZ 1 (1947) 137 ff.

Ritter, G.: Ursprung und Wesen der Menschenrechte, in: HZ 169 (1949) 231 - 263

Roedel, A. / *Paulus,* R.: Reichskirchenrecht und neues Bayerisches Kirchenrecht, München/Berlin 1934

Rommen, H.: Die ewige Wiederkehr des Naturrechts, München 1947

Rossmann, K.: Wissenschaft, Ethik, Politik und Erörterung des Grundsatzes der Voraussetzungslosigkeit in der Forschung, Heidelberg 1949

Rudolf, W.: Völkerrecht und Deutsches Recht, Tübingen 1967

Ruppel, E.: Der Vertrag zwischen Staat und Kirche in Niedersachsen, in: Informationsblatt für die Gemeinden in den niederdeutschen lutherischen Landeskirchen 4 (1955) 108 - 112

Saladin, P.: Die Funktion der Grundrechte in einer revidierten Verfassung, in: ZSR 1 (1968) 531 ff.

Schachten, W.: Ordo Salutis. Das Gesetz als Weise der Heilsvermittlung. Zur Kritik des Thomas von Aquin an Joachim von Fiore, Münster 1980

Schaumann, W.: Freiheitsrechte und Vorbehalt des Gesetzes im Bonner Grundgesetz, in: Mélanges Marcel Bridel, Lausanne 1968, S. 491 ff.

— Der Auftrag des Gesetzgebers zur Verwirklichung der Freiheitsrechte, in: JZ 25 (1970) 48 ff.

Scheerbarth / Höffken: Beamtenrecht, Siegburg 1982

Scheffler, E.: Ehe und Familie, in: Die Grundrechte IV/1, S. 245 - 445

— Die Stellung der Kirche im Staat. Nach Art. 140 GG in Verbindung mit Art. 137 WRV, Hamburg 1964

Scheuner, U.: Art. 146 GG und das Problem der verfassungsgebenden Gewalt, in: DÖV 6 (1953) 581 - 583

— Die Funktionsnachfolge und das Problem der staatsrechtlichen Kontinuität, in: Vom Bonner Grundgesetz zur gesamtdeutschen Verfassung, Festschrift zum 75. Geburtstag von Hans Nawiasky, München 1956, S. 9 - 48

— Die institutionellen Garantien des Grundgesetzes, in: Recht – Staat – Wirtschaft, Bd. 4, Stuttgart 1953, S. 88ff.

— Konsens und Pluralismus als verfassungsrechtliches Problem, in: G. Jakobs (Hrsg.), Rechtsgestaltung und Konsens, Berlin 1976

— Die Nachprüfung kirchlicher Rechtshandlungen durch staatliche Gerichte, in: ZevKR 3 (1953/54) 352 - 360

— Kirche und Staat in der neueren deutschen Entwicklung, in: ZevKR 7 (1959/60) 225 - 273

— Rechtsfolgen der konkordatsrechtlichen Beanstandung eines katholischen Theologen, Berlin 1980

— Die Religionsfreiheit im Grundgesetz, in: DÖV 20 (1967) 585 - 593

— Der Staat, in: HdbSW 12 (1965) 659ff.

— Die staatliche Intervention im Bereich der Wirtschaft, in: VVDStRL 11 (1954) 1 - 74

— Pressefreiheit, in: VVDStRL 22 (1965) 1 - 100

Schlaich, K.: Neutralität als verfassungsrechtliches Problem, vornehmlich im Kulturverfassungs- und Staatskirchenrecht, Tübingen 1972

Schlief, K. E.: Die Entwicklung des Verhältnisses von Staat und Kirche und seine Ausgestaltung im Bonner Grundgesetz (Geschichte, Entstehungsgeschichte und Auslegung des Art. 140 GG iVm Art. 137 WRV, Diss. iur., Münster 1961

Schlink, B.: Das Grundgesetz und die Wissenschaftsfreiheit. Zum gegenwärtigen Stand der Diskussion zum Art. 5 Abs. 3 GG, in: Der Staat 10 (1971) 244 - 268

— Die Wissenschaftsfreiheit des Bundesverfassungsgerichtes. Zur Entscheidung des BVerfG v. 29. Mai 1973, in: DöV 26 (1973) 541 - 546

Schmid, C.: in: Der Parlamentarische Rat, Stenographischer Bericht

— Die politische und staatsrechtliche Ordnung der Bundesrepublik Deutschland, in: DöV 2 (1949) 201 - 207

Schmidt, W.: Die Freiheit der Wissenschaft. Ein Beitrag zur Geschichte und Auslegung des Art. 142 der Reichsverfassung (Abhandlungen zur Reichsverfassung, hrsg. v. W. Jellinek, Heft 3), Berlin 1929

Schmitt, C.: Freiheitsrechte und institutionelle Garantien der Reichsverfassung, in: Rechtswissenschaftliche Beiträge zum 25jährigen Bestehen der Handelshochschule Berlin, Berlin 1931

— Inhalt und Bedeutung des zweiten Hauptteils der Reichsverfassung, in: HdbDStR II, 1932, S. 595ff.

— Verfassungslehre, Berlin 1928

Schneider, E.: Die heutige Rechtskraft der Bulle De Salute animarum, in: Theologie und Glaube 18 (1926) 805 - 826

Schneider, H.: Verträge zwischen Gliedstaaten im Bundesstaat, in: VVDStRL 19 (1960) 1ff.

Schnellenbach, H.: Beamtenrecht in der Praxis, München 1983

Scholz, R.: in: Maunz / Dürig / Herzog / Scholz, Kommentar zum Grundgesetz

Schoppe, L.: Konkordate seit 1800, Frankfurt 1964

Schreiber, G.: Das Weltkonzil von Trient, 2 Bde., Freiburg 1951

— Tridentinische Reformdekrete in deutschen Bistümern, in: Zeitschrift der Savigny-Stiftung der Rechtsgeschichte, 69. Bd., Kanonistische Abteilung 38 (1952) 393ff.

Schröcker, S.: Das vertragswidrige Gesetz, in: DVBl. 73 (1958) 369 - 377; 410 - 418

Schüle, A.: Die Umwandlung völkerrechtlicher Verträge des Deutschen Reiches in deutsches Landesrecht, in: ZaöRVR 6 (1936) 269ff.

Schütz, E.: Beamtenrecht des Bundes und der Länder, Hamburg 1973

Seifert / Krüger: Die Einschränkung der Grundrechte. Untersuchungen zu Artikel 19 des Grundgesetzes für die Bundesrepublik Deutschland, Hannover 1976

Seydel / Graßmann / Piloty: Bayerisches Staatsrecht, 2 Bde., Tübingen 1913

Sidow, H. D.: Die Rechtsnatur der Zirkumskriptionsbullen für Deutschland aus der Zeit nach dem Wiener Kongreß, 1969

Simon, J.: Die kirchliche Gebundenheit des staatlichen Amtes der katholischen Theologieprofessoren in Bayern, Diss. iur. München 1964

Simson, W. v.: Die Souveränität im rechtlichen Denken der Gegenwart, Berlin 1965

Smend, R.: Bürger und Bourgeois im deutschen Staatsrecht. Staatsrechtliche Abhandlungen, 2. Aufl., Berlin 1968

— Staatsrechtliche Abhandlungen und andere Aufsätze, Berlin 1955

— Staat und Kirche nach dem Bonner Grundgesetz, in: ZevKR 1 (1951) 4ff.

— Das Recht der freien Meinungsäußerung, in: VVDStRL 4 (1927) 44ff.

Sohn / Buergenthal: International Protection of Human Rights, 1973

Solte, E. L.: Theologie an der Universität. Staats- und kirchenrechtliche Probleme der theologischen Fakultäten, München 1971

Sperduti, G.: Comment concevoir, dans sa spécifité, l'adhésion des Communautés européennes à la Convention de Rome sur la sauvegarde des Droits de l'Homme et des libertés fondamentales, in: Festschrift H. Mosler, Völkerrecht als Rechtsordnung, S. 903ff.

Spreng / Birn / Feuchte: Die Verfassung des Landes Baden-Württemberg, Stuttgart 1954

Staatslexikon: Recht – Wirtschaft – Gesellschaft. Hrsg. v. der Görres-Gesellschaft, 6. Aufl., Freiburg 1957

Stanka, R.: Die Menschenrechte. Ihre Geschichte und ihre Problematik, Wien 1954

Steinmüller, W.: Gutachten über die Habilitation von Laientheologen, in: K. Rahner, in: Zur Reform des theologischen Studiums, Freiburg 1969

Stenographischer Bericht: Parlamentarischer Rat. Stenographischer Bericht, Bonn 1948/49

Stürmer, R.: Die Aufgabe des Richters, Schiedsrichters und Rechtsanwaltes bei der gütlichen Streiterledigung, in: JR 32 (1979) 133

Stutz, U.: Der Geist des Codex Iuris Canonici, Amsterdam 1961

Suarez, Francisco: De legibus, ac Deo legislatore, Madrid 1971

— De triplici virtute theologica, Tractatus III: disp. 13: de bello

Süsterhenn, A.: Der Durchbruch des Naturrechts in der deutschen Verfassungsgesetzgebung nach 1945, in: Gegenwartsprobleme des Rechts, Bd. 1, Beiträge zum Staats-, Völker- und Kirchenrecht sowie zur Rechtsphilosophie, Veröffentlichungen der Sektion für Rechtswissenschaft der Görresgesellschaft zur Pflege der Wissenschaft N.F. H. 1, Paderborn 1950

— La Protection Internationale des Droits de l'Homme dans le Cadre Européen (Annales de la Faculté de Droit et des Sciences Politiques et Economiques de Strasbourg), Bd. 10, Paris 1960 (zitiert als Colloque Strasbourg)

Süsterhenn / Schäfer: Kommentar der Verfassung für Rheinland-Pfalz, Koblenz 1950

Suy, E.: Droit des traités et droits de l'homme, in: Festschrift f. H. Mosler, Völkerrecht als Rechtsordnung, S. 935

Thieme, W.: Deutsches Hochschulrecht, Berlin 1956

Thoma, R.: Die Lehrfreiheit der Hochschullehrer, Tübingen 1952

— Die juristische Bedeutung der grundrechtlichen Sätze der deutschen Reichsverfassung im allgemeinen, in: Grundrechte und Grundpflichten der Reichsverfassung. Kommentar zum 2. Teil der Reichsverfassung, hrsg. v. H. C. Nipperdey, Bd. 1 - 3, Berlin 1929 - 1930

Thomas von Aquin: Summa theologica, deutsch-lateinische Ausgabe, Heidelberg/ Graz 1933ff.

Torrelli, M.: L'individu et droit de la Communauté économique européenne, Montreal 1970

Ule, C. H.: Beamtenrecht, Köln 1970

— Öffentlicher Dienst. Festschrift für C. H. Ule zum 70. Geburtstag, Köln 1977

Verdross, A.: La doctrina espanola classica del derecho international, in: Annuario de l'Associación de Vitoria 18 (1971/72) 57ff.

— Die Stellung des Apostolischen Stuhles in der internationalen Gemeinschaft, in: ÖAKR 3 (1952) 54 - 68

Verdross / Simma: Universelles Völkerrecht, Berlin 1976

Verheugen, G.: Das Programm der Liberalen, 2. Aufl., 1980

Verlautbarungen des Apostolischen Stuhles, hrsg. von der Deutschen Bischofskonferenz

Vitoria, Francisco: De Indis, deutsch-lateinische Ausgabe, Tübingen 1952

Volk, L.: Das Reichskonkordat vom 20. Juli 1933, Mainz 1972

Wagnon, H.: Concordats et Droit international. Fondement, élaboration, valeur et cessation du droit concordataire, Gembloux 1935

— Nouvelles controverses en doctrine concordataire, in: Actes du Congrès de Droit Canonique, Paris 1950, S. 393 - 408

Wahl, R.: Freiheit der Wissenschaft, in: Freiburger Universitätsblätter 95 (1987) 19ff.

Waldmann, B.: Die Entwicklung der Rechtsidee der Humanitas und ihre Ausgestaltung in der Europäischen Menschenrechtskonvention, Diss. München 1958

Walz, G. A.: Völkerrecht und staatliches Recht, Stuttgart 1933

— Die Umwandlung völkerrechtlicher Verträge des Deutschen Reiches in deutsches Landesrecht

Weber, H.: Grundprobleme des Staatskirchenrechts, in: JuS 7 (1967) 433ff.

— Grundprobleme des Staatskirchenrechts, Bad Homburg 1970

— Gelöste und ungelöste Probleme des Staatskirchenrechts, in: NJW 36 (1983) 2541ff.

— Staat und Kirche unter dem Grundgesetz, in: H. W. Brockmann (Hrsg.), Kirche und moderne Gesellschaft

Weber, H. / *Quaritsch,* H.: Staat und Kirche in der Bundesrepublik. Staatskirchenrechtliche Aufsätze 1950 bis 1967, Bad Homburg 1967

Weber, W.: Die Ablösungen der Staatsleistungen an die Religionsgesellschaften, Stuttgart 1948

— „Allgemeines Gesetz“ und „für alle geltendes Gesetz“, in: W. Weber, Staat und Kirche in der Gegenwart, Tübingen 1978, S. 340

— Das Berufsbeamtentum im demokratischen Rechtsstaat, Göttingen 1952

— Die neuere Entwicklung in der kirchlichen Mitwirkung der Besetzung theologischer Lehrstühle, in: Staat und Kirche in der Gegenwart, S. 325ff.

— Die Gegenwartslage des Staatskirchenrechts, in: VVDStRL 11 (1954) 153 - 176

— Theologische Fakultäten, staatliche pädagogische Hochschulen und phil.-theologische Hochschulen, in: HdbStKR II, 1975, 569 - 596, auch in: Staat und Kirche in der Gegenwart, S. 373ff.

— Das Nihil obstat. Beiträge zum Verhältnis von Staat und katholischer Kirche, in: Staat und Kirche, S. 28ff.

— Die Rechtsstellung des deutschen Hochschullehrers, Göttingen 1952

— Das Reichskonkordat in der deutschen Rechtsentwicklung, in: Staat und Kirche in der Gegenwart, S. 18ff.

— Der gegenwärtige Status der theologischen Fakultäten, in: W. Weber, Staat und Kirche in der Gegenwart, S. 93ff.

— Die politische Klausel in den Konkordaten. Staat und Bischofsamt, Hamburg 1939

— Die deutschen Konkordate und Kirchenverträge der Gegenwart, Göttingen 1971

Weinzierl, E.: Die österreichischen Konkordate 1855 und 1933, München 1960

Wengler, W.: Völkerrecht, Berlin 1964

— Völkerrecht und Reichskonkordat von 1933, Wiesbaden 1956

— Die MRK – Anfang eines europäischen Staatsrechts?, in: Hess. Hochschulwochen f. staatswissenschaftliche Fortbildung

Wernicke, K. G. / *Booms*, H. (Hrsg.): Der Parlamentarische Rat, Bd. 1, 2 Boppard 1975/1981 – s. Der Parlamentarische Rat 1948 - 1949

Wiesler, L.: Die Rechtsschutzeinrichtungen nach der Europäischen Menschenrechtskonvention, Diss. Tübingen 1961

Will, E.: Das Konkordat zwischen dem Heiligen Stuhl und dem Freistaat Baden vom 12. Oktober 1932, Diss. iur. Freiburg i. Br. 1953

Wimmer, R.: Sind Professoren versetzbar?, in: NVWZ 1985, 530 ff.

Wolf, E.: Ordnung der Kirche, Lehr- und Handbuch des Kirchenrechts auf ökumenischer Basis, Frankfurt/Main 1961

Wolff, Christian: Jus gentium methodo scientifica pertractatum, Halle 1764/Hildesheim 1972

Wolff / Bachof / Stober: Verwaltungsrecht I/II, München 1974/1987

Zacher, H. F.: Pluralität der Gesellschaft als rechtspolitische Aufgabe, in: Der Staat 9 (1970) 161 - 164; 181 - 184

Zinn, G. / *Stein*, E.: Die Verfassung des Landes Hessen, Bd. I, Bad Homburg 1954

Zippelius, R.: Kirche und Staat und die Einheit der Staatsgewalt, in: ZevKR 9 (1962/63) 42 - 68

Zuleeg, M.: Das Recht der Europäischen Gemeinschaften im innerstaatlichen Bereich, Köln 1969